中国经济学家人物研究

ZHONGGUO JINGJI XUEJIA RENWU YANJIU

白卫星 编著

山西出版传媒集团
山西经济出版社

图书在版编目（CIP）数据

中国经济学家人物研究 / 白卫星编著 .—太原：山西经济出版社，2021.1 (2021.7 重印)

ISBN 978-7-5577-0847-4

Ⅰ.①中… Ⅱ.①白… Ⅲ.①经济学家－人物研究－中国 Ⅳ.① K825.31

中国版本图书馆 CIP 数据核字（2021）第 074391 号

中国经济学家人物研究

编　　著： 白卫星
责任编辑： 司　元
封面设计： 博雅图文

出 版 者： 山西出版传媒集团·山西经济出版社
地　　址： 太原市建设南路 21 号
邮　　编： 030012
电　　话： 0351-4922133（市场部）
0351-4922085（总编室）
E－mail： scb@sxjjcb.com（市场部）
zbs@sxjjcb.com（总编室）
网　　址： www.sxjjcb.com

经 销 者： 山西出版传媒集团·山西经济出版社
承 印 者： 山西康全印刷有限公司

开　　本： 787 毫米 ×1092 毫米　1/16
印　　张： 22.75
字　　数： 350 千字
版　　次： 2021 年 1 月第 1 版
印　　次： 2021 年 7 月第 2 次印刷
书　　号： ISBN 978-7-5577-0847-4
定　　价： 168.00 元

前　言

建党100年历尽沧桑，新中国成立70年奋发图强，改革开放40年卧薪尝胆。中国共产党团结带领人民在改革中闯险滩、战激流，不仅创造了“人类发展史上最激动人心的奇迹”，更实现了从“赶上时代”到“引领时代”的伟大跨越。波澜壮阔的改革开放也伴随着气势磅礴的经济理论创新——家庭联产承包责任制理论、国有企业股份制改革理论、整体改革理论、价格双轨制理论等，这是经济学家群体艰辛跋涉和不懈探索的结果。殚精竭虑出智慧，砥志研思笔生花。经济学家群体的理论贡献、政策贡献、人才贡献都体现在“小岗破冰”的希望里，体现在“深圳兴涛”的巨变里，体现在“浦东逐浪”的东风里，体现在“雄安扬波”的宏图里。在《中国经济学家人物研究》完稿之际，笔者要向经济学家群体致敬——

首先向致力农村改革的经济学家群体致敬。改革从农村起步，为实现人民生活从温饱不足到总体小康的历史性跨越、推进社会主义现代化做出了重大贡献，为战胜各种困难和风险、保持社会大局稳定奠定了坚实基础。指导改革实践的是以“农村改革之父”杜润生等为代表的经济学家群体，包括吴象、陈锡文等。正是“家庭联产承包责任制”理论坚定了农村改革方向，接地气的五个“一号文件”使沉睡的东方巨龙开启直冲云霄的万里征程。中央指出，坚持农村土地农民集体所有，这是坚持农村基本经营制度的“魂”。作为最具中国特色的原创理论——“家庭联产承包责任制”发挥了决定性作用。

向探索改革方向的经济学家群体致敬。经济改革必须坚持社会主义方向，理论依据是什么？以孙冶方、薛暮桥、于光远、卓炯等为代表的经济学家群体，基于对改革开放前30年的反思，推出了《社会主义经济论》《中国社会主义经济问题研究》等深刻影响中国改革的经济学专著。他们在学术的道路上，集胆识、认识、见识、知识于一身，勇往直前，是推动经济改革的理论先锋。

向为建立社会主义市场经济体制做出贡献的经济学家群体致敬。市场在资源配置中起决定性的作用。为了建设统一开放、竞争有序的市场体系，建立社会主义市场经济体制，以马洪、董辅礽、高尚全、吴敬琏、厉以宁、萧灼基、张卓元等为代表的经济学家群体，坚持倡导以市场经济为取向的改革，促进了社会主义市场经济体制的建立。童大林、蒋一苇、周叔莲、杨启先、王梦奎、周小川、江春泽等经济学家都起了决策参谋作用。

向为坚持扩大开放的经济学家群体致敬。对外开放是改革初期必须搞清楚的重大理论问题，是指导我们开放实践的思想武器。方生无疑是在这个领域做出重大理论贡献的经济学家，他的《对外开放和利用资本主义》，论述精辟，振聋发聩，奠定了我国持续开放的理论基础。宦乡、季崇威、罗元铮等经济学家在此方面也都不遗余力地贡献智慧。

向为金融改革发展做出贡献的经济学家群体致敬。改革开放以来，我国金融业保持快速发展，金融产品日益丰富，金融服务普惠性增强，金融体系不断完善，互联网金融创新发展，人民币国际化取得新进展。以陈彪如、王传纶、杨培新、甘培根、黄达、刘鸿儒等为代表的经济学家，在开拓货币理论研究和证券市场、设计上海金融中心基本框架、提出"互联网金融"概念、推动金融体制改革等方面，都做出了一定贡献。李扬、夏斌、谢平等也脚步不停，精彩不断。

向为民营经济发展做出贡献的经济学家群体致敬。我国经济发展能够创造中国奇迹，民营经济功不可没。为推动民营经济发展，以晓亮、保育钧、何伟等为代表的经济学家群体，从创业就业高度阐述民营经济，从发展战略的高度认识民营经济是技术创新的重要主体，是国家税收的重要来源，必将为我国社会主义市场经济发展、政府职能转变、农村富余劳动力转移、国际市场开拓等发挥重要作用方面提出许多创新观点与理念。这些创新观点为促进我国民营经济发展发挥了不容忽视的积极作用。

向为区域发展做出贡献的经济学家群体致敬。京津冀协同发展、长江经济带、雄安新区等国家战略全面实施，与既有的“西部开发、东北振兴、中部崛起、东部率先”四大板块共同构成了当前中国区域经济发展的新格局。这些成就的取得，是与陈栋生、金碚、胡鞍钢、范恒山等一大批致力区域经济研究的经济学家群体，研精苦思、探本穷源所分不开的。

向致力推动供给侧结构性改革的经济学家群体致敬。供给侧结构性改革的重点是减少无效和低端供给，扩大有效和中高端供给，增强供给结构对需求变化的适应性和灵活性，提高全要素生产率。以贾康、蔡昉等为代表的经济学家群体，通过长期对国民经济发展实践的观察，认为供给侧结构性改革通过对资源的重新配置，可以实现全要素生产率的提高。他们的学术主张影响了中央决策，目前供给侧结构性改革正在深入推进。

向为军民融合发展战略做出贡献的经济学家群体致敬。把军民融合发展上升为国家战略，是我们长期探索经济建设和国防建设协调发展规律的重大成果，是从国家安全和发展战略全局出发做出的重大决策。以姜鲁鸣、顾建一、杜人淮、方正起、陈波、谭清美等为代表的经济学家群体，以献身国防的责任担当，长期苦心孤诣研究经济建设与国防建设的战略问题，提出了“军民融合”理论构想及融合思路，为中国梦、强军梦付出了诸多学术智慧。

向为经济学教育做出贡献的经济学家群体致敬。经济学教育在改革开放后得到迅速发展，为改革开放事业输送了众多精英，储备了大量人才资源。以陈岱孙、宋涛、张培刚、滕维藻、陶大镛、蒋学模、黄达、谷书堂、刘诗白、卫兴华、何炼成等为代表的教育家贡献最突出。2019 年国庆前夕，卫兴华荣获“人民教育家”国家荣誉称号。作为德厚流光的经济学家和桃李满天下的教育名师，守得一身清风傲骨，书写了经济学教育的明媚四季，他们的贡献将永远被人民铭记。

向为中国经济改革发展鼓与呼的经济学家群体致敬。经济改革是一场革命。要坚定不移走改革开放这条正确之路、强国之路、富民之路，除了中央的决策，还需要全国人民“撸起袖子加油干”。在这个过程中，会遇到各种各样的问题，需要经济学家的理智看法，需要经济学家的答疑释惑，更需要经济学家的学术争鸣。周其仁、林毅夫、张维迎、洪银兴、程恩富、迟福林、魏杰、樊纲、华生、韩志国、钱颖一、蔡继明、江小娟、刘世锦、黄泰岩、陈雨露等朴实的经济学家勇立改革潮头，在改革开放中坚守学术道德，有观点交锋，有探索争鸣，有思想火花，有学术亮点，贡献影响可圈可点。

“改革开放是决定当代中国命运的关键一招，也是决定实现‘两个一百年’奋斗目标、实现中华民族伟大复兴的关键一招。”这是习近平总书记铿锵有力的改革誓言。一路风雨兼程，一路澎湃前行。我们的经济学家群体以立志谋求国家和民族富强的学术自觉和可贵的学术品格为共和国改革大业建言献策，或参与政策设计，或开展决策研究。他们是良心的守望者，是知识的守望者，更是改革开放的见证者、参与者、建设者、研究者、咨询者。他们的学术丰碑是改革理论的思想结晶，政策贡献是改革实践的经验总结。对于经济学家群体的学术思想，我们应该学习；对于他们的治学精神，我们应该弘扬。

致敬——为中国改革发展做出贡献的经济学家群体！

白卫星

2021 年 2 月

目 录
Contents

一　中国经济学家（人物）概览

如果从严复（1854—1921）于1901年完成《国富论》的中译工作算起，到五四运动时西方经济学在中国的传播，经济学研究在中国已经有100多年的历史。100多年来，中国经济学的发展道路充满了无数的艰辛与曲折，取得了巨大的学术成就，也诞生了一代又一代善于独立思考的经济学家群体。中国经济学家群星璀璨，从"民国四大经济学家"（马寅初、何廉、刘大钧、方显廷）到新中国成立后经济理论界的"四大名旦"（孙冶方、薛暮桥、许涤新、于光远），再到4位年轻的京城少壮派经济学家（樊纲、刘伟、魏杰、钟朋荣），他们的学术历程和卓越成就构成了中国经济学的百年缩影。

那么，中国的经济学家有多少人呢？这个群体有哪些特点？从科学的意义上说，经济学家之所以是经济学家，就在于他有自己的经济学范式。从理论与实践来看，经济学家不仅能解释经济现象，而且能进行经济理论建构。但在日常经济生活中，经济学家泛指从事经济学理论研究及其应用工作的高级专业人才。这里，我不想就"经济学家"这个概念做过多的探究和解释，仅就学术媒体一般认可或经济学界基本认可的经济学家人物群体做粗线条的描述。

前几年，我写过《中国经济学家地理》系列文章，对经济学家人物的总体情况做过简单统计，中国经济学家总体不超过500人。这只是我自己的看法，仅供参考。

中国经济学家部分人物名单（按出生年代分组排序）

1900 年前出生（15 人）

陈锦涛（1870—1939） 马寅初（1882—1982） 杨端六（1885—1966）

陈豹隐（1886—1960） 陈长蘅（1888—1987） 刘秉麟（1891—1956）

刘大钧（1891—1962） 何　廉（1895—1975） 王学文（1895—1985）

南汉宸（1895—1967） 赵乃抟（1897—1986） 陈翰笙（1897—2004）

张心一（1897—1992） 乔启明（1897—1970） 黄松龄（1898—1972）

1900—1909 年出生（37 人）

陈岱孙（1900—1997） 樊　弘（1900—1988） 董时进（1900—1984）

罗志如（1901—1991） 王亚南（1901—1969） 沈志远（1902—1965）

张锡昌（1902—1980） 胡寄窗（1903—1993） 方显廷（1903—1958）

冀朝鼎（1903—1963） 漆琪生（1904—1986） 王思华（1904—1978）

薛暮桥（1904—2005） 姜君辰（1904—1985） 季陶达（1904—1989）

袁孟超（1905—1991） 郭大力（1905—1976） 巫宝三（1905—1999）

韩德章（1905—1988） 秦柳方（1906—2007） 周有光（1906—2017）

王赣愚（1906—1997） 许涤新（1906—1988） 王毓瑚（1907—1980）

吴斐丹（1907—1981） 彭迪先（1908—1991） 杨敬年（1908—2016）

孙冶方（1908—1983） 钱俊瑞（1908—1985） 戴世光（1908—1999）

骆耕漠（1908—2008） 孙敬之（1909—1983） 卓　炯（1908—1987）

宦　乡（1909—1989） 鲍觉民（1909—1994） 千家驹（1909—2002）

严中平（1909—1991）

1910—1919 年出生（43 人）

陈彪如（1910—2003） 朱剑农（1910—1986） 狄超白（1910—1978）

徐雪寒（1911—2005）　杨坚白（1911—2004）　王耕今（1911—2007）

段　云（1912—1997）　关梦觉（1912—1990）　陈振汉（1912—2008）

刘涤源（1912—1997）　张培刚（1913—2011）　杜润生（1913—2015）

徐毓枬（1913—1958）　宋　涛（1914—2011）　吴纪先（1914—1997）

刘天怡（1914—1992）　周守正（1914—2006）　于光远（1915—2013）

顾　准（1915—1974）　刘明夫（1915—1996）　朱绍文（1915—2011）

易梦虹（1916—1991）　朱景尧（1916—2013）　袁宝华（1916—2019）

吴大琨（1916—2007）　薛葆鼎（1916—1998）　李崇淮（1916—2008）

钱荣堃（1917—2003）　滕维藻（1917—2008）　许　毅（1917—2010）

吴承明（1917—2011）　宋则行（1917—2003）　汪敬虞（1917—2012）

杨纪琬（1917—1999）　童大林（1918—2010）　汪尧田（1918—2006）

陶大镛（1918—2010）　蒋学模（1918—2008）　汪祥春（1918—2011）

蒋硕杰（1918—1993）　闵庆全（1918—2011）　胡代光（1919—2012）

魏　埙（1919—2004）

1920—1929 年出生（82 人）

蒋一苇（1920—1993）　陈观烈（1920—2000）　马　洪（1920—2007）

谭崇台（1920—2017）　冯兰瑞（1920—2019）　宋承先（1921—1999）

高鸿业（1921—2007）　王　琢（1921—2010）　葛家澍（1921—2013）

曾启贤（1921—1989）　詹　武（1921—2014）　李成瑞（1921—2017）

张薰华（1921—2021）　万典武（1921—2018）　朱应庚（1922—2004）

季崇威（1922—2011）　王传纶（1922—2012）　尹世杰（1922—2013）

林少宫（1922—2009）　赵　靖（1922—2007）　杨培新（1922—2016）

吴　象（1922—）　洪文达（1923—2014）　浦　山（1923—2003）

王叔云（1923—2002） 李宗正（1923—2000） 刘国光（1923—）
邓子基（1923—2020） 张友仁（1923—2015） 王亘坚（1923—2018）
罗元铮（1924—2003） 张朝尊（1924—2003） 陈宝森（1924—）
宓汝成（1924—2015） 戎文佐（1925—2003） 林子力（1925—2005）
方　生（1925—2002） 甘培根（1925—2006） 钟契夫（1925—2008）
徐　禾（1925—2002） 卫兴华（1925—2019） 宋养琰（1925—）
项启源（1925—2018） 刘诗白（1925—） 谷书堂（1925—2016）
黄　达（1925—） 张元元（1926—2001） 何建章（1926—2004）
苏　星（1926—2008） 何　伟（1926—2012） 刘再兴（1926—1999）
戴园晨（1926—） 林　凌（1926—2018） 黄万纶（1926—）
王　珏（1926—） 熊性美（1926—2015） 董辅礽（1927—2004）
石柱成（1927—2006） 周　诚（1927—2014） 杨启先（1927—）
马家驹（1927—） 钱伯海（1928—2004） 晓　亮（1928—2012）
伍柏麟（1928—） 房维中（1928—） 夏振坤（1928—）
李　琮（1928—） 何炼成（1928—） 胡　钧（1928—）
陈　征（1928—） 苏东水（1928—） 曾牧野（1928—）
牛若峰（1928—2015） 周升业（1929—2015） 熊映梧（1929—2003）
王积业（1929—2007） 王贵宸（1929—） 叶世昌（1929—）
严瑞珍（1929—） 周叔莲（1929—2018） 高尚全（1929—）
樊　亢（1924—2019）

1930—1939 年出生（67 人）

张维达（1930—2008） 孙尚清（1930—1996） 林文益（1930—1997）
闻　潜（1930—2008） 厉以宁（1930—） 吴敬琏（1930—）

汪海波（1930— ） 吴宣恭（1930— ） 刘光杰（1930— ）

林森木（1930— ） 林继肯（1930— ） 刘鸿儒（1930— ）

何迺维（1930— ） 郑绍濂（1931—2009） 汤在新（1931—2007）

辛　文（1931—2011） 高涤陈（1931—2014） 何振一（1931— ）

黄范章（1931— ） 张守一（1931— ） 罗精奋（1931— ）

刘方棫（1931— ） 吴易风（1932— ） 施正一（1932—2015）

吴树青（1932—2020） 经君健（1932— ） 乌家培（1932— ）

吴家骏（1932— ） 贾履让（1933—1998） 冯玉忠（1933— ）

唐宗焜（1933— ） 赵人伟（1933— ） 张卓元（1933— ）

萧灼基（1933— ） 于祖尧（1933— ） 陈耀庭（1933— ）

李京文（1933— ） 周新城（1934— ） 李成勋（1934— ）

胡乃武（1934— ） 杜厚文（1938— ） 陈吉元（1934— ）

江春泽（1935— ） 桂世镛（1935—2003） 巫宁耕（1935— ）

李泊溪（1935— ） 成思危（1935—2015） 谷源洋（1935— ）

洪远朋（1935— ） 陈栋生（1935—2016） 陆百甫（1936— ）

叶灼新（1936— ） 罗肇鸿（1936— ） 秦池江（1936— ）

王瑞璞（1937— ） 胡培兆（1937—2019） 邓荣霖（1937— ）

王梦奎（1938— ） 任玉岭（1938— ） 王洛林（1938— ）

曾康霖（1938— ） 田雪原（1938— ） 杨圣明（1939— ）

张曙光（1939— ） 晏智杰（1939— ） 陈清泰（1939— ）

白钦先（1939— ）

1940—1949 年出生（44 人）

刘溶沧（1942—2002） 谈世中（1942— ） 冒天启（1942— ）

贺　铿（1942—）　王则柯（1942—）　厉无畏（1942—）
梁小民（1943—）　刘福垣（1944—）　苏东斌（1944—2012）
陈佳贵（1944—2013）　董志凯（1944—）　魏礼群（1944—）
李善同（1944—）　李国璋（1944—）　郑新立（1945—）
陈乃醒（1945—）　刘树成（1945—）　常修泽（1945—）
曹凤岐（1945—）　吕　政（1945—）　雎国余（1946—）
巫继学（1946—）　库桂生（1946—）　吴晓灵（1947—）
杜晓山（1947—）　丁宁宁（1947—）　张承耀（1947—）
张晓山（1947—）　逄锦聚（1947—）　宋晓梧（1947—）
汪同三（1948—）　周小川（1948—）　余永定（1948—）
杨小凯（1948—2004）　纪玉山（1948—）　梁中堂（1948—）
孙柏林（1948—）　朱庆林（1948—）　李晓西（1949—）
邹东涛（1949—）　李剑阁（1949—）　李连仲（1949—）
舒　元（1949—）　谈　敏（1949—）

1950—1959 年出生（113 人）

程恩富（1950—）　陈全生（1950—）　刘迎秋（1950—）
陈锡文（1950—）　洪银兴（1950—）　金　碚（1950—）
周其仁（1950—）　楼继伟（1950—）　黄卫平（1951—）
杨　帆（1951—）　李江帆（1951—）　李义平（1951—）
温铁军（1951—）　迟福林（1951—）　王小鲁（1951—）
李　扬（1951—）　朱　玲（1951—）　夏　斌（1951—）
顾海良（1951—）　林毅夫（1952—）　陈　淮（1952—）
刘　鹤（1952—）　贺　强（1952—）　刘永佶（1952—）

杜　鹰（1952—）　章　铮（1952—）　卢中原（1952—）
魏　杰（1952—）　周立群（1952—）　左大培（1952—）
海　闻（1952—）　樊　纲（1953—）　华　生（1953—）
曾五一（1953—）　许小年（1953—）　袁钢明（1953—）
臧旭恒（1953—）　汤　敏（1953—）　胡鞍钢（1953—）
汪丁丁（1953—）　林　岗（1953—）　顾建一（1953—）
武希志（1953—）　马君潞（1954—2014）　朱善利（1954—2015）
韩志国（1954—）　曹远征（1954—）　田　源（1954—）
平新乔（1954—）　贾　康（1954—）　钟朋荣（1954—）
陈宗胜（1954—）　宋国青（1954—）　王　建（1954—）
盛　洪（1954—）　裴长洪（1954—）　白永秀（1955—）
王广谦（1955—）　谢　平（1955—）　郭克莎（1955—）
何小锋（1955—）　肖金成（1955—）　陈东琪（1955—）
柯炳生（1955—）　刘世锦（1955—）　马晓河（1955—）
喻新安（1955—）　田秋生（1955—）　王国刚（1955—）
樊恭嵩（1955—）　姜鲁鸣（1955—）　柳　欣（1956—2013）
刘小川（1956—）　田国强（1956—）　辜胜阻（1956—）
李　实（1956—）　孙祁祥（1956—）　宁吉喆（1956—）
钱颖一（1956—）　蔡　昉（1956—）　郭树清（1956—）
韩秀云（1956—）　蔡继明（1956—）　王玉霞（1956—）
刘晋豫（1957—）　林伯强（1957—）　冯根福（1957—）
王逸舟（1957—）　国世平（1957—）　范恒山（1957—）
左小蕾（1957—）　范剑平（1957—）　杨瑞龙（1957—）

刘　伟（1957—）　曹和平（1957—）　何自力（1957—）

江小娟（1957—）　史晋川（1957—）　黄泰岩（1957—）

金雪军（1958—）　贺力平（1958—）　周天勇（1958—）

马建堂（1958—）　易　纲（1958—）　易宪容（1958—）

吴晓求（1959—）　王一鸣（1959—）　顾海兵（1959—）

张维迎（1959—）　宋洪远（1959—）　王东京（1959—）

高培勇（1959—）

1960 年及以后出生（32 人）

张宇燕（1960—）　谢国忠（1960—）　胡必亮（1961—）

张军扩（1961—）　谭清美（1961—）　陈志武（1962—）

邹恒甫（1962—）　郝万禄（1962—）　张其佐（1962—）

杨开忠（1962—）　黄少安（1962—）　胡星斗（1962—）

谢　茜（1963—）　赵锡军（1963—）　张　军（1963—）

李稻葵（1963—）　杜志雄（1963—）　韩　俊（1963—）

祝宝良（1963—）　李海舰（1963—）　吴少华（1963—）

余　斌（1964—）　刘尚希（1964—）　张　宇（1964—）

杜人淮（1964—）　陈炳福（1964—）　方正起（1966—）

赵　晓（1967—）　陈雨露（1966—）　张晓晶（1969—）

巴曙松（1969—）　陈　波（1971—）

从以上名单看，中国 20 世纪最早的经济学家就是 19 世纪末即 1900 年以前出生、并活跃于 20 世纪 30 年代以前的那一代人，多数是 20 世纪 20 年代之前开始的。他们的共同特点是都有留学的经历，是经济学界的第一批“海归”，都比较长寿，大部分活到 90 岁以上。陈锦涛是中国历史上第一个经济学博士。马寅初、陈翰笙的学术贡献与影响非常大。他们是我国经济学方面开学拓境、学习播种的一代。

1900—1909年出生的这批经济学家开创了一个时代，陈岱孙、王亚南、薛暮桥、郭大力、许涤新、孙冶方、卓炯，他们笃志好学，捍卫尊严，是渐入佳境的开路先锋，是无所畏忌、独具傲骨的一代。

1910—1919年出生的经济学家都久负盛名，他们敢于勇闯禁区，更富于理论创新。发展经济学的创始人张培刚、农村改革之父杜润生、新中国高等学校马克思主义政治经济学学科的重要奠基人宋涛、“百科全书式的学者”于光远、中国市场经济理论第一人顾准，他们是探本穷源、才高绝学的一代。

1920—1929年出生的经济学家，人才济济，个个都是名德众望。蒋一苇的企业本位论、为数不多的进行跨学科研究并取得全面成就的学者马洪、坚持社会主义公有制的“杨承包”——杨培新、“独臂将军”戎文佐、经济学界的“第一号种子选手”董辅礽、洞开工业经济理论天窗的周叔莲，他们是学无止境、卓尔不群的一代。

1930—1939年出生的经济学家，他们理论功底扎实，学术成就名满天下。“厉股份”厉以宁、“吴市场”吴敬琏、“五道口创始人”刘鸿儒、改革重大决策起草人之一的张卓元、“中国风险投资之父”成思危、“院士经济学家”李京文、国务院智库的第一小提琴手王梦奎，他们是紧跟改革实践，成就非凡的一代。

1940—1949年出生的经济学家人数虽然不多，但他们的学术成果非常丰富。郑新立、常修泽、张晓山、李晓西、邹东涛，作为这个群体的代表，他们是研经铸史、善于思考的一代。

1950—1959年出生的经济学家人数最多，是当代中国经济学研究的中间力量。程恩富、陈锡文、洪银兴、金碚、周其仁、樊纲、华生、胡鞍钢、张维迎，他们为改革引吭高声，笔冢研穿，在学术之路上漫无止境。他们是繁荣学术的一代，是中国经济学界的黄金一代。

1960—1969年出生的经济学家目前还不多，他们的成长还需要时间。张宇燕、张军扩、陈志武、李稻葵、韩俊、陈雨露、巴曙松作为突出代表，他们都是经济学博士，是继往开来、实现中国梦的开创中国经济学新境界的一代。

从目前健在者的年龄看，90岁以上的经济学家有吴象、刘国光、宋养琰、刘诗白、戴园晨、王珏、杨启先等10多位。

在我国经济学界，还有几个特殊群体：一是"诗人"经济学家（袁宝华、段云、李成瑞、陈征、厉以宁、厉无畏、王梦奎、邹东涛和韩志国）；二是"书法"经济学家（段云、王琢、刘诗白和任玉岭）；三是"军人"经济学家（刘鹤、曹和平、刘树杰、林岗、迟福林、臧旭恒、韩康、王广谦、吕政、金碚、陈宗胜、黄泰岩）；四是女经济学家（冯兰瑞、江小涓、朱玲、叶坦、吴晓灵、陈文玲、韩秀云、史丹、左小蕾、臧跃茹、谢茜）。

从全国看，大约每330万人拥有1位经济学家，数量非常少，经济学家资源非常稀缺，与世界第二大经济体的经济地位极不相称。中国需要加快培育壮大经济学家群体，尤其是要让"60后""70后"乃至"80后"的经济学家尽快成长，以适应从单兵突进转向团队攻关的经济研究新趋向。因此，很有必要建立中国的经济学人物数据库，把二级学科和各分支学科的经济学人物集中起来，推进经济学的"供给侧"改革，以数据库建设为基础，促进经济学人物之间的网络交流与学术信息沟通，造就成千上万的经济学家人物，开创经济学家的"中国时代"，提升经济学世界的中国话语权，为国家发展提供坚强的经济学人才基础。

二　中国经济学家的区域分布

（一）中国经济学家的总体分布情况

从2011年以来，根据有关书刊文献和媒体资料，笔者收集整理了我国自20世纪20年代以来绝大多数经济学家的生平资料，包括年龄、籍贯、学术成就、主要经历等。其中，着重对他们的籍贯地理分布做了分析。

此次统计的经济学家431人，但能查到出生地或籍贯的仅418人（不含港澳台地区）。籍贯（按照省级行政区划）分布见下表。

表1　中国经济学家籍贯分布

北京15人			
陈宝森（1924—）	北京	马家驹（1927—）	北京
吴家骏（1932—）	北京	冯玉忠（1933—）	北京
李国璋（1944—）	北京	黄卫平（1951—）	北京
杨　帆（1951—）	北京	陈　淮（1952—）	北京
刘　鹤（1952—）	北京	贺　强（1952—）	北京
王　建（1954—）	北京	盛　洪（1954—）	北京
蔡　昉（1956—）	北京	易　纲（1958—）	北京
张宇燕（1960—）	北京		
天津6人			
韩德章（1905—1988）	天津	黄　达（1925—）	天津
李泊溪（1935—）	天津	马君潞（1954—2014）	天津

续表

韩秀云（1956—）	天津	高培勇（1959—）	天津
河北 23 人			
王思华（1904—1978）	河北	王毓瑚（1907—1980）	河北
王耕今（1911—2007）	河北	吴承明（1917—2011）	河北
魏　埙（1919—2004）	河北	徐　禾（1925—2002）	河北
何　伟（1926—2012）	河北	李成瑞（1922—2017）	河北
王亘坚（1923—2018）	河北	李　琮（1928—）	河北
陈清泰（1939—）	河北	刘树成（1945—）	河北
丁宁宁（1947—）	河北	张承耀（1947—）	河北
陈全生（1950—）	河北	刘迎秋（1950—）	河北
温铁军（1951—）	河北	刘永佶（1952—）	河北
杜　鹰（1952—）	河北	章　铮（1952—）	河北
肖金成（1955—）	河北	田秋生（1955—）	河北
蔡继明（1956—）	河北		
山西 21 人			
南汉宸（1895—1967）	山西	乔启明（1897—1970）	山西
冀朝鼎（1903—1963）	山西	段　云（1912—1997）	山西
马　洪（1920—2007）	山西	晓　亮（1928—2012）	山西
辛　文（1931—2011）	山西	贾履让（1933—1998）	山西
杜润生（1913—2015）	山西	卫兴华（1925—2019）	山西
林　凌（1926—2018）	山西	胡乃武（1934—）	山西
白钦先（1939—）	山西	梁小民（1943—）	山西
梁中堂（1948—）	山西	宁吉喆（1956—）	山西
孙祁祥（1956—）	山西	史晋川（1957—）	山西
刘晋豫（1957—）	山西	郝万禄（1962—）	山西
谢　茜（1963—）	山西		

续表

内蒙古 2 人			
郭树清（1956—）	内蒙古	王玉霞（1956—）	内蒙古
辽宁 15 人			
杨坚白（1911—2004）	辽宁	周　诚（1927—2014）	辽宁
张维达（1930—2008）	辽宁	高涤陈（1931—2014）	辽宁
张朝尊（1924—2003）	辽宁	王　珏（1926—）	辽宁
房维中（1928—）	辽宁	王积业（1929—）	辽宁
何振一（1931—）	辽宁	谷源洋（1935—）	辽宁
田雪原（1938—）	辽宁	刘福垣（1944—）	辽宁
左大培（1952—）	辽宁	胡鞍钢（1953—）	辽宁
柯炳生（1955—）	辽宁		
吉林 9 人			
关梦觉（1912—1990）	吉林	孙尚清（1930—1996）	吉林
王贵宸（1929—）	吉林	刘鸿儒（1930—）	吉林
何迺维（1930—）	吉林	王瑞璞（1937—）	吉林
曹凤岐（1945—）	吉林	纪玉山（1948—）	吉林
韩志国（1954—）	吉林		
黑龙江 2 人			
周其仁（1950—）	黑龙江	苏东斌（1944—2012）	黑龙江
上海 18 人			
吴纪先（1914—1997）	上海	于光远（1915—2013）	上海
顾　准（1915—1974）	上海	宋则行（1917—2003）	上海
杨纪琬（1917—1999）	上海	陶大镛（1918—2010）	上海
高尚全（1929—）	上海	唐宗焜（1933—）	上海
谈世中（1942—）	上海	董志凯（1944—）	上海
舒　元（1949—）	上海	谈　敏（1949—）	上海

续表

夏　斌（1951—）	上海	顾海良（1951—）	上海
樊　纲（1953—）	上海	许小年（1953—）	上海
王一鸣（1959—）	上海	谢国忠（1960—）	上海
江苏 62 人			
刘大钧（1891—1962）	江苏	王学文（1895—1985）	江苏
陈翰笙（1897—2004）	江苏	张锡昌（1902—1980）	江苏
薛暮桥（1904—2005）	江苏	姜君辰（1904—1985）	江苏
巫宝三（1905—1999）	江苏	秦柳方（1906—2007）	江苏
周有光（1906—2017）	江苏	孙冶方（1908—1983）	江苏
钱俊瑞（1908—1985）	江苏	严中平（1909—1991）	江苏
狄超白（1910—1978）	江苏	徐毓枬（1913—1958）	江苏
朱绍文（1915—2011）	江苏	吴大琨（1916—2007）	江苏
李崇淮（1916—2008）	江苏	薛葆鼎（1916—1998）	江苏
钱荣堃（1917—2003）	江苏	滕维藻（1917—2008）	江苏
许　毅（1917—2010）	江苏	闵庆全（1918—2011）	江苏
高鸿业（1921—2007）	江苏	王　琢（1921—2010）	江苏
葛家澍（1921—2013）	江苏	季崇威（1922—2011）	江苏
王传纶（1922—2012）	江苏	浦　山（1923—2003）	江苏
钱伯海（1928—2004）	江苏	周叔莲（1929—2018）	江苏
吴树青（1932—2020）	江苏	刘国光（1923—）	江苏
宋养琰（1925—）	江苏	陈　征（1928—）	江苏
吴敬琏（1930—）	江苏	厉以宁（1930—）	江苏
经君健（1932—）	江苏	吴易风（1932—）	江苏
周新城（1934—）	江苏	巫宁耕（1935—）	江苏
洪远朋（1935—）	江苏	晏智杰（1939—）	江苏
冒天启（1942—）	江苏	魏礼群（1944—）	江苏

续表

睢国余（1946—）	江苏	杜晓山（1947—）	江苏
周小川（1948—）	江苏	朱庆林（1948—）	江苏
李剑阁（1949—）	江苏	陈锡文（1950—）	江苏
洪银兴（1950—）	江苏	金　碚（1950—）	江苏
华　生（1953—）	江苏	顾建一（1953—）	江苏
王国刚（1955—）	江苏	樊恭嵩（1955—）	江苏
姜鲁鸣（1955—）	江苏	李　实（1956—）	江苏
范剑平（1957—）	江苏	杨瑞龙（1957—）	江苏
顾海兵（1959—）	江苏	赵锡军（1963—）	江苏
浙江 40 人			
马寅初（1882—1982）	浙江	赵乃抟（1897—1986）	浙江
沈志远（1902—1965）	浙江	方显廷（1903—1985）	浙江
季陶达（1904—1989）	浙江	吴斐丹（1907—1981）	浙江
骆耕漠（1908—2008）	浙江	千家驹（1909—2002）	浙江
徐雪寒（1911—2005）	浙江	陈振汉（1912—2008）	浙江
蒋学模（1918—2008）	浙江	汪祥春（1918—2011）	浙江
戎文佐（1925—2003）	浙江	张元元（1926—2001）	浙江
董辅礽（1927—2004）	浙江	郑绍濂（1931—2009）	浙江
桂世镛（1935—2003）	浙江	詹　武（1921—2014）	浙江
张友仁（1923—2015）	浙江	宓汝成（1924—2015）	浙江
项启源（1925—2018）	浙江	戴园晨（1926—）	浙江
伍柏麟（1928—）	浙江	叶世昌（1929—）	浙江
林森木（1930—）	浙江	林继肯（1930—）	浙江
罗精奋（1931—）	浙江	乌家培（1932—）	浙江
赵人伟（1933—）	浙江	陆百甫（1936—）	浙江

续表

胡培兆（1937—2019）	浙江	王则柯（1942—）	浙江
厉无畏（1942—）	浙江	海　闻（1952—）	浙江
汪丁丁（1953—）	浙江	林　岗（1953—）	浙江
平新乔（1954—）	浙江	谢　平（1955—）	浙江
钱颖一（1956—）	浙江	金雪军（1958—）	浙江
安徽 22 人			
鲍觉民（1909—1994）	安徽	朱剑农（1910—1986）	安徽
宋　涛（1914—2011）	安徽	汪尧田（1918—2006）	安徽
洪文达（1923—2014）	安徽	周升业（1929—2015）	安徽
施正一（1932—2015）	安徽	吴　象（1922—）	安徽
汪海波（1930—）	安徽	于祖尧（1933—）	安徽
陈耀庭（1933—）	安徽	江春泽（1935—）	安徽
陈乃醒（1945—）	安徽	吕　政（1945—）	安徽
程恩富（1950—）	安徽	李　扬（1951—）	安徽
朱　玲（1951—）	安徽	陈晓和（1954—）	安徽
张　军（1963—）	安徽	李稻葵（1963—）	安徽
杜志雄（1963—）	安徽	张晓晶（1969—）	安徽
江西 14 人			
郭大力（1905—1976）	江西	王赣愚（1906—1997）	江西
周守正（1914—2006）	江西	钟契夫（1925—2008）	江西
张薰华（1921—2021）	江西	熊性美（1926—2015）	江西
夏振坤（1928—）	江西	黄范章（1931—）	江西
易宪容（1958—）	江西	吴晓求（1959—）	江西
胡星斗（1962—）	江西	杜人淮（1964—）	江西
陈炳福（1964—）	江西	赵　晓（1967—）	江西

续表

福建14人			
陈岱孙（1900—1997）	福建	陈彪如（1910—2003）	福建
童大林（1918—2010）	福建	蒋一苇（1920—1993）	福建
李宗正（1923—2000）	福建	林子力（1925—2005）	福建
方　生（1925—2002）	福建	邓子基（1923—2020）	福建
苏东水（1928—）	福建	吴宣恭（1930—）	福建
邓荣霖（1937—）	福建	曾五一（1953—）	福建
裴长洪（1954—）	福建	林伯强（1957—）	福建
山东21人			
赵　靖（1922—2007）	山东	苏　星（1926—2008）	山东
谷书堂（1925—2016）	山东	胡　钧（1928—）	山东
刘方棫（1931—）	山东	杨圣明（1939—）	山东
常修泽（1945—）	山东	逄锦聚（1947—）	山东
李连仲（1949—）	山东	迟福林（1951—）	山东
王小鲁（1951—）	山东	周立群（1952—）	山东
臧旭恒（1953—）	山东	陈宗胜（1954—）	山东
王广谦（1955—）	山东	刘　伟（1957—）	山东
马建堂（1958—）	山东	谭清美（1961—）	山东
韩　俊（1963—）	山东	祝宝良（1963—）	山东
李海舰（1963—）	山东		
河南15人			
朱景尧（1916—2013）	河南	袁宝华（1916—2019）	河南
樊　亢（1924—2019）	河南	闻　潜（1930—2008）	河南
李成勋（1934—）	河南	王梦奎（1938—）	河南
任玉岭（1938—）	河南	郑新立（1945—）	河南
卢中原（1952—）	河南	曹远征（1954—）	河南

续表

田　源（1954—）	河南	喻新安（1955—）	河南
冯根福（1957—）	河南	王逸舟（1957—）	河南
宋洪远（1959—）	河南		
湖北 27 人			
黄松龄（1898—1972）	湖北	王亚南（1901—1969）	湖北
戴世光（1908—1999）	湖北	张培刚（1913—2011）	湖北
汪敬虞（1917—2012）	湖北	蒋硕杰（1918—1993）	湖北
刘再兴（1926—1999）	湖北	熊映梧（1929—2003）	湖北
万典武（1921—2018）	湖北	刘光杰（1930—）	湖北
陈栋生（1935—2016）	湖北	王洛林（1938—）	湖北
李善同（1944—）	湖北	库桂生（1946—）	湖北
张晓山（1947—）	湖北	汪同三（1948—）	湖北
贾　康（1954—）	湖北	钟朋荣（1954—）	湖北
田国强（1956—）	湖北	辜胜阻（1956—）	湖北
范恒山（1957—）	湖北	左小蕾（1957—）	湖北
胡必亮（1961—）	湖北	吴少华（1963—）	湖北
余　斌（1964—）	湖北	方正起（1966—）	湖北
巴曙松（1969—）	湖北		
湖南 26 人			
杨端六（1885—1966）	湖南	刘秉麟（1891—1956）	湖南
何　廉（1895—1975）	湖南	卓　炯（1908—1987）	湖南
汤象龙（1909—1998）	湖南	刘涤源（1912—1997）	湖南
刘明夫（1915—1996）	湖南	曾启贤（1921—1989）	湖南
尹世杰（1922—2013）	湖南	杨小凯（1948—2004）	湖南
杨敬年（1908—2016）	湖南	黄万纶（1926—）	湖南
何炼成（1928—）	湖南	张守一（1931—）	湖南

续表

成思危（1935—2015）	湖南	秦池江（1936—）	湖南
贺　铿（1942—）	湖南	陈东琪（1955—）	湖南
国世平（1957—）	湖南	王东京（1959—）	湖南
陈志武（1962—）	湖南	邹恒甫（1962—）	湖南
杨开忠（1962—）	湖南	黄少安（1962—）	湖南
曾　立（1962—）	湖南	刘尚希（1964—）	湖南
广东 18 人			
陈锦涛（1870—1939）	广东	许涤新（1906—1988）	广东
陈观烈（1920—2000）	广东	林少宫（1922—2009）	广东
何建章（1926—2004）	广东	林文益（1930—1997）	广东
杨培新（1922—2016）	广东	曾牧野（1928—）	广东
张卓元（1933—）	广东	萧灼基（1933—）	广东
叶灼新（1936—）	广东	罗肇鸿（1936—）	广东
余永定（1948—）	广东	李江帆（1951—）	广东
汤　敏（1953—）	广东	郭克莎（1955—）	广东
何小锋（1955—）	广东	陈雨露（1966—）	广东
广西 1 人			
李京文（1933—）	广西		
重庆 11 人			
陈长蘅（1888—1987）	重庆	樊　弘（1900—1988）	重庆
董时进（1900—1984）	重庆	罗志如（1901—1991）	重庆
漆琪生（1904—1986）	重庆	刘诗白（1925—）	重庆
杨启先（1927—）	重庆	陈吉元（1934—）	重庆
李晓西（1949—）	重庆	刘小川（1956—）	重庆
贺力平（1958—）	重庆		

续表

四川 20 人			
陈豹隐（1886—1960）	四川	胡寄窗（1903—1993）	四川
袁孟超（1905—1991）	四川	彭迪先（1908—1991）	四川
刘天怡（1914—1992）	四川	胡代光（1919—2012）	四川
宋承先（1921—1999）	四川	王叔云（1923—2002）	四川
罗元铮（1924—2003）	四川	甘培根（1925—2006）	四川
石柱成（1927—2006）	四川	汤在新（1931—2007）	四川
刘溶沧（1942—2002）	四川	陈佳贵（1944—2013）	四川
谭崇台（1920—2017）	四川	曾康霖（1938—）	四川
杜厚文（1938—）	四川	巫继学（1946—）	四川
吴晓灵（1947—）	四川	张其佐（1962—）	四川
贵州 3 人			
宦　乡（1909—1989）	贵州	易梦虹（1916—1991）	贵州
冯兰瑞（1920—2019）	贵州		
云南 1 人			
朱应庚（1922—2004）	云南		
陕西 15 人			
张曙光（1939—）	陕西	邹东涛（1949—）	陕西
李义平（1951—）	陕西	魏　杰（1952—）	陕西
袁钢明（1953—）	陕西	宋国青（1954—）	陕西
刘世锦（1955—）	陕西	马晓河（1955—）	陕西
白永秀（1955—）	陕西	江小娟（1957—）	陕西
曹和平（1957—）	陕西	张维迎（1959—）	陕西
张军扩（1961—）	陕西	张　宇（1964—）	陕西
王亚红（1971—）	陕西		

续表

甘肃 1 人			
张心一（1897—1992）	甘肃		
青海 1 人			
周天勇（1958—）	青海		
宁夏 2 人			
何自力（1957—）	宁夏	陈　波（1971—）	宁夏

（二）各省籍经济学家的学术特点及代表人物

1. 京籍经济学家：独树一帜，观点新颖

京籍经济学家在学术界独树一帜，以观点新颖著称。

王建 33 岁时发表《关于国际大循环经济发展战略的构想》一文，提出在沿海地区进一步扩大开放，发展大进、大出的加工型经济，参与国际经济大循环的构想，得到中央领导的重视，为党中央制定和提出“沿海经济发展战略”提供了依据。刘鹤作为中央财经领导小组办公室主任、国家发改委副主任，曾参与多项国家改革方略设计，被外界认为是中国经济政策的核心智囊，未来中国经济发展的理论“操盘手”。贺强在对广东和福建等地的法人股市场进行了深入调查之后，所写出的《关于法人股市场的调查报告》受到中央领导的高度重视，时任国务院总理的朱镕基亲自签名批示，并转呈证监会领导研究。贺强参与主持编辑《中国证券 1942—2000》出版，全国人大原委员长李鹏同志对此书亲笔写了批语，各大新闻媒体纷纷报道，产生了巨大的社会影响。陈淮在许多学术交流活动中常常语出惊人，观点独到。

杰出人物介绍

马家驹，曾任中国社会科学院经济研究所研究员、所学术委员会副主任，中国社会科学院研究生院兼任教授、博士生导师。马家驹 1949 年春由东北大学

文学院外文系毕业后，经过在北京华北大学的短期政治学习，于1949年9月分配到中共中央宣传部工作。20世纪50年代中期曾对农业的社会主义改造和国家资本主义的问题以及政治经济学社会主义部分的方法和逻辑结构等进行研究，有论文发表于《经济研究》等刊物。1955—1957年初，他还曾参加薛暮桥主编的《中国国民经济的社会主义改造》一书的编写；1962—1966年一度在山东省经济研究所工作，做过农村经济调查和有关的理论研究；1980年夏，调到中国社会科学院马列主义研究所，曾任马恩著作研究室主任，并于1983年晋升为研究员；1985年底转到经济研究所工作。自20世纪70年代末以来，在科学研究方面，他最初仍主要致力于政治经济学基本理论的研究；在所发表的专著和论文中，《〈资本论〉的方法和政治经济学社会主义部分的研究》曾于1984年获孙冶方经济学奖。其后他逐渐转向我国经济体制改革的理论和实践问题的研究，在学科领域上略及于比较经济体制，除发表论文多篇外，还主持编写了《中国经济改革的历史考察》。

陈淮，国家级有特殊贡献专家，中国人民大学博士生导师。曾任国务院发展研究中心市场研究所副所长、住建部政策研究中心主任、中国城乡建设经济研究所所长，现为，中国社会科学院研究生院城乡建设经济系主任。1978年至1982年2月，北京经济学院经济系本科，毕业获学士学位；1982年2月至1988年4月在中国人民大学读硕士、博士研究生，1988年在中国人民大学获博士学位；1988年在中国人民大学被破格提拔为副教授，1992年2月至1993年4月在美国斯坦福大学作客座研究员，1992年2月调入国务院发展研究中心工作。陈淮主持过《跨世纪战略发展过程中的中国经济结构研究》《过剩经济：形势与对策》《重要基础产业的资产重组研究》《中国国有投资公司在发展与改革过程中的战略定位》《保障国家石油安全的战略思路》等重大课题研究。出版有《工业化——

中国面临的挑战》等专著十余部，公开发表论文数百篇。

王建，1982 年毕业于中央财政金融学院，同年到国家计委经济研究所工作。1986 年任副研究员，1992 年任研究员，1993 年被国务院授予“国家级有特殊贡献的专家”称号，1993 年任国家计委经济研究所副所长，1995 年任中国宏观经济学会常务副秘书长。曾获“中国首届经济改革人才奖”，并被评选为“1988 中国十大杰出青年”。曾多次参与起草党中央、国务院的重要文件，多次在国家计委和国务院各部委获一、二、三等科技进步奖。其主要代表作《关于国际大循环经济发展战略的构想》（1987 年），提出在沿海地区进一步扩大开放，发展大进、大出的加工型经济，参与国际经济大循环的构想，得到中央领导的重视，为党中央制定和提出“沿海经济发展战略”提供了依据；另提出“九大都市圈”的发展战略构想（1995），引起巨大反响。近年的新作《大变革时代的思考》（论文集）与《货币霸权战争》（专著）都有价值。

吴家骏，1960 年中国人民大学工业经济系毕业，大学学历。中国社会科学院工业经济研究所研究员，博士生导师；中国工业经济学会理事长。学术专长为工业经济与企业管理。1992 年享受国务院颁发的政府特殊津贴，是中国社会科学院荣誉学部委员。主要著作：《企业管理漫谈》《中日企业比较研究》《日本的股份公司与中国的企业改革》《吴家骏文集》《工业企业亏损调查研究》《中国企业制度改革研究》等。

贺强，全国政协委员、中央财经大学教授。1982 年 7 月毕业于湖北财经学院经济系，获经济学学士学位。现任中央财经大学金融学院教授、证券期货研究所所长，兼任中央财经大学法学院经济法专业硕士研究生导师、中央财经大学金融学院货币银行学专业博士研究生导师。

2. 津籍经济学家：乐于奉献的学界楷模

津籍经济学家多数从事教育事业，甘为人梯，乐于奉献，是经济学家，也是杰出的教育家。

韩德章作为老一辈农业经济学家和农业教育家，培养了一批又一批的农业经济学和经济学高级专门人才。黄达教授从 1950 年起就开始讲授货币银行学，60 多年耕耘不辍，一生致力于中国金融学科研究和中国金融人才培养，是新中国金融学教材与课程体系的主要奠基者与引领者、新中国经济学领域综合平衡理论体系的系统论证者、新中国金融学科体系的主要设计者、新中国金融教育事业的主要开拓者。黄达教授突破禁区，开创讨论通货膨胀问题之先河，是中国建立现代货币统计体系的典籍者。在中国金融业改革发展的重大事件中，均可看到他的理论智慧。马君潞长期坚持在教学一线，注重学生金融学理念和经济学思维的培养，在我国金融学研究、金融教育事业发展、金融学科体系建设和人才培养方面建树颇丰。

杰出人物介绍

黄达，1925 年生，天津市人。我国著名的经济学家，教育家，中国人民大学荣誉一级教授、博士生导师。黄达于 1946 年就学于华北联合大学政治学院财经系，不久转为该院研究生。1946 年 12 月加入中国共产党。从 1953 年起，他先后任教研室主任、副系主任、系主任等职。从 1983 年起任中国人民大学副校长，1991 年 11 月至 1994 年 6 月任中国人民大学校长，同年开始享受政府特殊津贴。现任中国人民大学校务委员会名誉主任、教育部人文社会科学研究专家咨询委员会主任委员、中国金融学会名誉会长、中国企业联合会副会长。曾两度获得孙冶方经济科学奖，中国经济理论创新奖获得者，首届中国金融学科终身成就奖获得者。著有《我国社会主义经济中的货币和货币流通》《财政信贷综合平衡导论》

《工农产品比价剪刀差》《宏观调控与货币供给》《宏观调控与货币供给（修订版）》。

韩德章（1905—1988），天津市人。农业经济学家、农业教育家、世界语专家。韩德章于1922年考入燕京大学工程系预科，1928年毕业于燕京大学理学院农学系，获理学学士学位。1929年至1935年，他先后担任北平社会调查所、中央研究院、社会科学研究所助理研究员、研究员，兼任国立清华大学法学院社会学系讲师。1935年至1936年，韩德章任广西省政府经济委员会专门委员；1936年至1939年初，调任国民政府实业部农本局专员；1939年3月至1939年末，被聘为国立广西大学农学院教授；1939年至1943年，转任国民经济研究所研究员兼任重庆大学商学院银行保险系教授；1943年至1945年，被聘为国立复旦大学农学院教授兼任国立中央大学农学院农业经济系教授；1946年，被聘为国立清华大学农学院农艺系教授兼代系主任（1948年8月辞去代系主任职务）；1949年9月，出任北京农业大学农业经济学系教授。早在20世纪20年代后期和30年代初期，他即从事农村经济的调查与研究工作。新中国成立后，他不遗余力地致力于经济学和农业经济学的教学与研究。主要著作：《中国工业化与农业建设》《社会主义农业企业组织》《中国近代农业经济史》《关于资产阶级农业经济学的对象、任务》。

李泊溪，国务院发展研究中心研究员、教授，曾任国务院发展研究中心常务干事、发展预测部部长。1956—1976年在化工部设计院工作，担任设计项目工艺负责人、总负责人；1976—1980年在化工部规划院工作，课题负责人，任工程师；1980—1981年在社科院工业经济研究所，任副研究员；1981—1985年任国务院技术经济研究中心综合研究局局长，高级工程师；1985—2000年任国务院发展研究中心常务干事、发展部部长、研究员。她创造性地把数量经济方法、系统工程理论和思想以及现代科学方法应用于国家发展战略、产业政策、地区发展与企业发展的研究中，为中国宏观经济发展战略和政策研究工作做出了重大贡献。主要著作：《可行性研究与项目评价》《中国经济结构的模型分析》《中国国内经济发展战略》等。

马君潞（1954—2014）南开大学经济学院教授、博士生导师。曾任南开大学经济学院院长、金融发展研究院常务副院长、深圳金融工程学院副院长，南开大学金融学系系主任，东北亚金融合作研究中心常务副主任、南开大学中日韩合作研究中心主任。他围绕国际货币制度、国际金融合作和中国金融体制改革与创新问题，发表了大量颇具影响力的研究成果，是我国著名金融学者、金融学科学术带头人之一，在我国金融学界和金融业界具有重要影响。主要著作：《加拿大金融市场》《21 世纪金融大趋势——金融自由化》《国际金融市场与制度创新》《国际货币制度研究》《风险投资与风险资本市场》等。

3. 冀籍经济学家：思想活跃的知名学者

冀籍经济学家可谓人才济济，都是思想活跃的知名学者。

李成瑞曾任国家统计局局长，他在调查研究的基础上，先后撰写了关于推广商业合同制、加强社会主义的经济核算、发挥社会主义银行的作用以及搞好财政、信贷与国民经济的综合平衡等问题的四本专著，在理论和政策的研究上有所创新。1935 年“一二·九运动”爆发，吴承明是北平爱国学生运动领袖之一，足以说明其思想非常活跃。何伟先生学术研究原则是“离经不叛道”。所谓“离经”就是离开传统的排斥商品经济模式之经，“不叛道”即指不叛马克思主义基本原理之道。何伟先生直到去世前的两个月还耕耘不止，观念超前，见解独到。刘树成作为中国社会科学院经济研究所原所长，常有新观点。温铁军这位倾情“三农”的经济学家，以他独到的视角、新颖的见解、深刻的思想，言辞犀利，不断为农民的处境大声疾呼。

杰出人物介绍

李成瑞（1921—2017），河北省唐县人。国家统计局原局长、教授（兼职）。华北联合大学第一期毕业。1937 年冬参加敌后抗战，曾任晋察冀边区政府财政处税务科科长、华北人民政府财政部研究室主任。新中国成立后，曾任财政部农业税司副司长、李先念同志秘书、国家统计局局长、国务院第三次全国人口普查（1982）办公室主任、第七届全国人大财经委员会顾问。1981 年起他先后受聘兼任中国人民大学、厦门大学、中央财经大学等高校教授；曾当选为中国统计学会会长、中国人口学会副会长、中国财政学会副会长、孙冶方经济科学基金会理事，并曾当选国际统计学会副主席，是我国首次进入该学会领导机构的统计学家。他撰写和主编了经济、统计、人口以及诗词等方面的专著 21 种（其中与人合著的为 9 种）。发表的专著和论文先后获国家科学技术进步奖、孙冶方经济科学奖、全国优秀统计图书奖等奖项，其中两项专著填补了国际人口学领域的空白。2009 年，他入选中国社会科学院有关单位评出的“影响新中国 60 年经济建设的 100 位经济学家”。主要著作有《中华人民共和国农业税史稿》《广泛地实行合同制度》《社会主义的经济核算》《社会主义的银行工作》《财政、信贷与国民经济的综合平衡》《中国人口普查及结果分析》《中国人口地图集》《21 世纪统计三大新题初探》《陈云经济思想发展史》《大变化——我国当前社会经济结构变化情况及其复杂性分析》等。

吴承明（1917—2011），中国当代经济学家、中国经济史专家。1917 年出生于河北省滦县。1940 年毕业于北京大学历史系。1946 年获美国哥伦比亚大学经济学硕士学位。1946 年回国。先后担任资源委员会经济研究所专门委员、上海交通大学教授、上海东吴大学教授。新中国成立后，历任中央工商行政管理局处长，中国社会科学院经济研究所研究员、研究生院教授。中国民主同盟盟员。主要著作有：《帝国主义在旧中国的投资》《中国资本主义工商业的社会主义改造》《中国资本主义的生产关系》《中国资本主义与国内市场》等。

何伟（1926—2012），中国人民大学经济学院教授、北京开达经济学家中心理事长。1944 年参加革命工作，1951 年考入中国人民大学，1956 年中国人民大学政治经济学研究生毕业并留校任教。曾任中国人民大学《经济理论与经济管理》杂志主编、政治经济学教研室副主任。曾评为“影响新中国 60 年经济建设 100 位经济学家”之一，享受国家特殊贡献津贴。主要著作有《商品经济与经济体制改革》《劳动力市场与劳动力商品》《中国改革之路研究》《何伟选集》等。

刘树成，著名经济学家，中国社会科学院经济学部学部委员、研究员、博士生导师。1945 年 10 月生于上海。祖籍河北省武强县。1970 年 1 月—1975 年 7 月在中共山西省偏关县委工作；1975 年 7 月—1978 年 8 月在中共山西省委政策研究室工作；1978 年 8 月—1981 年 8 月在中国社会科学院研究生院经济系学习，获硕士学位；1981 年 8 月—1982 年 5 月，任中国社会科学院经济研究所助理研究员；1982 年 5 月—1998 年 10 月，任中国社会科学院数量经济与技术经济研究所副研究员、研究员、副所长、博士生导师、国家级中青年有突出贡献专家；1998 年 10 月—2008 年，任中国社会科学院经济研究所所长，《经济研究》主编。长期从事宏观经济学、数量经济学研究，特别是中国经济周期波动问题研究。曾获中国社会科学院第一届（1977—1991 年）、第二届（1992—1994 年）优秀科研成果奖，中宣部精神文明建设“五个一工程”第五届作品奖（1996 年），国家科技进步二等奖（1996 年），孙冶方经济科学第七届（1996 年）、第八届（1998 年）论文奖等。

刘永佶，1952 年生，毕业于河北大学，中央民族大学教授，博士生导师，现任中央民族大学经济学院院长。他是提倡经济民主、关注民生的新马克思主义经济学家。主要著作有：《政治经济学方法论纲要》《中国现代化导论》《劳动人道主义——马克思主义的原则》《主义、方法、主题——社会主义政治经济学之基本》《民主中国法制经济》《民权国有——作为所有者的劳动者对国有企业改革的思考》《中国经济矛盾论》《中国官文化批判》《中国文化现代化导论》等。

4. 晋籍经济学家：影响改革，矢志不渝

晋籍经济学家的最大贡献有两点：一是创建新中国的金融体系，二是推动农村经济改革和工业改革。2005 年首届中国经济学奖由薛暮桥、马洪、刘国光和吴敬琏获奖，除江苏籍的经济学家占三位外，就是山西籍的马洪。首届中国经济理论创新奖为山西籍的杜润生获奖。可见，晋籍经济学家是有影响的学术群体，特别是对中国改革发展的决策，影响深远。

南汉宸作为中国人民银行首任行长，是中国人民银行的创立者和奠基者、新中国金融体系的奠基人，以筹组中国人民银行为起点，他推动并带领新中国金融事业走上了光明坦途，其功绩彪炳千秋。冀朝鼎作为“卧底”，先后利用担任国民政府外汇管理委员会主任、中央银行经济研究处处长等合法身份，为中共提供了许多重要经济战略情报，是我党“潜伏”在国民党高层的经济学家。杜润生是对中国农村改革决策有着重大贡献的经济学家，也是中共党内最资深的农村问题专家之一。他作为农村改革的重大决策参与者和亲历者，被誉为“中国农村改革之父”。他一直认为“中国最大的问题是农民问题，农民最大的问题是土地问题”。他多次向中央建言，主张农村实行家庭承包责任制；从 1982 年到 1986 年连续 5 年参与主持起草了著名的五个“中央一号文件”，对于家庭承包责任制在中国农村的推广和巩固发挥了重要作用。马洪同志长期从事经济理论研究及政策

研究和决策咨询工作，是在新中国革命和建设以及改革开放伟大实践中成长起来的当代著名经济学家之一。他倡导和推动中国市场取向改革，主张稳健地推动中国经济的发展，在建立合理经济结构的理论研究与对策等领域做出了重要的贡献，在工业方面有着与杜润生一样的改革贡献。卫兴华教授作为经济学界唯一获得“人民教育家”国家荣誉称号的马克思主义经济学家，被誉为中国《资本论》研究权威，在经济理论和经济改革研究方面成果卓著，在我国经济学界具有举足轻重的理论地位和巨大的学术影响力。晓亮先生也是我国著名的经济学家，他对经济改革研究造诣颇深，特别是在民营经济研究方面，矢志不渝，成果突出，被誉为中国改革“七贤”（董辅礽、吴敬琏、厉以宁、杨培新、萧灼基、方生和晓亮）之一。林凌先生在经济体制改革、城市经济、区域经济、企业改革、政府职能、西部大开发等关系改革和发展的重大问题上都有深入的研究和突出的贡献。

杰出人物介绍

杜润生（1913—2015），原名杜德，山西省太谷县阳邑村人。1932 年 10 月参加共产党的外围群众组织抗日反帝同盟会和社会科学家联盟。1936 年夏加入中国共产党。中华人民共和国成立后，历任中共中央中南局秘书长、中南局军政委员会土改委员会副主任，领导中南地区土地改革。1953 年初调任中共中央农村工作部秘书长、国务院农村办公室副主任，参与组织农业合作化。1956 年后，历任国务院科学规划委员会办公厅副主任，中国科学院秘书长、中共中科院党组副书记，1961 年主持起草《关于自然科学研究的 14 条意见》。1979 年任中华人民共和国国家农业委员会副主任。1983 年任中共中央书记处农村政策研究室主任，兼国务院农村发展研究中心主任，中共中央顾问委员会委员。主要著作有：《中国农村经济改革》《中国农村的选择》《中国农村制度变迁》《杜润生文集》等。

马洪，1920 年 5 月 13 日生于山西定襄，1936 年参加牺盟会。1937 年加入中国共产党。1938 年入延安马列学院学习。新中国成立后，曾任中共中央东北局和中共中央政策研究室主任、中共中央东北局委员和副秘书长、国家计划委员会委员兼秘书长、国家经委政策研究室负责人、化工部第一设计院副院长等职。1978年后，任中国社会科学院工业经济研究所所长、副院长，中国社会科学院院长、国家建委基本建设经济研究所所长、国务院副秘书长、国家机械工业委员会副主任、国家计划委员会和国家经济体制改革委员会顾问。1985 年至 1993 年任国务院经济技术社会发展研究中心总干事、国务院发展研究中心主任。马洪长期从事经济管理和研究工作，在经济改革、经济结构、经济发展战略、工业管理和企业管理等研究方面有丰富的成果。他积极倡导对传统的社会主义经济管理体制进行改革，从中国国情出发，发挥市场机制作用，探索有中国特色的发展道路。著有《中国社会主义工业化问题》《经济结构与经济管理》《试论我国社会主义经济发展的新战略》《中国经济调整改革与发展》《社会主义制度下的商品经济》《中国经济发展新战略》《马洪选集》等。

冀朝鼎（1903—1963）山西汾阳人。1916 年考入北京清华学校，1919 年参加五四运动，1924 年赴美国留学，获得哥伦比亚大学经济学博士学位。1941 年回国后，被秘密派到国民政府从事经济工作，成为国民党政府决策层的主要经济智囊，开始了他一生中最为精彩的“潜伏”生涯。在国民党内，冀朝鼎是孔祥熙的亲信。他是我党在国民党内部钻得很深、接触很广的人。冀朝鼎先后利用担任国民政府外汇管理委员会主任、中央银行经济研究处处长等合法身份，费尽心机为中共中央提供了许多重要经济战略情报。代表作品主要是《中国历史上的基本经济区与水利事业的发展》《中国历史上的主要经济区域》等，这是我国区域经济史研究的开山之作，奠定了我国区域经济研究的基础。冀朝鼎是我国区域经济研究的先驱。

卫兴华，1925 年生，山西五台县人。1952 年中国人民大学政治经济学专业研究生毕业后留校任教，历任中国人民大学经济学系主任、校学术委员会副主任、校学位委员会理论经济学分会主席、《中国人民人学学报》总编辑等职；曾任第三届国务院学位委员会经济学科评议组成员、全国哲学社会科学经济学科规划小组成员、中国《资本论》研究会副会长、全国综合性大学《资本论》研究会会长。国务院政府特殊津贴享受者。2003 年，被聘为中国马克思主义理论建设工程马克思主义基本原理研究组和政治经济学编写组的重要成员。2004 年被评为中国人民大学第一批荣誉教授。2019 年获得“人民教育家”国家荣誉称号。著有《卫兴华经济学文集》《政治经济学研究》《我国新经济体制的构造》《市场功能与政府功能组合论》等。

晓亮，原名梁遵文，1928 年 7 月生，山西榆社县人。1941 年参加革命，1943 年参加工作，1945 年 8 月毕业于太行行政干校，解放战争期间在华北新华书店编辑部、《新大众报》工作。新中国成立后在《工人日报》当编辑、记者、组长等。1975 年调到哲学社会科学部（现中国社会科学院）经济研究所工作，1980 年起任《中国社会科学》编辑室主任。曾任《经济学周报》《中国经济科学年鉴》主编，中国民私营经济研究会副会长、顾问，中国合作经济学会、中国市场经济研究会、中国生产力学会常务理事等。主要著作：《中国所有制结构研究》《生产力经济学》《科学技术是生产力》《私营经济论》《晓亮选集》《寄希望于民营》《晓亮草根经济文选》等。

5. 辽籍经济学家：令人瞩目的学术精英

辽赣籍经济学家是令人瞩目的学术精英。

杨坚白同志的一生，坚信马克思主义，淡泊名利，锐意创新，不屈不挠追求科学真理。他是新中国建立以来长期活跃于经济学理论前沿的少数几位著名经济学家之一，在宏观经济理论、统计学理论、生产价格理论和经济改革理论等方面的学术思想和成就，对我国发展和改革的理论探索产生了历史性的深刻影响。王珏的大半生都奉献给了经济学的研究和中国改革的探索。对中国经济改革尤其是国有企业改革的理论探索，使他成为在我国颇有建树和影响广泛的老一代经济学家。王珏对自己一生的评价是：前半生为劳动人民的解放而斗争，后半生则是为共同富裕而耕耘。田雪原自 20 世纪 70 年代以来，在人口理论拨乱反正、人口发展战略、人口老龄化与社会保障、家庭经济与生育、人口与可持续发展等多个领域发表了有独到见解和比较系统的研究成果，受到普遍好评和重视。谷源洋长期从事世界经济研究，在世界经济形势分析及预测、发展中国家的发展理论与实践、亚太区域经济发展与合作等方面影响很大。张维达在 50 多年的教学科研生涯中，辛勤耕耘，开拓创新，在经济学领域取得了具有创造性的学术成就。胡鞍钢在中国国情分析和经济发展等领域已经发展出较为系统的理论和观点，他所撰写的报告多次受到党中央、国务院领导批示，多次应国家部委邀请参与国家长远规划制定和部门咨询。其研究成果不仅为高层决策提供了重要的参考，而且也产生了广泛的社会影响和较大的社会效益。

杰出人物介绍

杨坚白，辽宁本溪人，1911 年 4 月出生，1932 年参加革命，1933 年加入中国共产党。1938 年由东北南下重庆参加抗战工作，1941 年起在太行山根据地做工业管理工作，1947 年在工业管理部门做研究工作；1948 年 4 月后，历任辽西省政府研究室主任、辽西省政府办公厅副主任；1951 年至 1954 年秋在东北统计局工作，历任东北统计局秘书长、副局长；1954 年调国家统计局，主持国民收入计算和综合平衡工作；1956 年调国家计委世界经济研究局副局长、经济研究所研究员，中国社会科学院研究生院教授。著有《统计理论基本问题》《统计学理论研究》《国民经济综合平衡的理论和方法论问题》，主编《社会主义社会国民收入的若干理论问题》。

王珏，1926 年生于辽宁省辽中县，1945 年 10 月正式参加革命，11 月参加中国共产党。1950 年 8 月考入中央马列学院（现中共中央党校）学习，1953 年底留中共中央马列学院任教。历任政治经济学助教、讲师、副教授、教授和博士生导师。历任的行政职务是：政治经济学教研室（后改为部）室务委员、副主任、主任、经济体制改革研究所所长、学术委员会委员，学位委员会委员、第八届全国政协委员、政协经济委员会委员、中国市场经济研究会会长、中国市场经济报社社长等。主要著作：《简明政治经济学》《中国社会主义经济学四十年》《王珏经济文选》《中国的繁荣需要现代企业制度》等。

王积业，辽宁沈阳人。1957 年苏联莫斯科经济统计学院研究生毕业，获经济学副博士学位。曾任辽宁大学经济系副主任、辽宁省委研究室副处长、中国宏观经济学会副会长兼秘书长、中国人民大学教授、博士生导师，南开大学教授、博士生导师，中央财经大学教授等职。主要著作：《宏观经济管理问题》《经济效益新论》《重返关贸总协定后的中国经济》《技术进步的评价理论与实践》等。

张维达，1930 年 1 月生，辽宁省海城市人，1947 年 10 月参加土改工作，1949 年 12 月入东北行政学院银行系本科学习。1953 年 7 月于中国人民大学统计学研究生毕业。后在吉林大学（原为东北人民大学）经济系任教。曾任吉林大学经济学教授、博士生导师、校社会科学学术委员会副主任、校学位委员会委员暨经济学科分委会主席，国务院学位委员会第三届经济学科评议组成员，全国博士后管委会经济学与管理学专家组成员、中国经济规律研究会副理事长、吉林省社科联副主席。代表作《张维达选集》。

田雪原，1938 年出生，1964 年 8 月毕业于北京大学经济系，1964 年 8 月—

1979 年 4 月在教育部等国家机关工作，1979 年 4 月—1982 年 5 月在中国社科院经济研究所从事人口经济研究，1982 年 5 月—1983 年 6 月在美国东西方中心做高级访问学者，1984 年 4 月—1998 年 12 月任中国社科院人口研究所（中心）所长（主任）。现为中国社会科学院学部委员、国务院学位委员会学科组成员、全国社科规划人口学科组长、中国人口学会常务副会长、中国社会经济文化交流协会副会长、国家人口计生委专家委员、国际人口科学联盟（IUSSP）成员。主要著作：《新时期人口论》《中国老年人口》等。

谷源洋，1935 年生于辽宁省大连市。1956 年 9 月至 1961 年 9 月在北京大学东方语言系学习越南语和法语；1961 年毕业后分配到外交部第二亚洲司工作；1962 年至 1963 年在越南河内综合大学进修，回国先后在哲学社会科学部经济研究所和中国社会科学院世界经济与政治研究所从事研究工作，历任助理研究员、副研究员、研究员、博士生导师，1993 年 12 日至 1998 年 10 月任世界经济与政治研究所所长。主要著作有：《东南亚各国农业》《亚洲四小龙起飞始末》《世界经济自由区大观》《越南国有企业的改革及其与中国的比较》《发展中国家跨世纪的发展——人们关心的二十四个问题》《中国在 APEC 中的战略选择》《大推进——21 世纪世界经济发展趋势的判断》等。

6. 吉籍经济学家：非同寻常的学术名家

关梦觉教授是我国当代著名的马克思主义经济学家、教育家、杰出的社会活动家，吉林大学经济学科的奠基者之一，并对其建设与发展做出了重要贡献。刘鸿儒作为中国从社会主义计划经济逐步向社会主义市场经济体制转型的一个见证者和中国金融体制改革从封闭、单一化走向开放、多元化道路的一个设计者、参与者和领导者，对中国金融改革影响颇深。孙尚清是新中国成立以后我国自己培养的著名经济学家，在国际上享有很高威望。在他从事经济研究工作的 40 年时间里，结合各种现实经济问题，潜心研究社会主义经济理论，为我国的改革开放和现代化建设事业做出了重大贡献。曹凤岐是国内最早提倡发展股份制和资本市场的学者之一，也是内地首倡建立创业板的学者之一，他曾参与起草《证券法》和《投资基金法》。

杰出人物介绍

关梦觉（1912—1990），满族，教授。吉林怀德（今公主岭）人。1933 年毕业于东北大学经济系。曾任北平《外交月报》编辑，武汉东北救亡总会宣传部副部长，河南大学副教授，嫩江省、黑龙江省教育厅厅长。1945 年加入中国民主同盟。新中国成立后，历任东北人民政府监察委员，吉林大学经济系主任、教授，吉林省社会科学院副院长，吉林省第四至六届政协副主席，民盟第五届中央常委、第六届中央副主席、吉林省委第七届主任委员，中国世界经济学会、中国《资本论》研究会副会长。是第三至六届全国政协委员、第七届全国政协常委。著有《关于社会主义扩大再生产的几个问题》《国家垄断资本主义与美国经济危机》。

刘鸿儒，1930 年 11 月生，吉林榆树人。1948 年 9 月加入中国共产党，1947 年 9 月参加革命工作，1947 年为东北行政学院学员、组织干事。1950 年任东北人民大学经济系班主任、教员、党总支书记。1951 年为中国人民大学研究生、教员、党总支书记。1952 年毕业于中国人民大学财政研究生班。1953 年为东北人民大学经济系教员。1954 年在北京俄语专科学校留苏预备部学习。1955 年赴苏联，入苏联莫斯科大学财政学院研究生班学习，任党总支书记，获经济学副博士学位。1959 年回国后任中国人民银行干部。1972 年任财政部办公室副处长、负责人。1977 年任中国人民银行办公室副主任，中国农业银行副行长。1980 年 7 月任中国人民银行副行长、党组副书记，后任中国人民银行理事会副理事长，1988 年任中国人民银行副行长兼国家经济体制改革委员会副主任、党组成员。

1989 年任国家经济体制改革委员会副主任、党组成员。1992 年—1995 年任中国证券监督管理委员会主席。中共第十二、十三届中央候补委员。著有《社会主义货币与银行问题》《社会主义信贷问题》等。

孙尚清（1930—1996），17 岁中学毕业即参加革命工作，后入中国医科大学。1952 年入中国人民大学经济学研究班学习。1956 年考取中国科学院经济研究所副博士研究生，1958 年 10 月毕业留所从事经济研究工作，先后担任助理研究员、副研究员、研究员、研究组副组长、副所长和《经济研究》副主编。其间 1973—1982 年在国家计委从事研究工作，并参与筹建计委经济研究所。1982—1985 年出任中国社会科学院主管学术工作的副秘书长、院务委员会委员、院学位委员会委员、全国社会科学规划领导小组成员兼秘书长，主要致力于社会科学院科研组织工作和全国社会科学发展规划工作。1985 年 10 月，任国务院经济技术社会发展研究中心副总干事、主任。1993 年任国务院发展研究中心主任。主要著作有：《经济与管理》《中国经济的新路》《前进中的中国经济》《论经济结构对策》《长江流域经济》《孙尚清选集》等。

曹凤岐，1945 年 7 月出生，1965—1970 年在北京大学经济系政治经济学专业学习，1978—1979 年进修于中国人民大学金融系研究生班，1987 年地利经济大学进修并讲学，2000 年 12 月至 2001 年 3 月在日本名古屋大学做访问教授，2009 年担任北京大学光华管理学院教授、博士生导师、院学术委员会主任，北京大学金融与证券研究中心主任；并任国务院学位委员会学科评议组成员，教育部社会科学委员会委员，中国金融学会常务理事，中国投资学会常务理事，北京市金融学会副会长，香港城市大学兼职教授等职。主要著作：《货币金融学》《中国股份制理论与实践》《宏观经济运行中的货币与资金问题》《中国证券市场发展、规范与国际化》《中国金融改革、发展与国际化》《股份经济论》《趋势——

北大资本高级论坛》《资本市场论》《经济发展与资本市场管理》《中国资本市场创新》《中国资本市场发展战略》等。

7. 沪籍经济学家：令人尊敬的开拓先锋

上海是中国最大的城市，孕育了顾准、于光远、陶大镛、宋则行等一批经济学家。其中，顾准独立思考的探索精神，堪称中国学者的楷模。

顾准是“市场经济第一人”，是中国市场经济理论的开拓先锋。他屡受政治运动冲击，无论是肉体上，还是精神上，都受到更加残酷的迫害，但他仍坚持独立思考，特别关注民主问题，坚持理想和信念不动摇。顾准不仅为我们留下了他的著作和思想，而且更重要的是他为我们留下了一种卓尔不群、独立思考的精神。于光远同志是死不悔改的马克思主义者。在学术研究中，他独立思考、追求真理、不唯书、不唯上，挥洒自如地著书立说。“人生九十古今稀，学贯两科今更奇，不背初衷坚信念，与时俱进奔期颐。”这是龚育之高度评价于光远学识渊博，学贯“两科”，即将自然科学和社会科学有机地融为一体；在整个学术生涯中，他开拓了许多新的学科领域，尤其在促进中国的自然科学与社会科学联盟方面、在自然辩证法哲学学派的创立与发展方面、在反伪科学方面等等，他是勇敢的开拓者、辛勤的耕耘者。陶大镛、宋则行长期从事教学和学术研究，著述甚多，令人尊敬。高尚全同志长期从事经济体制改革及宏观经济的理论、政策方针与方案的研究及部门经济政策研究工作，是我国研究经济体制改革的主流经济学家之一。

杰出人物介绍

顾准（1915—1974），上海人，中国当代学者，思想家，经济学家，会计学家，历史学家。中国最早提出社会主义市场经济理论的第一人。顾准于 1930 年组织秘密的马克思主义学习小组——一进社，后转入武卫会。1935 年他加入中国共产党，1949 年 5 月任上海市财政局局长兼税务局长、上海市财经委员会副主任和华东军政委员会财政部副部长，为新中国成立后上海的财税工作做出了突出贡献。1952年的“三反”运动，他受到了撤销党内外一切职务的处分。1956年入中科院经济研究所（现属中国社会科学院）任研究员后，开始研究商品货币和价值规律在社会主义经济中的地位问题，最早提出并论证了计划体制根本不可能完全消灭商品货币关系和价值规律，并写成《试论社会主义制度下商品生产和价值规律》，成为我国提出社会主义条件下市场经济理论的第一人。1957年担任中国科学院资源综合考察委员会副主任，在随后的“反右”运动中被划为“右派”分子。1962年下放劳动回到经济研究所，受孙冶方委托研究会计和经济，相继翻译了熊彼特和琼·罗宾逊的经济学著作；1965年再次被划为“右派”。顾准对经济学、会计学、政治学研究颇有建树，主要著作有《银行会计》《社会主义会计的几个理论问题》《试论社会主义制度下商品生产和价值规律》《希腊城邦制度》《从理想主义到经验主义》等。

于光远（1915—2013），1934年由上海大同大学转入清华大学，1935年参加“一二·九”学生运动。1936年毕业于清华大学物理系。1937年初加入中国共产党。1939年兼任延安中山图书馆主任。1941年起从事陕甘宁边区经济的研究工作，后在延安大学财经系任教。1948—1975年在中共中央宣传部工作。1955年被推选为中国科学院哲学社会科学学部的学部委员。1964年任国家科学委员会副主任。1975年以后任国家计划委员会经济研究所所长、中国社会科学院副院长兼马列主义毛泽东思想研究所所长、国家科委副主任、中共中央顾问委员会委员、中国社会科学院顾问、《中国大百科全书》总编委会副主任等职。于光远长期从事经济研究工作，从20世纪80年代起，致力于哲学、社会科学多学科的研究和推进其发展的组织活动，并积极参加多方面的社会活动，担任过中国自然辩证法研究会、中国政治经济学社会主义部分研究会、中国生产力经济学研究会、中国国土经济学研究会、中国技术经济学研究会、中国马克思主义毛泽东思想研究会、中国太平洋学会等团体的理事长或会长。于光远发表的学术著作与政论很多，具有代表性的有：《政治经济学社会主义部分探索·1—7卷》《中国社会主义初级阶段的经济》《经济社会发展战略》等。

陶大镛（1918—2010），1940年毕业于中央大学经济系，1947年加入中国民主同盟，1942年至1946年历任中山大学讲师、广西大学和交通大学副教授、四川大学教授，1946年至1948年在曼彻斯特大学和伦敦大学从事经济史研究，1949年任香港达德学院教授、香港《文汇报》经济周刊主编，后赴东北解放区。新中国成立后他任中央出版总署编译局计划处处长，《新建设》月刊主编，并兼任北京大学、辅仁大学教授，1954年调任北京师范大学教授。曾任民盟中央副主席、北京市委主委，北京市人大常委会副主任，第五届全国政协委员，第六届全国政协常委，第六、七、八届全国人大常委会委员，第七届全国人大财经委员会副主任委员。陶大镛长期从事教学和学术研究，著述甚多，在经济学领域的贡献主要有：①关于新民主主义经济问题，他曾在留英期间撰写了《战后东欧的经济改造》（1948年中华书局版）和《新民主国家论》（1948年世界知识社版）等论著，全面介绍东欧各人民民主国家在社会经济改造方面的成就，对于正在争取解放的各界人士认识新中国的前景起了积极作用。新中国成立后，他又撰写了《人民经济论纲》，对《共同纲领》所规定的人民经济各项重大决策，从理论上作了阐述。②在世界经济方面，他是我国从事这项研究的开拓者之一。他的主要著作有《世界经济讲话》和《世界经济与独占资本主义》等，居于我国最早问世的一批世界经济学著作之列，他系统地阐述了世界经济的研究对象、方法以及世界经济的基本问题和发展趋势，为这一新兴学科在中国的建立做出了贡献。③在《资本论》研究方面，他一直运用《资本论》的基本原理和方法来研究现代资本主义发展中的一系列理论和实践问题，新中国成立前夕著有《战后的资本主义》，新中国成立初期著有《什么是帝国主义》《现代资本主义和社会主义的基本经济法则》等。④在经济思想史方面，他也有深厚的造诣，写过许多文章，主要著作有《亨利·乔治经济思想述评》《罗斯托的经济成长阶段论》等，主编《外国经济思想史新编》《马克思经济思想史》等。

8. 苏籍经济学家：独占鳌头的学界群英

江苏是诞生经济学家最多的地方，可谓中国经济学家的摇篮。在已知的 9 位百岁经济学家中，除马寅初（1882—1982）、骆耕漠（1908—2008）、杜润生（1913—）、杨敬年（1908—）、袁宝华（1916—2019）外，陈翰笙（1897—2004）、薛暮桥（1904—2005）、秦柳方（1906—2007）、周有光（1906—2017）均为江苏人。其中周有光 112 岁，是“汉语拼音之父”，是我国目前为止最长寿的经济学家。陈翰笙不仅是最长寿的经济学家之一，也是钱俊瑞、薛暮桥、孙冶方、秦柳方等经济学家的引领者，被誉为“当代经济学家之父”。也正是在他的影响下，经济学界又产生“无锡现象”。无锡籍的经济学家有陈翰笙、薛暮桥、孙冶方、钱俊瑞、浦山（浦山祖籍系无锡）、秦柳方 6 位大家。尽管他们都已离世，但以孙冶方为代表的无锡经济学家群体其理论贡献和探索精神依旧影响着新生代的理论工作者。范剑平和赵锡军无疑就是无锡籍的新代表。

提到苏籍经济学家，不能不提刘国光、吴敬琏、厉以宁、周小川、周叔莲、华生。2005 年首届（只办过一届）中国经济学奖薛暮桥、马洪、刘国光和吴敬琏获奖，除山西籍的马洪外，均为江苏籍的经济学家。首届中国经济理论创新奖为杜润生获奖，厉以宁、吴敬琏、周小川、郭树清分获第二、三届中国经济理论创新奖，华生、田源、张维迎获第四届中国经济理论创新奖，马建堂、周叔莲、江小涓获第五届中国经济理论创新奖，黄达获第六届中国经济理论创新奖，除山西籍的杜润生，河南籍的田源，陕西籍的张维迎、江小涓，山东籍的马建堂、天津籍的黄达，内蒙古的郭树清外，其他均为江苏籍的经济学家。可见，江苏是我国经济学家诞生的人才重镇。苏籍经济学家的最大特点是，学术大家多、学术常青树多，学术成就最突出，对我国经济改革发展影响最大。

杰出人物介绍

陈翰笙（1897—2004），中国早期马克思主义的农村经济学家、社会学家、历史学家、社会活动家，中国社会科学院世界历史研究所名誉所长。早年留学美国、德国，1921年获芝加哥大学硕士学位，1924年获柏林大学博士学位。1924年回国，被聘为北京大学教授。任教期间，经李大钊介绍参加革命。1927年李大钊被捕后被迫出走苏联。1928年回国后，曾在中央研究院社会科学研究所担任领导工作。1933年发起成立中国农村经济研究会，次年该会成立后任理事长。1934年后，他先后在日本、苏联、美国从事研究和著书工作，并在纽约任《太平洋季刊》副主编。1939年回到香港，主编《远东通讯》，并帮助宋庆龄等创办工业合作国际委员会，任执行秘书。1942年后，曾在印度做研究工作，在美国任大学教授和霍普斯金大学国际问题研究所研究员，1950年回国后历任外交部顾问，外交学会副会长，中印友好协会副会长，国际关系研究所副所长，中国工业合作协会名誉顾问，大百科全书编委会副主编，北京大学兼职教授，《中国建设》编委会副主任，中国科学院哲学社会科学部委员、世界历史研究所名誉所长，亚洲团结委员会副秘书长，中亚文化协会理事长，中国国际文化书院院长。是一、二、三届全国人大代表，五届全国政协委员。主要著作有《美国垄断资本》《印度莫卧尔王朝》《解放前西双版纳土地制度》《中国农民》《四个时代的我》。

薛暮桥（1904—2005），原名雨林。1927年加入中国共产党。1938年至1942年在新四军工作，任新四军教导总队训练处副处长，写了通俗著作《政治经济学》教科书，成为培训新四军干部的教材。中华人民共和国成立后，任政务院财经委员会秘书长兼私营企业局局长，国家统计局局长，国家计委副主任，全国物价委员会主任，国务院经济研究中心总干事。1955 年当选为中国科学院哲学社会科学学部委员。著有《中国农村经济常识》《中国社会主义经济问题研究》《我国物价和货币问题研究》《按照客观经济规律管理经济》《当前我国经济若干问题》等。

孙冶方（1908—1983）原名薛萼果。1923 年在无锡竢实学堂加入中国社会主义青年团，1924 年底转为中共党员，1925 年从事学生运动和工人运动。同年 11 月受党组织派遣，去苏联莫斯科中山大学学习。1930 年 9 月回国后从事工人运动和左翼文化运动，积极参加组织中国农村经济研究会，并编辑《中国农村》杂志，以孙冶方笔名发表了许多具有马克思主义观点的中国农村经济论文，在理论战线上对“托派”及王明的“左”倾错误进行了斗争。新中国建立后，他曾任华东军政委员会工业部副部长、上海财政经济学院（现上海财经大学）院长、国家统计局副局长、中国科学院经济研究所所长。1977 年后，他担任中国社会科学院经济研究所顾问、名誉所长，中国社会科学院顾问，国务院经济研究中心顾问、中国社会科学院经济研究所名誉所长等职。1982 年 9 月他当选为中共中央顾问委员会委员。著有《关于国民经济建设和国家资本主义》《关于“资产阶级法权”》《关于改革我国经济管理体制的几点意见》《社会主义经济论》《社会主义经济的若干理论问题》《社会主义的若干理论问题》《孙冶方选集》《中国社会性质的若干理论问题》。

钱俊瑞（1908—1985）生于无锡县鸿声里（今无锡市锡山区鸿声镇），1927 年毕业于江苏省第三师范学校，1929 年在陈翰笙领导的中国农村经济调查中，他撰写了《中国农村经济现阶段性质之研究》《中国地租的本质》等多篇论文。

1936 年，钱俊瑞出版了《怎样研究中国经济》一书，他在书中强调指出，研究中国经济应遵循唯物主义认识论，在调查研究基础上得出结论。1940 年，他进入解放区，先后担任了中共中央华中局文化委员会书记、新四军政治部宣教部长。抗日胜利后，他奉调至北平军调处执行部工作，并任新华社北平分社社长兼总编辑，后回延安，他先后任中共中央秘书、《解放日报》社论委员会主任、华北大学教务长。新中国成立后，钱俊瑞先后任中共教育部党组书记、教育部副部长，政务院文化教育委员会秘书长，中共文化部党组书记、文化部副部长。1978 年，他出任中国社会科学院世界经济研究所所长，领导制订了《1978—1985 年全国世界经济学科发展规划草案》，筹建了世界经济资料中心，发起成立了中国世界经济学会，被选为这个学会的会长。钱俊瑞这时已年逾古稀，身体在“文化大革命”中又遭受严重摧残，但他抱着“抢时间多做工作”的目的，不顾年老多病，领导世界经济研究所的研究人员开展对世界经济的研究。他还时常奔波于国内外，参加有关世界经济的学术活动，对世界经济进行调查研究，撰写发表了多篇有关世界经济的论文，主编了《世界经济概论》和《世界经济年鉴》，出版了《论对外开放》《论改革》等专著。

9. 浙籍经济学家：学术人品皆典范

浙江也是诞生经济学家最多的省份之一。马寅初、骆耕漠都是百岁的老经济学家。沈志远、徐雪寒还是早年入党的老党员，资历较深。蒋学模一生从教，令人尊敬。戎文佐身残志不残，被誉为经济学界的“独臂将军”。千家驹这位在“两会”上“敢言”的经济学家，以“社会的良知”让人肃然起敬。董辅礽作为当代最有影响的经济学家之一，一生正气、一身骨气、一股锐气，成为永恒的记忆。戴园晨、赵人伟、桂世镛等，学术成果突出，影响较大。

在浙江籍经济学家中，马寅初无疑是我国早期经济学家的一座丰碑。马寅初1906年赴美国留学，先后获得耶鲁大学经济学硕士学位和哥伦比亚大学经济学博士学位。在民族危亡的紧要关头，面对当局利用时局混乱，横征暴敛，巧取豪夺，大发国难财，马寅初拍案而起，写文章，做演讲，揭露当局贪污腐败，抨击战时经济，呼吁征收国难财者的财产税，而罹罪被捕。他不畏强暴，不顾安危，积极投身反内战、反独裁的民主运动，表现了一个民主战士的铮铮铁骨。新中国成立初期，一部《新人口论》将马寅初推到学术人生的顶峰，他为维护学术尊严的非凡勇气和高尚品德，使他成为当之无愧的经济学家和民主斗士。方显廷是最早用西方经济学方法研究中国现实经济的学者之一，是与何廉、马寅初、刘大钧齐名的民国时期的4大经济学家之一。他开创了用计量方法研究中国社会经济问题的先例，撰写了许多中国经济研究方面的专著和调查报告，并编辑了大量的中国经济资料。董辅礽是浙籍经济学家的又一座丰碑。早在20世纪50年代和60年代，他就提出了关于再生产数量关系的数学模型，成为早期中国经济成长论的代表作品。改革开放以后，董辅礽以敏锐的洞察力、超常的理论勇气，敢为天下先，在经济学的多个领域内，从理论和实践上为推动我国经济改革与发展做出了开拓性的贡献，取得了多方面的丰硕成果。乌家培曾任中国社会科学院数量经济技术经济研究所所长、国家信息中心副主任、日本大阪大学社会经济研究所客座教授、中国信息协会副会长、中国数量经济学会名誉理事长等职务，是我国数量经济学、信息经济学的创始人。

杰出人物介绍

马寅初（1882—1982）我国著名的经济学家、人口学家和教育家。1916年至1927年他在北京大学任教，先后担任经济系教授、系主任和教务长。抗日战争爆发不久，马寅初受聘于重庆大学，并任商学院院长。抗日战争胜利后，马寅初担任重庆大学教授，后又到上海担任中华职业学校教授，上海工商专科学校教授。1948年底，借道香港，转赴北京，参加新中国的筹建。1949年8月出任浙江大学校长，9月被选为中央人民政府委员，10月被任命为政务院财经委员会副主任，12月出任华东军政委员会副主席。1952年5月被任命为北京大学校长。在1957年3月召开的最高国务院会议上，马寅初就“控制人口”问题发表自己的主张。1960年1月被迫辞去北京大学校长职务，1963年又被免去第二届全国人大常务委员会委员职务。1979年9月，在马寅初98岁高龄时，党组织为他彻底平反，恢复名誉。同时，被任命为北京大学名誉校长，11月《新人口论》正式出版，1980年8月，被选为全国人大第五届委员会委员。1981年2月，被推选为中国人口学会名誉会长。

方显廷（1903—1985），宁波人。1921年赴美留学，先进入威斯康星大学学习，随即转入纽约大学；1924年获得纽约大学文学院经济学学士学位，后进入耶鲁大学获得博士学位。1929年回国，任教于南开大学，教授经济史课程。1931年南开经济研究所正式成立，方显廷在研究所从事教学和研究工作。方显廷在南开大学撰写了大量的学术论著，为后来经济学界研究中国经济发展史、思想史奠定了坚实的基础，成为中国20世纪三四十年代与马寅初、刘大钧、何廉齐名的四大经济学家之一。方显廷教授1946年赴上海中国经济研究所任执行所长。1947年底，他受聘参加联合国亚洲及远东经济委员会工作，任经济调查研究室主任，1968年退休后应新加坡南洋大学之请，重返教学第一线，1971年退休，为该校首席名誉教授。主要著作有《中国农村经济之复兴》（1938）、《中国经济之症结》（1938）。

沈志远（1902—1965），经济学家。1925年加入中国共产党。1926年12月，受中共上海组织派遣，赴苏联莫斯科中山劳动大学学习。1931年12月回国，曾担任社会科学家联盟（社联）常委。1933—1938年先后在上海暨南大学、北平大学（今北京大学）法商学院、西北大学任教授，同时从事马克思主义政治经济学和哲学的著述和翻译。其成名之作《新经济学大纲》于1934年出版，他翻译的《辩证唯物论与历史唯物论》上册于1936年出版。同年，在上海参加救国会。抗战期间任生活书店总编辑，并主编季刊《理论与现实》。1944年9月，以救国会成员身份经沈钧儒、马哲民介绍参加民盟。1949年6月被选为《共同纲领》起草小组成员，同年9月21日参加第一届中国人民政治协商会议。新中国成立初担任中央人民政府教育委员会委员、出版总署编译局局长，被聘为中国人民银行顾问。1951年调上海，任华东军政委员会委员兼参事室主任、文教委员会副主任。10月民盟上海市支部举行第一次盟员大会，被选为主任委员。1955年中国科学院成立4个学部，当选为哲学社会科学部委员。1956年初任中国科学院上海经济研究所筹备主任，后担任上海社会科学院经济研究所研究员。1965年1月被打成右派，后自杀。主要著作有《计划经济学大纲》《新经济学大纲》《近代经济学说史纲要》《雇佣劳动与资本》。

徐雪寒（1911—2005），1935年在上海创办新知书店任经理，后任上海文化界救国会会刊《救亡情报》主编、全国各界救国联合会副总干事。1943年后他在新四军军部工作，后任中共中央华中局政策研究小组研究员、经济研究处处长，华中财经委员会委员，华中银行副行长，华中运输公司总经理。新中国成立后，他历任华东区铁路总局局长，上海铁路局局长，华东军政委员会运输部部长、贸易部部长，对外贸易部副部长，国务院经济研究中心常务干事，国务院经济技术社会发展研究中心顾问。合著有《中国经济问题讲话》，译有《德国社会经济史》，编译《社会科学小辞典》等。

董辅礽（1927—2004），著名经济学家、全国政协经济委员会副主任、教授。1946年他入武汉大学经济系，1950年毕业。1953年赴苏联学习，1957年获苏联莫斯科国立经济学院硕士、副博士学位。同年回国，历任武汉大学讲师，中国社会科学院经济研究所副所长、所长、研究员，中国社会科学院研究生院副院长，中国社会科学院经济研究所名誉所长，同时为北京大学、武汉大学和中国社会科学院教授、博士生导师。是第七届全国人大常委、财经委员会副主委，第八届全国人大常委、财经委员会副主委。第九届全国政协委员、经济委员会副主任。1988—1998 年，他任全国人民代表大会财政经济委员会副主任委员。其主要著作有《社会主义再生产和国民收入问题》《大转变中的中国经济理论问题》《论孙冶方社会主义经济理论》《董辅礽选集》《经济发展战略研究》。

10. 皖籍经济学家：高尚无私成就辉煌

皖籍经济学家的学术成就很辉煌，宋涛就是典型代表。宋涛同志从教 70 多年，在马克思主义政治经济学教学和研究、宣传和普及及学科建设和发展方面做出了开拓性贡献，为新中国培养了一代又一代建设者和经济学人才，为社会主义现代化建设和改革开放提出了许多重要的理论观点和政策建议，为新中国马克思主义政治经济学的发展付出了毕生心血，被誉为中国经济学界的宗师和泰斗。汪海波研究员主持过多个国家和部委的重点项目研究工作，主持过数个经济管理、行业管理和企业管理的研究报告和发展规划的撰写工作。他于 1984 年和 1986 年分别获得孙冶方经济科学著作奖和论文奖；1989 年获“国家科技进步一等奖”。施正一教授学术研究范围的重点是马克思主义经济学、民族学以及理论思维科学。他提出并倡议创建了“民族经济学”新学科，提出了我国少数民族地区经济发展中的“差距”及“加速发展”的战略思想。于祖尧 1979 年发表了《试论社会主义市场经济》一文，明确提出了“社会主义市场经济”范畴，主张建立社会主义市场经济体制。刚刚卸任中国社会科学院副院长的李扬，凭其论文集《改革大思路》、专著《财政补贴经济分析》、论文《中国城市土地使用与管理》、《国际资本流动与宏观经济管理》四次获得“孙冶方经济科学”奖。李稻葵长期关注经济改革与发展的研究，致力于从中国改革开放的实践中提炼相关的现代经济学理论，他的学术观点对经济发展颇有影响。

杰出人物介绍

宋涛（1914—2011），安徽利辛人。1939 年参加新四军。后入陕北公学、华北联合大学学习。1942 年加入中国共产党。曾任华北联合大学、华北大学教员。新中国成立后，他历任中国人民大学教授、政治经济学系主任，国务院学位委员会第一、二届学科评议同，中国经济学团体联合会第一届执行主席，中国《资本论》研究会第一届副会长，北京市经济学总会第一届副会长、第二届会长。其主要著作有《政治经济学》《〈资本论〉辞典》《中国大百科全书（经济学卷）》《〈资本论〉与当代中国经济》《马克思主义经济理论全书》《市场经济体制与问题探索》《社会主义经济理论探索》。

吴象，安徽休宁人，1938 年参加革命，1939 年入党。他曾任抗日军政大学教员，新华社、《人民日报》记者和编辑，1948 年奉调筹备山西日报，任《山西日报》总编辑，中共山西省委、安徽省委副秘书长兼政策研究室主任，后任中共中央农村政策研究室、国务院发展研究中心副主任。吴象曾担任万里的秘书，是协助万里在安徽推动改革的著名农村经济学家和“三农”问题资深专家之一，先后出版了《阳光道与独木桥》《昔阳到凤阳》《中国农村改革实录》等著述，不遗余力地推进中国农村改革，为我国农村改革做出过有益的贡献。

周升业（1928—2015）早年就读于中央大学经济系和北京大学经济系，1952 年，他进入中国人民大学货币银行学专业研究生班深造，毕业后留校任教，一直从事金融学领域的教学和研究工作，新中国金融学科的重要奠基人。历任中国人民大学讲师、副教授、教授，兼任中国国际金融学会常务理事，太平洋经济合作理事会金融市场发展中国委员会副主任，中国金融学会储蓄研究会副主任等。周升业教授是新中国金融学科体系的主要建设者，是新中国货币金融理论的先行者，研究领域涉及信贷资金运动、货币流通、国际收支和金融体制改革等。多年来，他始终奋战在教学和科研第一线，先后撰写学术专著、辞书 30 余部，主持国家级科研项目十余项。他撰写的《中国社会主义金融理论》与《对外开放下金融运行》分别获得 1992 年全国高校金融类优秀成果二等奖和 1995 年全国高校金融类优秀成果一等奖，是“中国金融学科终身成就奖”获得者。

汪海波，1930 年 9 月 24 日生，安徽宣城县人，1953 年复旦大学经济系毕业，1956 年中国人民大学政治经济学专业研究生毕业。1956 年以后，他先后在中国人民大学经济系和中国科技大学经济学组任教，1981 年以后，曾任研究生院副院长、教授和博士生导师，经济管理出版社社长和总编辑，《经济管理》主编。1995 年 10 月退休以后至今，他继续担任工业经济研究所研究员、《中国经济年鉴》总编辑，并任国家行政学院经济学教研部教授和教学顾问，还担任过法国桥路学院国际商业硕士班委员会委员，美国名人传记协会顾问，英国剑桥国际名人中心顾问。他于 1984 年和 1986 年分别获得孙冶方经济科学著作奖和论文奖；1989 年获“国家科技进步一等奖”；1991 年获国务院颁发的“政府特殊津贴证书”。主要代表作有《中国社会主义商品经济问题研究》《中国工业经济效益问题探索》《中华人民共和国工业经济史（1949.10—1998）》。

于祖尧，1933 年 1 月生，原籍安徽省天长市，著名经济学家，博士生导师。1951—1956 年就读于中国人民大学政治经济学专业本科生、研究生。1978 年 10 月至今中国社会科学院经济研究所，历任研究室副主任、副所长、《经济研究》副主编、院学术委员会委员，第九届全国人大代表、全国人大财经委员会委员，北京市经济学会总会副会长，研究员，教授。1979 年发表了《试论社会主义市场经济》一文，明确提出了"社会主义市场经济"范畴，主张建立社会主义市场经济体制。学术专著主要有《试论社会主义市场经济》《中国经济转型时期个人收入分配研究》等。

施正一（1932—2015），安徽枞阳人。施正一教授是我国当代著名的民族学家和经济学家，现为中央民族大学教授，博士生导师，少数民族经济研究所名誉所长，中国少数民族经济研究会常务副会长兼秘书长，国家民委学术委员会委员、民族问题研究中心研究员等职。学术著作有：《民族经济学和民族地区的四个现代化》《关于民族科学与民族问题研究》《民族经济学导论》《马克思的经济学说》《中国少数民族经济辞典》等。

李稻葵，清华大学经济管理学院、佛里曼经济学讲座教授、清华大学中国与世界经济研究中心主任。1985 年至 1986 年他为美国哈佛大学国际发展研究所（HIID）访问学者；1992 年至 1999 年任美国安娜堡密西根大学经济系助理教授并兼任该校中国研究中心研究员；1997 年至 1998 年，任美国斯坦福大学胡佛研究所国家研究员，从事中国经济改革的制度变迁研究；1999 年至 2004 年受聘为香港科技大学经济系副教授，并任该校经济发展研究中心副主任。他曾在《美国经济评论》《欧洲经济评论》《比较经济学》《兰德经济学》等刊物发表多篇学术论文。

11. 赣籍经济学家：造诣精湛建树多

赣籍经济学家的学术造诣很精湛，郭大力就是其中的代表。作为《资本论》第一个中文全译本的译者，郭大力在大学的专业是化学和哲学。在杭州结识著名经济学家王亚南后，两人共同翻译《资本论》。他呕心沥血，甘愿清贫，不怕寂寞，一心做学问。他翻译《资本论》不仅仅依据德文版，而且还参照了两种英文译本和两种日文译本。他对翻译所确定的原则一是要准确，二是要原汁原味，尽量做到语言流畅，通俗易懂。《资本论》1—3卷中译本终于在1938年第一次以它的全貌展现在中国人民面前。郭大力的严谨、极其严肃的认真，反映出他学术造诣的精湛和崇高的治学精神。夏振坤作为“中部崛起”的首倡者，在农业经济学、发展经济学、社会主义改革与发展诸领域均有突破和建树。黄范章年已八旬，凭借深厚的学术底蕴，依旧活跃在经济理论界的舞台上。吴晓求、易宪容也是贡献突出的中青年经济学家，尤其是在金融专业方面建树颇多。

杰出人物介绍

郭大力（1905年—1976年），1923年入厦门大学学习化学，后转学上海大夏大学攻读哲学，并开始研究马克思主义。20世纪30年代和40年代，除从事著译外，他还在广东文理学院，厦门大学任教。1949年后，他在中共中央马列学院，高级党校任教。曾任中国科学院哲学社会科学部委员。1957年他参加中国共产党。历任全国政协第二，三，四届委员，第四届全国人民代表大会代表。除《资本论》外，他翻译的主要著作还有：李嘉图的《经济学及赋税之原理》、亚当·斯密的《富国论》、伊利的《经济学大纲》、马尔萨斯的《人口论》、穆勒的《经济学原理》和《穆勒自传》、洛贝尔图斯的《生产过剩与恐慌》、朗格的《唯物论史》等。另著有：《西洋经济思想》《凯恩斯批判》《〈帝国主义论〉讲解》《关于马克思的〈资本论〉》《恩格斯传》《生产建设论》。

钟契夫（1925—2008）原名钟西萍，江西萍乡人，1944年于江西萍乡中学高中毕业，1946年考入北京大学工学院机械系，1948年入解放区华北大学一期政治十六班，毕业后留校。1950年中国人民大学成立后，任国民经济计划系教员，成为新中国培养的高等院校经济管理学科首批教师之一。他是我国著名经济学家，国民经济计划与管理领域的权威专家，中国人民大学资深教授、荣誉教授。生前历任国务院学位委员会学科评议组成员，全国宏观经济管理教育学会会长、名誉会长，中国投入产出学会顾问，中国数量经济学会顾问。

夏振坤，江西九江人，1950年毕业于原湖北农学院（现华中农业大学）农经系；1953年中国人民大学计划系研究生毕业后回华中农业大学任教。1984年他调入湖北社会科学院，任院长兼党组书记，国务院特殊津贴专家。他曾任华中理工大学经济学院首任院长，现任华中科技大学经济学院顾问、教授、博士生导师，湖北社科院学术顾问、研究员，省高级专家协会副会长。主要研究方向：农村经济、经济发展与改革和区域经济，主讲课程是中国经济专题，在农业经济学、发展经济学、社会主义改革与发展诸领域均有突破和建树。主要著作有：《中国农村经济学概论》《中国农业发展模式探讨》《论改革与发展》《社会主义与改革的理论探索》《中国改革与农业国发展》《绿色革命之路——大国的农业发展理论与模式》《发展经济学新探》《改革：通向发展之路》《发展经济学概论》《中国跨世纪再就业工程》。

黄范章，原籍江西省宜黄县，出生于江西省南昌市，1954年毕业于北京大学经济系后，进入中国社会科学院经济研究所工作。1980—1982年他赴美国哈佛大学进修和考察，历任中国社会科学院经济研究所副所长（1982—1985），国际货币基金组织中国执行董事（1985—1986），美国密执安大学客座研究员（1987—1988），国家计划委员会经济研究中心（后改为宏观经济研究院）副主任（1988—1995）。他先后兼任中国社会科学院研究生院，中国人民大学教授与博士生导师（国际金融）、南开大学台湾经济研究所兼职教授。现任国家发展和改革委员会宏观经济研究院研究员、博士生导师。兼任中华外国经济学说研究会副会长，中国亚太研究会副会长，中国改革开放论坛副理事长。研究领域涉及：西方经济理论、国际经济以及我国经济改革等。主要著作：《瑞典福利国家的实践与理论》《黄范章选集》《外国市场的经济理论分析与实践》《跨世纪的中国改革开放与国际环境》。

12. 闽籍经济学家：蜚声学界的探索大家

闽籍经济学家在中国经济改革史上有着重要的影响，从农村改革到城市改革，从企业改革到对外开放，都有闽籍经济学家的贡献，是蜚声学界的探索大家。

陈岱孙从事经济学教育 70 年，为国家培养了一代又一代人才。他教书治学皆以正直为先，始终强调对西方经济学不能“述而不批”。先生把自己一生的关注焦点凝聚在教书治学上，学术思想很新，能及时了解各种动态，对经济形势和未来都有很正确的理解和分析。陈岱孙教授学识之渊博，教学艺术之高超，素享盛誉，是一位杰出的道德、文章堪称楷模的德高望重的经济学界宗师。蒋一苇从 1978 以来一直活跃于经济改革的理论探索和积极投身于社会主义经济体制改革的实践，为推动我国的改革开放事业，夜以继日、孜孜不倦、不遗余力地进行工作。他的一系列论著和观点，对我国经济体制改革的进展发挥了重要作用。童大林在担任国家经济体制改革委员会副主任时，积极组织、领导拟订全国经济体制改革的总体设计方案，筹划和指导全国经济体制改革工作，为促进我国经济体制改革、确立和发展中国社会主义市场经济做出了积极的贡献。林子力从 20 世纪 50 年代初开始便致力于中国经济问题和马克思主义经济学说的研究，对当代社会主义实践中的一些重大问题进行了长期的探索。他著述颇丰，研究也极深入。其市场经济三大阶段理论和新价值论、劳动商品性理论、产权社会化理论构成了社会主义经济学的一个新的理论框架。改革开放以来，方生的名字一直活跃在中国经济学界，其论著尤其是关于对外开放的问题的精辟论述，频频见诸报刊。他涉及市场经济、特区经济、台湾经济和对外经济开放等诸多方面引起国内外学术界的关注。

杰出人物介绍

陈岱孙（1900—1997），原名陈总，1900 年 10 月 20 日生于福建省闽侯县。

著名经济学家、教育家。1918 年考入清华学校（今清华大学）。1922 年入哈佛大学研究院。1924 年获文学硕士学位。1926 年获哲学博士学位。后赴英、法、意等国作短期考察和研究。1927 年任清华学校大学部经济系教授。1928 年起任清华大学经济系教授和系主任，次年起又兼任清华大学法学院院长。抗日战争期间历任西南联合大学经济系教授、系主任、商学系主任。1952年任中央财经学院（现中央财经大学）第一副院长。1953 年以后任北京大学教授、经济系主任等职。他还历任中国人民政治协商会议第二、三、四、五、六、七届全国委员会委员，六、七届全国委员会常务委员。曾任北京大学校务委员会副主任委员、中国外国经济学说研究会理事长、中国金融学会常务理事、中国世界经济学会顾问、《经济科学》杂志主编、《中国大百科全书·经济学》编辑委员会副主任等。陈岱孙在财政学、统计学、国际金融、经济学说史等方面都有极高的研究成就。

童大林（1918—2010），1934—1937 年在厦门、参加地下革命活动和抗日救亡运动，1938 年 2 月由香港奔赴延安，1938 年 4 月加入中国共产党。长期从事青年工作、农村工作、宣传工作等。1938 年起，在中央青委、陕甘宁边区青救会工作，任延安市青联副主席。1939 年任西北青年战地工作团第五团指导员，赴晋东南根据地。1941 年参加延安文艺座谈会。1946 年赴东北，参加土地改革，任过区委书记、区长、中共青冈县委常委、宣传部长。1948—1954 年任《黑龙江日报》总编辑。新中国成立后，历任中共中央东北局宣传部处长，中共中央宣传部办公室主任、秘书长。1960 年倡办北京景山学校。粉碎“四人帮”以后，任中国科学院副秘书长、党组成员；国家科委副主任、党组副书记；1982 年，童大林担任国家经济体制改革委员会党组成员、副主任。他是中共十二届代表大会代表，第七届全国政协委员，中国经济体制改革研究会副会长，中国体改研究会顾问，中国世界观察研究所所长。著有《在历史的转折中》《春雨行》《黄金国土》等。

蒋一苇（1920—1993），原名蒋炜，福建省福州市人，1920 年 2 月 14 日出生于武汉市。1944 年底，蒋一苇到重庆参加了中共南方局领导的民主青年活动。1949 年 3 月，蒋一苇奉命调到北京主编《科学技术通讯》杂志。1978 年 9 月，蒋一苇调到中国社会科学院工业经济研究所先后任副所长、所长、并兼任经济管理出版社社长、《中国经济年鉴》总编辑、国务院学位委员会经济学科评议组成员、中国工业经济协会副会长、中国企业管理协会常务理事、中国企业管理教育研究会理事长、中国社会科学院研究生院博士生导师、经济管理刊授联合大学副校长。1979 年，提出了“企业本位论”的观点，闻名国内外。1985 年，任重庆市社会科学院院长、《改革》杂志主编、综合开发研究院常务副理事长、中国工业经济管理研修中心基金会会长兼研修中心管委会主任、深圳无线电工贸公司企业委员会主任。1988 年，被选为全国七届人大代表、七届人大法律委员会委员。

林子力（1925—2005），男，汉族，福建连江人，国务院发展研究中心原高级研究员，中国经济学家，劳动商品化理论创立者。林子力 1948 年在香港任《华商报》增刊《世界展望》编辑，并在生活·读书·新知三联书店兼职。1949 年到北京，曾任《学习》杂志编辑，以后在中共中央宣传部、国家物价委员会、国务院研究室等单位工作。并曾任中共中央书记处研究室室务委员、研究员，兼任理论组组长，并在厦门大学等高等院校和学术团体兼任教授和顾问等职。主要著作：《社会主义经济论——论中国经济改革》（第 1—3 卷，经济科学出版社 1985、1986、1994 年出版）等。

13. 鲁籍经济学家：亦博学亦魅力

齐鲁大地，孔孟之乡，孕育了一批博学多才、纯真质朴的经济学家。苏星、谷书堂、赵靖就是鲁籍经济学家的突出代表。

赵靖先生作为中国经济思想史学科的开拓者和奠基人，学贯中西的他60年如一日在思想史学术领域辛勤耕耘，以实事求是的态度还原历史，即使在病重时期仍不忘自己肩负的重任，充分体现了实事求是的研究态度和甘于奉献的人格品质。苏星同志在长期的教学、理论研究和宣传工作中，形成了自己的理论风格和治学特点。他站在时代的高度，以开阔的视野，创造性地进行研究，追求和坚持真理，独立思考；他善于发掘具有价值的新材料、提出新观点，在国内外理论界、学术界产生了广泛影响；他才华出众，博学多识，既有文学历史的知识底蕴，又有经济科学的理论功底；他的道德文章广为人赞，充分体现了一个理论大家的风范。胡锦涛同志曾对苏星同志做出高度评价："政治坚定，作风正派，为人宽厚，治学严谨。"谷书堂在长达几十年的学术生涯中，著作丰富，理论建树颇多。迟福林、马建堂、韩俊、刘伟等是目前活跃于经济学界前沿的代表人物，对学问的追求非常执着。鲁籍经济学家以特有的人格魅力和对学术的不断探索，必将对中国经济建设产生深远的影响。

杰出人物介绍

赵靖（1922—2008）于1941年由济南齐鲁中学毕业，保送进入燕京大学经济系；1945年大学毕业考入南开经济研究所研究生，1947年研究生毕业，并在南开大学任教；1948年到燕京大学任教，并开始系统学习、研究和讲授马克思主义经济理论课程，新中国成立后一直在北京大学任教，担任教授、博导。赵靖最初致力于财政学、经济学原理及政治经济学的教学研究，半个世纪以来则重在中国经济思想史学科的建设和人才培养，历任学会副会长、会长、名誉会长。作为学科的开拓者之一，他为学科和学会的发展贡献了毕生的心血和精力。他还担任中国民主同盟等工作，先后任北京市政协常委和全国政协委员。他论著等身，桃李遍天下，主要代表作《中国近代经济思想史》（合著）、《中国古代经济思想史讲话》、4 卷本《中国经济思想通史》（任主编）、《中国经济思想通史续集》以及《赵靖文集》等。

苏星于 1946 年考入华北联合大学，1948 年 5 月加入中国共产党 1950 年 1 月至 1959 年 4 月，苏星同志在中国人民大学工作，先后担任校刊编辑，经济系政治经济学教研室教师、副主任、主任、副教授。1959 年 4 月，苏星同志调任北京市委《前线》杂志编辑部副主任。1961 年 2 月至 1966 年 5 月，任《红旗》杂志社经济组副组长、组长，其间，他对社会主义再生产问题进行了深入的研究。党的十一届三中全会以后，苏星同志恢复《红旗》杂志社经济组组长职务；1979 年 12 月任杂志社经济部主任；1982 年 8 月任杂志社副总编辑；1987 年 8 月开始主持《红旗》杂志社工作。1988 年，苏星同志任中央党校副校长兼《求是》杂志社总编辑。1989 年 10 月，分管党校教学工作，兼任校学术委员会副主任、《中共中央党校学报》编委会主任，并担任中央党校教授、博士研究生导师。苏星同志是中国共产党第十二次全国代表大会代表，政协第五、六、七届全国委员会委员，政协第八届全国委员会常委、学习委员会副主任。他还担任过中国城市住宅问题研究会副理事长，中国国情研究会顾问，中国价格学会顾问，中国计划学会常务理事，国家经济体制改革委员会委员，中国社会科学院经济研究所研究员等。苏星的著述甚丰，主要著述有：《政治经济学（资本主义部分）》《中国国民经济的社会主义改造》《我国农业的社会主义改造》《社会主义经济文集》《计划·市场·价格》《马克思主义的价值理论及其发展》《社会主义再生产的理论与实践》《我国城市住宅问题》《苏星选集》《有中国特色的社会主义经济研究》《论社会主义市场经济》《论外集》《邓小平社会主义市场经济理论与中国经济体制转轨》《苏星自选集》《我的理论生涯》《新中国经济史》。

谷书堂于 1946 年考入南开大学经济学系，1950 年毕业并留校任教。他一直在南开大学从事教学和科研工作，经历了多次历史磨难后，党的十一届三中全会后，被任命为南开大学经济研究所第一副所长并主持工作，1983 年南开大学经济学院重建后任首任院长并兼任经济研究所所长，直至 1994 年、1995 年先后辞去上述任职。1987—1991 年他曾任中国经济学团体联合会执行主席。主要著作：《政治经济学（社会主义部分）》《价值规律在资本主义各个阶段中的作用及其实现形式》《社会主义商品经济和价值规律》《社会主义价格形成问题研究》《中国计划经济体制改革探讨》《社会主义经济学通论》《经济和谐论》《中国市场经济的萌发与体制转换》《社会主义经济学新论》。

常修泽于 1979 年入南开大学经济研究所从事经济理论研究。1990 年晋升为教授。他曾任南开大学经济研究所副所长、常务副所长；1992 年起享受国务院特殊津贴，并担任全国高校经济学学科专家评议组成员；1995 年调入北京，任国家计委经济研究所常务副所长；1997 年被南开大学评为博士生导师。他现任国家发展和改革委员会学术委员会委员、国家发展和改革委员会宏观经济研究院经济所教授、博士生导师、中外企业集团发展研究中心专家组组长。主要著作有：《资产重组：中国企业兼并研究》《现代企业创新论——中国企业制度创新研究》《产权交易理论与运作》《中国企业产权界定》《中国："换体"的革命》。

迟福林于 1977—1984 年在国防大学政治部任宣传干事、马列主义基础教研室教员；1984—1986 年在中央党校理论部攻读硕士学位；1986—1987 年在中央政治体制改革研讨小组办公室工作；1988—1993 年任海南省委政策研究室和海南省体制改革办公室的主要负责人；1991 年至今，历任中国（海南）改革发展研究院常务副院长、执行院长、院长。他现为第十一届全国政协委员，中国行政体制改革研究会副会长，中国经济体制改革研究会副会长，中国企业联合会、中国企业家协会副会长。2009 年入选"影响新中国 60 年经济建设的 100 位经济学家"。

14. 豫籍经济学家：富于智慧，与时俱进

王梦奎是一位严谨、睿智且有独到见地的经济学家。他先后担任国务院研究室主任和国务院发展研究中心主任，从20世纪90年代中期开始几乎年年主持政府工作报告起草的经济学家，也是中共十六大报告中经济部分的主要执笔人，对中国经济的发展和政策的制定起到了重要作用。他经济理论素养深厚，见解独到，与时俱进，赢得朱镕基和温家宝两任总理的高度信任和尊重。袁宝华熟悉中国经济情况，从实践到理论有较系统成熟的见解。他一贯主张经济建设必须从中国国情出发，实事求是，量力而行，循序渐进，讲求实效，尤其重视科学技术在发展生产中的积极作用，力主经济建设要走出中国自己的新路子。郑新立曾在原中共中央书记处研究室、国家信息中心、国家计委工作，多次参加中共中央全会、《政府工作报告》和“八五”“九五”“十五”“十一五”规划的起草工作。长期从事经济理论和经济政策研究，在计划和投资体制改革、宏观经济调控、中长期发展政策等领域，都有较深的研究和独到见解。曹远征是从扎根西北地区十几年到中国恢复高考制度后的第一个经济学博士，从中国经济改革研究院副院长到受聘中国银行首席经济学家。曹远征不仅有着深厚的经济学理论功底，还有极为丰富的市场实践经历。已经80岁的李成勋，在他的生命旅途中明显地贯穿着两条线：一是干经济、学经济、教经济和研究经济的一条线；一条是学习马列、信奉马列和坚持马列的一条线。但是始终不忘学术创新。

杰出人物介绍

王梦奎，男，1956年4月加入中国共产党。1964年毕业于北京大学经济系，先后供职于《红旗》杂志编辑部和第一机械工业部，1979年2月至1987年9月，他在中共中央办公厅研究室、中共中央书记处研究室工作，任研究员、经济组副组长，1987年9月，任国家计划委员会经济研究中心常务副主任，1990年7

月任国务院研究室副主任、党组成员。1995 年 5 月，他任国务院研究室主任、党组书记。1998 年 4 月任国务院发展研究中心主任；2007 年 7 月卸任；中共第十四届中央候补委员、十五届中央委员。他长期从事经济理论和经济政策的研究，参加过党和国家一些重要文件的起草工作。主要著作：《论反对官僚主义》《我国经济建设中的若干原则问题》《农村经济概说》《两大部类对比关系研究》《我国社会主义建设道路的探索》《论厂长负责制》《王梦奎选集》《社会主义初级阶段的经济》《通货膨胀的成因和对策》《中国经济的回顾和展望》《世纪之交的中国经济》。

郑新立，男，1945 年 2 月 12 日生，河南唐河县人，1945 年 2 月生，经济学硕士，研究员，主要研究领域为宏观经济理论与政策。他曾在原中共中央书记处研究室、国家信息中心、国家计委工作，曾任国家计委政策研究室主任、副秘书长、新闻发言人，中共中央政策研究室副主任。他现任中国国际经济交流中心常务副理事长；1969 年 8 月毕业于北京钢铁学院；1970—1978 年在邯郸冶金矿建指挥部任技术员、副科长、副处长；1978 年 8 月—1981 年 8 月在中国社会科学院研究生院工业经济专业获经济学硕士；1981 年 8 月—1987 年 12 月在中共中央书记处研究室经济组任处级调研员、副组长；1987 年 12 月—1990 年 7 月在国家信息中心任副总经济师；1990 年 7 月—2000 年 6 月任国家计委政策研究室副主任、主任，计委新闻发言人、副秘书长；2000 年 6 月任中共中央政策研究室副主任。2009 年 4 月任中国国际经济交流中心常务副理事长；中国人民大学、中央财经大学、中国社科院研究生院兼职教授、博士生导师。主要著作：《论抑制通胀和扩大内需》《论新经济增长点》《论改革是中国的第二次革命》。

李成勋，1934 年 3 月 9 日出生于河南省获嘉县史庄村，男，汉族，1949 年 7 月河南省焦作参加革命工作，1956 年 2 月加入中国共产党，1956 年 8 月入中国人民大学经济系政治经济学本科学习，1960 年毕业后留校从事政治经济学教学工作，被定为助教。1973—1978 年，中国人民大学撤销期间曾被统一分配到北京师范学院从事政治经济学原理和《资本论》原著的教学工作，1978 年 8 月，中国人民大学复校后又回到该校经济系从事教学。1982 年 3 月他调入中国社会科学院马列研究所，曾任马克思主义基本理论研究室副主任、主任，1983 年被评为副研究员；1986 年 3 月被任命为中国社会科学院研究生院教务长，1988 年评为教授；1992 年 2 月调入中国社会科学院经济研究所工作，被聘为研究员。他曾兼任中国社会科学院可持续发展研究中心秘书长。为享受国务院特殊津贴专家。主要著作：《马克思与〈资本论〉》《一份珍贵的遗产——读马克思〈资本论〉中的脚注》《〈资本论〉辞典》《社会主义发展战略学》《2020 年的中国——对未来经济技术社会文化生态环境的展望》《中国可持续发展研究》。

曹远征，1954 年生，男，经济学博士，毕业于人民大学经济系，是国家特殊津贴获得者，现任中国银行首席经济学家。他曾任中国国家经济体制改革委员会经济体制改革研究院常务副院长，国外经济体制司比较经济体制处处长；中国经济体制改革研究所比较经济体制研究所副主任；他兼任中国人民经济学院博士生导师；美国南加州大学客座教授；上海复旦大学兼职教授；中国宏观经济学会副秘书长等。主要著作：《通货膨胀的国际传递》《世界经济体系中的发达与不发达关系》《改革：我们面临的挑战与选择》《东亚崛起的奥秘》《中国经济：面向未来的发展与挑战》《面向 2020 年的中国经济体制改革》《民营化：中国的经验》《中国私营经济的发展》等。

15. 鄂籍经济学家：学术创新著称于世

鄂籍经济学家的学术贡献是学界公认的，主要体现在学术大家多，学术创新多。

学术大家首推张培刚，他是从“将军县”——红安走出的经济学大师。1947年，张培刚的博士论文《农业与工业化》获得哈佛大学经济学专业最佳论文奖“大卫·威尔士奖”，该文是世界范围内第一部以农业国的工业化问题为主题的专著，并在农业国工业化问题上提出许多独到而精辟合理的观点，后该文被收入《哈佛经济丛书》，这本书使他蜚声于西方经济学界，也使他成为世界上最早从历史上和理论上比较系统地探讨农业国工业化问题的经济学家，被誉为“发展经济学的创始人”。1989年，张培刚写的《发展经济学往何处去》一文，是发展经济学理论第二次创新，“发展经济学之父”名至实归，也使张培刚成为中国经济学家在全球经济学界的创新典范。王亚南首次全译《资本论》，和郭大力用10年心血，克服重重困难，于1938年出版马克思伟大著作《资本论》三大卷全译本，是马克思经济学说在中国系统传播的里程碑。他与其子王洛林同为经济学家，是我国目前唯一的“父子经济学家”。刘再兴作为知名生产力布局专家，是中国区域经济学的创始人之一。熊映梧始终站在中国改革开放的潮头，进行不断的具有前瞻性的理论创新，是我国生产力经济学的主要创始人之一。蒋硕杰是首位获诺贝尔经济学奖（提名）的华人经济学家（1982年）。可以看出，创新是鄂籍经济学家的学术追求，是我们学习的榜样。

杰出人物介绍

张培刚（1913—2011）1934年武汉大学经济学本科毕业，后即被选送到前中央研究院社会科学研究所任助理研究员，从事农业经济研究工作；1941年考取清华庚子赔款的留美公费生；1941年进入美国哈佛大学工商管理学院，并于一年后转入哈佛大学文理学院研究生院攻读经济学学位，1943年获得哈佛大学硕士学位，1945年获美国哈佛大学经济学博士学位；在哈佛期间，师从熊彼特、张伯伦、布莱克、汉森、厄谢尔、哈伯勒等大师，深入学习和研究当时世界最前沿的经济学理论。1946 年张培刚回国，担任母校武汉大学经济系教授兼系主任；1948 年任联合国亚洲及远东经济委员会顾问及研究员；1949 年再次回国，继续在武汉大学经济系担任系主任；1951 年秋至次年夏，在北京中央马列学院学习；1953 年调华中工学院（现为华中科技大学），任建院筹备委员会委员兼基建办公室主任；"文化大革命"结束后，张培刚在华中理工大学（现为华中科技大学）成立经济发展研究中心，任华中科技大学经济学院名誉院长兼经济发展研究中心主任、中华外国经济学会名誉会长、中美经济合作学术委员会中方主席，中华外国经济学会名誉会长。主要作者：《清苑的农家经济》《广西粮食问题》《浙江省粮食之运销》《农业与工业化》《新发展经济学》《发展经济学与中国经济发展》《张培刚选集》。

王亚南（1901—1969），生于湖北省黄冈县。王亚南原本修教育，1923 年大学毕业后参加北伐军。"大革命"失败后，王亚南流落杭州，结识了郭大力。1932 年，两人合译的李嘉图的《经济学及赋税之原理》问世。翻译这本西方古典经济学经典作品使他们一举成名。当时郭大力 26 岁，王亚南 30 岁。1935 年王亚南与郭大力正式着手翻译《资本论》。1938 年《资本论》三卷全译本由读书生活书店出版。1945 年，王亚南出任厦门大学经济系主任兼法学院院长。不久厦大成为当时中国"东南学运的民主堡垒"，王亚南是其中的主将。1950 年，王亚南被任命为厦门大学校长。中国科学院哲学社会科学部成立时，他当选为学部委员、常委。王亚南毕生从事马克思主义政治经济学的研究，从《王亚南文集》五大卷，我们可以看到一位杰出的经济学家、教育家所走过的道路，他是一位译著丰富的经济学家，他在经济学领域的杰出贡献主要有四个方面：①他首次全译《资本论》三大卷；②他是中国马克思主义经济史学的开拓者之一；③他从事关于中国半封建半殖民地经济形态的理论研究；④他首倡"中国经济学"概念。

著名经济学家于光远概括王亚南的两大成就："一是翻译《资本论》和以此为武器研究中国；二是为厦门大学的事业做出了巨大的贡献。"

熊映梧（1929—2003），湖北松滋人。1950年加入中国共产党。1949年进入华北大学学习；1956—1957年在中共中央高级党校师资班学习；1962—1968年到中国人民大学《资本论》研究班进修；1978年评定为黑龙江大学经济学副教授；1982年晋升为教授；1986年荣获"国家级有突破贡献的中青年专家"称号。他历任黑龙江大学经济系主任、经济研究所所长，黑龙江大学副校长兼经济学院院长，黑龙江省经济学会第四届会长兼省经济研究中心主任，黑龙江省社会科学联合会主席、黑龙江省人大常委会委员，中国生产力学会副会长等。主要著作有：《〈苏联社会主义经济问题〉研究》《生产力经济学概论》《理论经济学若干问题》《生产力经济学原理》等。

陈栋生1935年10月出生于湖北省应城市，著名区域经济学家，中国社会科学院工业经济研究所研究员、博士生导师，国家级有突出贡献专家，享受政府特殊津贴。曾任中国社会科学院西部发展研究中心主任。现任中国社会科学院西部发展研究中心名誉主任，研究生院教授，中国区域经济学会副会长兼秘书长，东中西部区域发展和改革研究院学术委员，武汉市社会科学院名誉院长。先后承担、主持了《"七五"和后十年（1990—2000年）中国生产力布局战略研究》《九十年代中国区域经济政策研究》《中国西部经济发展研究》等国家重大课题和一系列地区发展思路与对策研究，撰写和主编了《西部大开发与可持续发展》等十余部学术著作。

刘再兴，1926年生，湖北原新洲县人（现武汉市新洲区）。曾任中国人民大学教授、经济地理博士生导师，兼任"全国经济地理科学与教育研究会"理事长、"全国产业发展规划协会"理事、中国国际工程咨询公司专家委员会委员。

他于1952年中国人民大学经济地理专业研究生毕业后长期从事经济地理、生产布局的教学科研工作，是我国区域经济学的创始人之一。他在1955年开始侧重于中国工业布局研究，1980年开始又侧重于研究区域经济、国土规划。他先后出版了《中国工业布局学》《中国经济地理概论》《生产布局学原理》《区域经济学》《黄土高原地区工业发展与工矿区、城市合理布局》等著作。

张晓山，生于1947年10月27日，原籍湖北蕲春，是现代文艺理论家、诗人、文学翻译家胡风先生之子，1979年9月—1982年7月为中国人民大学农业经济系研究生，1982年后在中国社会科学院农村发展研究所工作，1993年任研究所副所长，1996年任研究生院农业经济系博士生导师，1997年1月被国家人事部授予中青年有突出贡献专家称号，1997年5月聘为国务院学位委员会第四届学科评议组成员。现任中国社会科学院农村发展研究所所长，中国社会科学院学部委员、研究生院农业经济博士生导师；十一届全国人大代表。主要著作：《中国农村改革二十年》《中国农村新型合作组织探析》《走向市场：农村的制度变迁和组织创新》。

贾康，生于1954年7月出生，1978年3月至1982年1月在北京经济学院经济系学习，获经济学学士学位，1982年入财政部科研所研究生部，获经济学硕士学位，1995—1998年于财政部科研所完成在职研究生学习，获博士学位，1985年至今他在财政部科研所工作，历任研究室副主任、主任、科研所副所长、所长。现任民间智库——华夏新供给经济学研究院院长。主要著作：《财政本质与财政调控》《转轨时代的执着探索——贾康财经文萃》《财政与发展》《转轨中的财政制度变革》《中国财政50年》《亚洲金融危机与中国的积极财政政策》《转型时期中国金融改革与风险防范》《世界贸易组织与财税政策》《地方财政问题研究》《科技投入及其管理模式研究》《我国住房改革与住房保障研究》。

16. 湘籍经济学家：远见卓识誉学界

湘籍经济学家是了不起的学术群体，从何廉到成思危，从刘涤源到曾启贤，从尹世杰到杨小凯，都是成就不凡的学术大家，卓炯更是享誉九州的代表人物。

何廉是 20 世纪三四十年代与马寅初、刘大钧、方显廷齐名的四大经济学家之一，被誉为“在国内最早引入市场指数之调查者”和“我国最早重视农业的经济学家”。卓炯是我国最早的社会主义商品经济即市场经济论者，是走在时代前列的一个富有远见卓识的预言家，他提出的理论一再被后来的社会主义实践所证实。卓炯早在 1961 年就提出了社会主义有计划商品经济理论，紧接着又提出了社会主义商品经济也是社会主义市场经济。历史经验证明，卓炯的社会主义市场经济理论是正确的，是对马克思主义经济理论的创造性发展，超前于经济改革实践约 30 年。成思危在 1998 年全国政协九届一次会议上提交的《关于尽快发展我国风险投资事业的提案》，被全国政协列为“一号提案”，在社会上引起巨大反响，掀开了中国风险投资大发展的序幕，他也被誉为“中国风险投资之父”。刘涤源和曾启贤一生从教，桃李满天下。“西北王”何炼成，数十年来始终坚持在教学第一线，为我国培养出张维迎、魏杰、刘世锦等一批中青年经济学家，成就卓著。以陈志武、邹恒甫和刘尚希为代表的湘籍学子，已经成为目前我国青年经济学家的主力，是拥有“60 后”经济学家最多的省份。

杰出人物介绍

卓炯（1908—1987）1908 年生于慈利县，1931 年考入中山大学教育系，后转入社会系，攻读政治经济学，受业于王亚南、何思敬、邓初民、周谷城、杨东莼等进步教授，为后来的学术生涯打下基础，1935 年获社会学学士，同年秋入广东学海书院，攻读研究生，研究明史，1936 年至 1938 年，参加共产党的外围组织——广东民族抗日先锋队，1939 年加入中国共产党，1941 年回中山大学任教，先后任讲师、副教授，与王亚南共同钻研《资本论》，1950 年 5 月任南方大学第一部主任，1953 年任中共华南分局宣传部学习室副主任，后任中共广州市委宣传部理论教育处处长，致力于社会主义政治经济学的研究。他先后写出《政治经济学学习提要以《十大经济政策解说》等专著，提出计划经济的基础是商品经济和商品价值规律，1958 年任中共广东省委党校政治经济学研究室主任，1960 年，任广东省社会主义政治经济学编写组副组长，在他起草的前言中阐发了物质利益的原则，因而被撤销副组长职务。1961 年写了一组关于商品经济的论文。“文化大革命”中被扣上“反动学术权威”“反革命修正主义”的帽子，受到批判和凌辱。1973 年，广东省哲学社会科学研究所恢复，他任副所长兼经济研究室主任。1979 年，广东省社会科学院成立，他任副院长。十一届三中全会后，他开始进行经济体制改革的理论探讨。1979 年 4 月，他向无锡全国学术会议提交《破除产品经济，发展商品经济》的论文。1980 年夏，写了《把产品经济体制改造成商品经济体制》，明确指出：“当前体制改革的中心问题，要有利于发展商品生产和商品流通。”1984 年 10 月，中共十二届三中全会以后，他写了《试论城市经济体制改革的方向》《试论体制改革和对外开放的理论基础》等论文。主要论著有《论社会主义商品经济》《政治经济学新探》《〈资本论〉体系与社会主义经济——扩大商品经济论》。

成思危（1935—2015），是享誉海内外的著名经济学家。他广泛涉猎、深入研究管理科学和经济问题。特别是进入 21 世纪以来，他致力于研究中国改革与发展问题，努力探索阐释虚拟经济的特点与发展规律，积极推动风险投资在中国的发展。在他积极倡导下，成立了中国风险投资有限公司和中国风险投资研究院。他还担任了中国科学院大学管理学院院长、华东理工大学名誉校长，以及北京大学、清华大学、中国社会科学院等国内知名院校特聘教授和博士生导师，并被聘任为世界经济论坛中国事务顾问委员会主席和国际金融论坛主席。他通过深入调研，多次就股市健康发展、全球金融危机及对策、青藏铁路后续工作、管好用好外汇储备、廉租房建设等方面提出意见建议，受到中共中央领导同志的重视和高度评价，为中共中央科学决策提供了重要参考。多年来，他笔耕不辍，出版了《中国经济改革与发展研究》《成思危论金融改革》《成思危论风险投资》等专著10多部，主编《中国改革与发展问题应急研究丛书》等多种书籍，发表论文300余篇，在国内外经济界享有崇高声誉。

刘涤源（1912—1997），1931年考入长沙市一中高师部，1939年毕业于武汉大学经济系，获经济学硕士学位，1942年至1944年，任重庆大学商学院讲师，讲授货币与银行等金融课程，1944年赴美国哈佛大学留学，专攻西方经济理论，1947年学成归国，回母校武汉大学经济系执教，任教授数十年。他是中国研究西方凯恩斯主义的著名学者，对马克思的劳动价值论的研究也颇有造诣，有所建树。20世纪50年代，开始研究"价值规律在垄断资本主义阶段的运转"课题，撰写数万字的研究报告，1956年参加武汉大学第一次科学讨论会，受到《经济研究》《学术月刊》等全国性刊物的青睐。1957年他被错划为"右派"，身处逆境，仍坚持对学术的追求。党的十一届三中全会后得到改正，他重新回到武大经济系执教，继续从事原来的课题研究，与陈恕祥教授合作完成《垄断价格机理研究：垄断价格机理的理论探索与实证分析》，1996年由中国物价出版社出版。该书对马克思劳动价值理论做了补充和发展，弥补了国内政治经济学教科书的不足，提供了新的研究方法，具有较高的学术价值。

何炼成，于1947年高中毕业后，以优异成绩考入武汉大学法学院经济系。在名师指导下，他较为系统地学习了中外经济理论，为日后深入开展中西方经济思想打下了基础。1951年8月大学毕业，奔赴西北大学任教，历任讲师、副教授、教授、经济学院院长兼博士生导师。何教授是我国著名的高等教育专家，从事数学和科研工作近半个世纪，除“文化大革命”10 年外一直在教学第一线，先后讲授过 7 门课程，受业学生近万人，其中博士生 65 多人、硕士生 500 多人，本科生 5000 多人。学生毕业后分配到全国各地，受到用人单位的好评和重视，大多数已成为骨干，成为各级领导，有的成为全国著名的中青年经济学家。代表作品：《何炼成选集》《何炼成文集》。

尹世杰（1922—2013），1946 年毕业于湖南大学经济系，留校任教，并参加了中共地下党的工作，1948 年加入中国共产党。他历任武汉大学经济系主任，湘潭大学政治系主任、经济系主任、消费经济研究所所长、教授，湖南师范大学教授，是中国著名经济学家、消费经济学创始人。尹世杰教授第一个把消费经济作为独立学科进行研究，出版第一本系统研究消费经济的专著《社会主义消费经济学》，获第一届孙冶方经济科学奖，第一个招收消费经济学专业硕士研究生，创办第一个消费经济研究所，创办第一家消费经济专业刊物《消费经济》杂志。

17. 粤籍经济学家：思想前卫，成就非凡

粤籍经济学家思想前卫，都取得了非凡的学术成就，堪称大家。

陈锦涛 1901 年赴美留学，后进入耶鲁大学学习经济学，师从著名经济学家费雪，1906 年获耶鲁大学博士学位，是中国历史上第一个经济学博士。许涤新的一生，深深地刻下了中国革命现代史的烙印，他的学术生涯可以说是“熔革命家与理论家于一身，实现理论与实践的统一”。杨培新在 20 世纪 80 年代提出“包死基数，确保上缴，超包全留，歉收自负”的 16 字改革方针，“使企业与国家之间的关系，由传统的行政隶属关系转变为以赢利为核心内容的经济契约关系，他的承包制理论也成为中国 20 世纪 80 年代国有企业改革的一剂灵丹妙药。”林少宫是我国计量经济学奠基者之一，他从教 50 多年来，桃李遍天下，不少学生在世界经济学家排名中进入前500名，被经济学界称之为“华中科技大学经济学家群现象”。张卓元是中国社科院学部委员，他不仅默默无闻地参与中央重要文件起草工作和国家重大经济政策的咨询工作，而且还致力于经济改革中一些重大问题研究，敢于直抒己见和淡泊名利的学风与做人风范，令人敬佩。萧灼基教授于改革开放以来，在中国经济发展战略、经济体制改革、产权制度、金融证券、涉外经济等研究领域，发表了一系列创新观点，颇具影响。金融证券市场是萧灼基教授近年主要的研究领域，他是中国较早从事证券市场理论研究的学者之一，尤其是近年来发表的有关证券市场的重要观点，对中国证券市场的建设和完善起到了重要作用。陈雨露作为中国人民大学校长和中国人民银行货币政策委员会委员，在金融学研究方面成绩斐然，是“60后”经济学家的突出代表。

杰出人物介绍

张卓元，1933年7月生，广东省梅县人，1954年7月中南财经学院经济系毕业，1954年9月分配到中国科学院（后为中国社会科学院）经济研究所工作，先后任研究实习员、助理研究员、副研究员、研究员，《经济研究》编辑部编辑、副主任、主任。1983年7月调中国社会科学院财贸经济研究所任所长、研究员、《财贸经济》主端、博士生导师，1993年12月调中国社会科学院工业经济研究所任所长、研究员、博士生导师，1995年9月置1998年10月任中国社会科学院经济研究所所长、研究员、博士生导师、《经济研究》主编。他现为中国社会科学院学部委员，经济研究所研究员。主要社会兼职：中国价格学会、中国物资流通学会、中国城市发展研究会副会长，孙冶方经济科学基金会秘书长。曾获孙冶方经济科掌论文奖、著作奖、中国社会科学院优秀成果奖。主要著作：《社会主义经济中的价值·价格·成本和利润》《社会主义价格理论与价格改革》《张卓元选集》《论我国社会主义有计划的商品经济模式》《论中国价格改革与物价问题》

《论稳健的宏观经济政策与市场化改革》《新价格模式的建立与市场发育的关系》《中国改革开放经验的经济学思考》《论争与发展：中国经济理论 50 年》等。

许涤新（1906—1988），广东揭阳人。早年就读于广州中山大学、厦门大学、上海劳动大学。任社会科学家联盟中共党团书记、中国左翼文化总同盟组织部长。1935 年被捕入狱。抗日战争爆发后出狱，任《群众》副主编、中共《新华日报》总支书记、中共中央南方局经济组组长、香港工委财经委员会书记。新中国成立后，历任华东财经委员会副主任，上海市委统战部部长、市人民政府秘书长，中央统战部秘书长、副部长，国务院第八办公室副主任，工商行政管理局局长，中国社会科学院副院长兼经济研究所所长，汕头大学校长。全国工商联第一、二、三届副主任委员，第四、五届常委。第一、三届全国人大代表，第五、六届全国人大常委。第三届全国政协委员。主要著作有《中国经济的道路》《广义政治经济学》《我国过渡时期国民经济的分析》。

林少宫（1922—2009）是我国著名的数理统计学家和计量经济学家，我国计量经济学奠基者之一。1944 年他毕业于中央大学经济学系，1947 年赴美留学，先就读于路易斯安那州州立大学，1949 转入美国伊利诺伊大学，并于 1952 年获得经济学博士学位，1953 年在美国俄亥俄州地顿大学任讲师，1954 年回国工作。1955 年以后，他先后在华中工学院（华中理工大学，现华中科技大学）数学系、数量经济系、经济学院任教。曾任华中工学院经济管理学院院长，中国现代统计研究会第一、第二届副理事长、中国概率统计学会、中国质量管理学会第一、第二届常务理事。林少宫教授长期从事统计学和计量经济学的教学与科研工作，发表论文近百篇，出版著作、译著 10 余部，代表作有《基础概率与数理统计》《农业试验正交设计》《简明经济统计与计量经济》《微观计量经济学要义》等。

杨培新，中国当代经济学家、国务院发展研究中心研究员，兼任中国人民大学教授和嘉应大学校长。1922 年生于广东省大埔县百侯镇。1938 年在武昌中华大学读书时，加入中国共产党。曾任青年救国团武昌区团组织部长、抗敌宣传队第三队书记、重庆《战时青年》社编辑、恩施《新湖北日报》副刊通讯室主任、重庆《商务日报》采访部主任、上海《文汇报》经济版编辑、香港《文汇报》经理、发行人。1949 年起协助中国人民银行南汉宸行长研究和制定金融政策，创建金融研究所。主要著作：《中国经济动向》《中国通货膨胀论》《新货币学》《旧中国的通货膨胀》《中国的金融》《论我国银行改革》《我国社会主义银行》《我国货币政策》《华俄道胜银行》《我国经济体制改革新思路》。

萧灼基，广东汕头人，1953 年考入中国人民大学经济系，1959 年至今，历任北京大学经济系助教、讲师、副教授、教授，1986 年 7 月被国务院学位委员会批准为博士研究生导师，1992 至今享受政府有突出贡献专家特殊津贴。获首届孙冶方经济科学奖等诸多奖项。他曾任全国政协委员、北京大学经济学教授、博士生导师、北京市场经济研究所所长、《经济界》杂志社社长兼总编。主要著作有：《萧灼基选集》《萧灼基文集》《中国经济热点问题研究》《中国宏观经济纵论》、《社会主义再生产理论研究》《提高经济效益，实现宏伟战略目标》《中国经济建设与体制改革》。

18. 渝籍经济学家：立足实践，造诣突出

渝籍经济学家立足实践，学术造诣突出。

樊弘长期从事凯恩斯经济学说研究，治学方法上注重比较法研究，是我国较早应用比较法研究马克思主义理论和西方经济理论的学者之一。杨启先从 20 世纪 50 年代初起到 20 世纪 90 年代初的 40 年中，曾经参加过中国从第一个“五年计划”到第三个“五年计划”期间历次计划的编制工作，曾组织和参加过历次经济体制改革中长期规划与年度方案的制定，曾多次参加过全国性重要文件和报告的起草。在社会主义市场经济发展与体制建设、宏观经济管理和国有企业改革的理论与实务方面，在经济学界有相当影响。刘诗白教授长期从事经济学理论研究，其研究范围包括政治经济学基本理论，社会主义市场经济理论，在社会主义产权理论、转型期经济运行机制，国有企业市场化改革以及金融体制改革等方面进行了大量卓有成效的研究，是我国著名的理论经济学家。

杰出人物介绍

樊弘（1900—1988）1921 年由北京大学预科考入本科英语系，2 年之后转入政治系。1925 年毕业，1924 至 1926 年任北平《国民公报》编辑，1927 年任北平社会调查所编辑兼秘书，1934 年至 1937 年任河北省立发商学院经济学教授，讲授经济学原理和社会调查，1937 年赴英国剑桥大学经济学院进修，1939 年归国后，他先后任湖南大学、中央大学经济系教授、复旦大学经济系教授兼系主任，曾任中央研究院社会科学研究所研究员。1946 年起任北京大学经济系教授，直至 1988 年病逝。1952 年曾作为中国经济学家代表之一出席在莫斯科召开的国际经济会议，曾任第一、六届全国政协委员，北京市人大代表，九三学社第七届中央委员会顾问，外国经济学说研究会名誉理事，北京市经济学总会理事等职。主要著作有：《社会调查方法》《工资理论之发展》《进步与贫困》《现代货币学说》《凯恩斯的就业、利息和货币的一般理论批判》《凯恩斯的整个就业理论的崩溃》等。

刘诗白，1925 年生，1946 年毕业于武汉大学经济系，1946 年至 1950 在四川大学经济系任助教，1951—1978 年在成华大学（1952 年改组为四川财经学院，1985 年更名为西南财经大学）从事经济学教学与科研工作，1978—1979 年在中国社会科学院经济研究所参加许涤新主编《政治经济学词典》编审工作，1980 年任四川财经学院副院长，教授，1985—1991 年任西南财经大学校长，1988—

1992年是第七届全国人民代表大会代表，1993—1997年任第八届全国政协委员，常委，四川省政协副主席。主要著作：《社会主义商品生产若干问题研究》《社会主义所有制研究》《社会主义经济理论探索》《论社会主义所有制》《社会主义经济理论新探》《产权新论》《论体制创新》《主体产权论》《刘诗白文集》《我国转轨期经济过剩运行研究》。

杨启先，1927年生，重庆市人，中共党员，1951年毕业于四川师范大学工商管理系。他曾先后在国家计划委员会综合局、河北大学经济系和国家经济体制改革委员会工作，曾任体改委综合规划局局长、专职委员，并曾兼任国务院经济体制改革方案研讨办公室副主任，第八届全国政协委员。现为中国经济体制改革研究会副会长、中国市场经济研究会副会长，研究员、教授。主要著作有：《国民经济计划概论》《中国市场经济大趋势》《中国企业改革的主要模式研究》《中国国有企业改革的基本出路》《中国的道路——经济改革15年经验总结》《中国经济的“软着陆”》等。

李善同，女，1944年生，国务院发展研究中心研究员。1998年10月至2005年，国务院发展研究中心发展战略和区域经济研究部部长；1995年至1998年10月，国务院发展研究中心发展预测部部长；1990年至1995年，国务院发展研究中心发展预测部副部长；1986年至1990年，国务院（经济技术社会）发展研究中心处级调研员；1981年至1986年，国务院技术经济研究中心研究人员；1992年至1994年，中国区域发展战略与政策，亚洲开发银行项目办公室副主任。主要著作：《中国经济的发展与模型》《中国中长期产业政策》《中国地区发展与产业政策》《中国区域协调发展战略》《经济发展、改革与政策》《中国地区发展与政策》《中国跨世纪区域协调发展战略》等。

19. 川籍经济学家：博通经籍的学术大师

陈豹隐（陈启修）是我国早期的马克思主义经济学家，对马克思主义在中国的传播做出过贡献，是《资本论》的第一个中文译者，被誉为经济学界的“南陈北马（马寅初）”。谭崇台长期从事西方经济学，特别是发展经济学的教学和科研工作，被认为是将西方发展经济学引入中国的第一人。他致力于用马克思主义理论做指导、与中国实际相结合的新型发展经济学理论的建构，对中国经济学理论的发展产生了重要影响。胡代光作为我国著名的经济学家和教育家，著作等身，治学严谨，为西方经济学的人才培养和学术研究做出了卓越贡献。半个多世纪以来，胡代光教授为北京大学经济学科的发展倾注巨大心力，在北大经济学院师生中享有崇高威望。胡寄窗教授是中国当代博学多才、中外兼通、古今兼擅的卓越经济学家，他在学术精神上强调立德、立言、立行，始终坚持着自己的学术理念和拓荒精神，为中国经济思想史学科的开展和完善默默奉献，他的治学精神、学者风范，对我国经济学发展和教育事业具有深远的影响。罗元铮对经济领域有着广泛的研究，他不仅熟悉国内的经济情况，而且熟悉研究国际经济。他大胆介绍和引进国外先进的经济理论和管理经验，对于推动我国经济学界提高国际水平发挥了重要作用。他对我国经济体制改革中出现的问题的对策，给党和政府及时提出中肯的建设性意见，受到了党和国家领导人的高度重视和很高的赞誉。他的品格和学识受到了教育界、学术界和工商业界的尊重。著名金融学家甘培根对我国金融事业的改革与发展曾做出过十分重要的贡献，是“五道口”——中国人民银行研究生部的创始人。汤在新在担任武汉大学经济系主任和经济学院院长的同时，把自己的生命献给了学生的培养和马克思手稿的研究，是中国较早研究马克思经济学手稿的学者之一。他的里程碑的论文《从经济学手稿到〈资本论〉》确立了他在中国卡尔·马克思手稿研究的权威地位。

杰出人物介绍

谭崇台，武汉大学经济与管理学院资深教授、博士生导师，生于 1920 年，四川成都人；1943 年毕业于武汉大学经济系；1945 年，哈佛求学，师从著名经济学家熊彼特、列昂惕夫；1947 年，获美国哈佛大学经济学硕士学位，1948 年，谭崇台回国后到母校武汉大学任教。他先后任华盛顿远东委员会专门助理、武汉大学校务委员会副秘书长、副主任委员，校长办公室主任，经济管理学院院长，经济学院名誉院长，教育部人文社科重点研究基地经济发展研究中心名誉主任，《武汉大学学报》副主编，武汉大学出版社副总编辑，中美经济学交流委员会员中方委员，中华外国经济学说研究会副会长、名誉会长，全国高校社会主义经济理论和实践研究会领导小组成员等职。主要著作：《西方经济发展思想史》《发展经济学》《发展经济学的新发展》《发展经济学概论》《西方经济发展思想史》《发达国家发展初期与当今发展中国家经济发展比较研究》。

胡寄窗（1903—1993）原名钟睿，四川天全县人，1926 年毕业于北平大学法学院，1938 年获英国伦敦大学经济科学硕士学位。回国后他历任四川大学、华西大学、东北大学教授，兼任北京大学、北京师范大学教授。1949 年后，他历任之江大学财经学院国际贸易系主任、院长，浙江财经学院院长，上海财经学院、上海社会科学院、江西大学教授；并任中国经济思想史学会会长，外国经济学说研究会名誉理事，中国社会科学院特约研究员。主要著作：《中国经济思想史》《中国古代经济思想的光辉成就》《中国近代经济思想大纲》《当代西方基本经济理论》。

胡代光（1919—2012），四川省新都人，1944 年毕业于武汉大学经济系，获法学学士学位；1947 年毕业于中央大学研究院，获经济学硕士学位。1947—1949 年任湖南大学经济系讲师；1950—1952 年任西南军政委员会财经经济委员会科长；1953 年调北京大学工作，先后任北京大学经济系讲师、副教授、教授，并兼任系主任和经济学院院长等职；1988—1993 年任第七届全国人民代表大会常务委员会委员、第七届全国人民代表大会财经委员会委员。他还曾担任中华外国经济学说研究会副会长、会长，中国《资本论》研究会副会长等。主要著作：《当代资产阶级经济学主要流派》《当代西方经济学说》《评当代西方学者对马克思〈资本论〉的研究》《当代国外学者论市场经济》《胡代光选集》《西方经济学说的演变及其影响》。

宋承先（1921—1999），四川省青神县人。他 1944 年 7 月毕业于武汉大学经济学系；1947 年 7 月获南开大学经济研究所硕士学位；1951—1987 年在复旦大学经济学系任教，历任讲师、副教授、教授和博士生导师；1987—1994 年任华东理工大学工商经济学院院长；1994—1999 年 3 月任上海财经大学教授。主要著作：《现代西方经济学》《马尔萨斯经济理论的批判》《增长经济学》《当代外国经济学说》《当代西方经济思潮》《1929—1939 年世界经济萧条》《现代经济学词典》《过渡经济学与中国经济》。

彭迪先（1908—1991），原名彭伟烈，经济学家，1908 年生于四川眉山县，1925 年入北平宏达学院；1926 年留学日本；1938 年回国后，历任西北联大法商学院政治经济系教授，武汉大学经济系教授，四川大学经济系教授、系主任，积极参加民主运动。新中国成立后，他历任川西行署监察委员会主任、西南军政委员会文教委员会委员、四川省人民政府委员兼文教委员会副主任、四川大学校长、四川省副省长、省政协副主席等职。主要著作：《世界经济史纲》《货币信用论大纲》。

陈佳贵（1944—2013），四川岳池县人，中国社科院学部委员、经济学部主任，中国社会科学院原副院长、党组成员。他 1969 年参加工作，1973 年加入中国共产党，研究生学历；1964 年至 1969 年在中国人民大学计划统计系学习；1978 年至 1981 年在中国社会科学院研究生院学习，获经济学硕士学位；1981 年后历任中国社科院工业经济研究所研究室副主任、主任、副所长、所长；1998 年 11 月至2009 年7 月任中国社科院副院长、党组成员。他的代表作品为《陈佳贵经济文选》《经济改革发展中的若干重大问题研究》等。

20. 陕籍经济学家：改革中成长的杰出群体

魏杰、邹东涛、张维迎、刘世锦等，这些中国经济学界出现的勇于创新的经济学家，都与何炼成先生有关，都是何炼成的学生。他们作为陕籍经济学家的代表，是我国改革中成长的最具活力的杰出群体。

夫妻同为经济学家的现象并不多见，然而刘世锦与江小娟就是令人羡慕的经济学家伉俪。刘世锦曾任国务院发展研究中心副主任。江小娟曾任国务院副秘书长，是目前中国经济学界人气最旺的女性专家，其在产业经济学和国际投资领域的研究获得了学术界的高度评价。张维迎是国内最早提出并系统论证双轨制价格改革思路的学者，他的企业理论及有关企业改革的理论成果在国内外学术界、政府有关部门和企业界有广泛影响。他的论文被引用率连续多年名列第一。获第四届中国经济理论创新奖。魏杰在中国理论经济学界的影响日益扩大，被誉为经济学界 4 位年轻的京城少壮派经济学家之一。出生并成长于陕南秦巴山区的邹东涛，多年来一直跟踪改革研究，善于敏锐捕捉、并以散文笔调阐述前沿思想理论问题，以“解放思想，黄金万两；观念更新，万两黄金”的警句而闻名。他在何炼成教授掌门的西北大学经济管理学院坚守时间最长，进京最晚，但却是中央国家机关首例“考官”进京者，被誉为“进京三杰”之一。

杰出人物介绍

江小涓，女，陕西西安人，经济学博士，研究员，教授，博士生导师。她

1981 年毕业于西安交通大学经济与金融学院（原陕西财经学院）工业经济系，1984 年 12 月至 1986 年 11 月在西安交通大学经济与金融学院任教；1986 年 11 月至 1989 年 10 月在中国社科院研究生院学习，被授予经济学博士学位；1989 年至 1996 年 4 月在中国社会科学院工业经济研究所工作，任中国社会科学院财贸经济研究所所长兼党委书记；2004 年 8 月任国务院研究室副主任、党组成员；2009 年 1 月任国务院研究室党组副书记、副主任。他曾任国务院副秘书长。主要代表作有：《中国工业发展与对外经济贸易关系的研究》《经济转轨时期的产业政策》《结构调整中的产业升级与发展》《工业经济学》《中国工业企业组织结构变动长期趋势》等。

张维迎，1959 年出生于陕西省吴堡县，1982 年西北大学经济学本科毕业，1994 年获牛津大学经济学博士学位，1984—1990 年曾在国家体改委工作。在牛津大学读书期间，他师从诺贝尔奖得主詹姆斯・米尔里斯（James Mirrlees）教授和产业组织理论专家唐纳德・海伊（Donald Hay），主攻产业组织和企业理论。致力于推动中国大学体制的改革、特别是商学院教育体制的改革。2006—2011 年任北京大学光华管理学院院长。获第四届中国经济理论创新奖。主要著作：《企业的企业家——契约理论》《博弈论与信息经济学》《企业理论与中国企业改革》《产权、政府与信誉》《信息、信任与法律》《大学的逻辑》《产权、激励与公司治理》《竞争力与企业成长》《价格、市场与企业家》《市场的逻辑》等。

张曙光，男，1939 年 9 月 8 日生，陕西长安人。他 1963 年西北大学经济系毕业后考入中国科学院经济研究所读研究生，任经济学教授；1966 年研究生毕业，现在是中国社会科学院经济研究所研究员，中国社会科学院研究生院教授，博士生导师，北京天则经济研究所学术委员会主席，中山大学、浙江大学等兼职教授。主要研究领域是，宏观经济理论和政策，制度和制度变迁理论。曾四次获孙冶方经济科学论文奖和著作奖，一次获国家科技进步软科学一等奖，享受国务院颁发的政府津贴。主要代表作有：《制度·主体·行为——传统社会主义经济学反思》《经济自由与思想自由》《中国转型中的制度结构与变迁》。

魏杰，1952 年 9 月生于西安。他曾先后获得经济学硕士、博士学位；曾任中国人民大学经济系主任、教授、博导，国家国有资产管理局研究所所长；现任清华大学经济管理学院教授、博导；1991 年被评为国家级有特殊贡献的中青年专家。自 1979 年开始研究经济学，他先后着重研究宏观经济问题，计划与市场关系问题，企业财产制度问题，非国有企业问题和公司治理结构问题，企业制度、企业战略与企业文化问题等。主要著作包括：《宏观经济分析》《市场经济研究》《企业制度安排》《企业战略选择》《企业文化塑造：企业生命常青藤》《企业前沿问题》《市场经济前沿问题》《如何启动中国经济》《中国企业的二次创业》《中国经济的盛世忠言》。

刘世锦，1955 年 1 月出生于西安市。他 1982 年 2 月毕业于西北大学经济系，获经济学学士学位；1982 年 3 月至 1986 年 10 月，在西北大学经济系（后为经济管理学院）工作，任讲师、教研室主任，并在职读硕士学位；1989 年 11 月获中国社会科学院研究生院经济学博士学位；1989 年 12 月—1994 年 3 月在中国社会科学院工业经济研究所工作，任副研究员、研究室副主任；1994 年 4 月至今在国务院发展研究中心工作，曾任市场经济研究所副所长、宏观调节研究部副部长、产业经济研究部部长；现任国务院发展研究中心副主任。他曾多次获得全国性学术奖励，包括第四届孙冶方经济科学优秀论文奖，中国社会科学院优秀论文奖。主要著作：《后来居上：中国工业发展新时期展望》《经济体制效率分析导论》《为什么能够起飞》《什么是社会主义市场经济》《现代企业制度》《企业改革中的资产重组：理论分析与案例研究》《国有经济战略性改组》。

邹东涛，1949年11月出生，陕西汉阴人。他曾任中国社会科学院研究生院常务副院长、社会科学文献出版社总编辑，经济学教授、博士生导师，是国务院特殊津贴享受者，中组部直接联系的知识分子、世界生产力科学院院士。他现任中央财经大学中国发展和改革研究院院长。主要著作：《所有制改革攻坚》《社会公用事业改革攻坚》《社会主义市场经济学》《中国经济体制创新——改革年华的探索》《什么粘住了西部腾飞的翅膀——邹东涛西部开发文集》《中国加入WTO宏观对策和行业选择》《中国东西部经济协调发展研究》《马克思恩格斯列宁论股份经济》《邓小平经济思想研究》《中国市场经济发展的无序与有序》《十字路口上的中国：问题·探索·艰难的选择》等。

21. 其他省籍经济学家：成功的学术精英

除上述20个省（市）外，内蒙古、贵州、黑龙江、广西、云南、青海和宁夏的经济学家虽然不多，但却是成功的学术精英。

宦乡同志是"文化大革命"结束后10多年里国内外公认的中国第一名国际问题专家，也是新中国对外学术交流的开拓者和领军人物。冯兰瑞是我国为数不多的女性经济学家，被国外媒体称为"成功的中国女士"。冯老头脑睿智、谈吐幽默、富有感染力。在90高龄时仍笔耕不止，对许多重大问题发言，赢得了学界的尊敬和推崇。李京文先生是我国经济学界唯一的中国工程院院士。他长期致力于科技进步、生产率等领域的研究。作为我国技术经济和工程管理理论的开拓者之一，较早提出了符合我国实际的工程项目技术经济论证理论与方法，采用科学方法对中国经济作年度与长期预测和产业结构与地区发展的研究，主持了三峡工程、南水北调、京沪高速铁路等超大型工程的技术经济论证，为科学决策提供了重要参考。郭树清、周其仁、周天勇等也都是很有成就的经济学家。

杰出人物介绍

宦乡(1909—1989),贵州遵义人。他一度赴英国留学,攻政治经济学,回国后,考入宜昌海关。1945 年冬至 1949 年初,他参加我党地下活动,曾任上海文汇报副总编,天津进步日报(原大公报)党组副书记、总主笔,中国人民政协会议筹备处副秘书长兼新闻处长(1949 年 1 月至 1949 年 11 月)。新中国成立后他进入外交部工作,1978 年 10 月至 1986 年 7 月,任中国社会科学院党委书记、副院长、顾问。1982 年 7 月起兼任中国法学会副会长及国务院国际问题研究中心总干事、党组书记(1986 年 8 月),中国太平洋经济合作全国委员会会长,台湾研究会会长,《世界经济报》名誉社长等职。政协第一届全国委员。1982 年 6 月他当选为党的十二大代表,1983 年 6 月当选第六届全国人大代表、人大常委会委员。著作有《纵横世界》《纵横世界续集》《宦乡文集》等。

冯兰瑞,女,经济学家,1920 年 9 月出生,贵阳人。她早年求学于贵阳达德学校,1938 年 1 月加入中国共产党。1940 年赴延安,她先后在青年工作委员会和中央研究院文艺研究室工作,后考入中央军委编译局主办的外语学校英文队学习。1954 年她进入中共中央党校师资部专修政治经济学专业,历任上海《青年报》社长兼总编辑、《中国青年报》编委兼文教学生部主任、哈尔滨工业大学党委宣传部部长兼马列教研室主任、黑龙江省经济研究所副所长、黑龙江省统计局副局长、国务院政治研究室研究人员、中国社会科学院马列主义毛泽东思想研究所副所长兼党委书记、中国经济学团体联合会执行主席、《经济学周报》社长。她著有《劳动报酬和劳动就业》《按劳分配、工资、就业》《论中国劳动力市场》等。

李京文,1933 年生,技术经济学家及数量经济学家,广西陆川人。他 1951 年考入武汉大学经济系,1953 年选派留学苏联,就读于莫斯科国民经济学院和莫斯科国立经济学院,1958 年毕业并获经济学硕士学位。他现任中国社科院学部委员、主席团成员、北京工业大学经济与管理学院院长，青岛大学经济学院名誉院长，国家社科基金应用经济评审组及全国博士后管委会经济评审组召集人、国家中长期科技规划总体组顾问委员会委员，北京经济社会发展研究院院长，(中国)管理科学与工程学会理事长，中国城市经济学会副会长。他著有《科技富国论》《跨世纪重大工程技术经济论证》《迎接知识经济新时代》《中国经济："十五"预测与21世纪展望》等。

（三）中国经济学家的区域分布分析

从区域分布看，我们发现苏浙沪地区的经济学家最多，占近30%，力拔头筹；北方占35%，南方占65%；东部占53%，中部占28%，东北占6%，西部占13%。湖南、河北、湖北、山东、安徽、四川、广东、山西、北京、福建、辽宁、河南、陕西、江西和重庆都在10人以上。其他省区则寥寥无几。海南、西藏和新疆则没有。

表2 经济学家籍贯分布比较

籍贯	人数	百分比（%）	位次
江苏	61	14.83	1
浙江	39	9.33	2
湖北	26	6.22	3
湖南	25	5.98	4
河北	23	5.50	5
安徽	21	5.02	6
山西	21	5.02	6
山东	20	4.78	7
四川	20	4.78	7
广东	18	4.31	8

续表

籍贯	人数	百分比（%）	位次
上海	18	4.31	8
辽宁	15	3.59	9
北京	15	3.59	9
河南	15	3.59	9
陕西	14	3.35	10
福建	14	3.35	10
江西	14	3.35	10
重庆	11	2.63	11
吉林	9	2.15	12
天津	6	1.44	13
贵州	3	0.72	14
内蒙古	2	0.48	15
黑龙江	2	0.48	15
宁夏	2	0.48	15
广西	1	0.24	16
青海	1	0.24	16
云南	1	0.24	16
甘肃	1	0.24	16

为什么苏浙沪地区的经济学家最多？这与苏浙沪的历史上的学术文风传统有很大关系。梁启超在《近代学风之地理分布》说：“大江下游南北岸及夹浙水之东西，实近代人文渊薮，无论何派之学术艺术，殆皆以兹为光焰发射之中枢焉。”由此来看，一个地区经济学家的多少，实际上可以看作是当地经济与文化发展程度的重要尺度。通过经济学家籍贯分布的分析，可以得到印证。

就418位经济学家为基数，全国约每330万人口拥有1个经济学家。以此为参照数，按2014年各省户籍人口计算，各省的指数见下表：

表3　2014年全国经济学家所占户籍人口比例

上海	4.17	北京	3.8	江苏	2.71	浙江	2.67
天津	1.99	山西	1.98	湖北	1.39	福建	1.29
陕西	1.18	辽宁	1.17	湖南	1.16	吉林	1.099
重庆	1.085	河北	1.02	安徽	1.00	宁夏	1.00
江西	0.96	青海	0.91	四川	0.725	山东	0.69
广东	0.68	河南	0.42	贵州	0.24	内蒙古	0.27
黑龙江	0.17	甘肃	0.12	云南	0.072	广西	0.06

以上数据能反映这样一些信息：

1. 上海、北京、江苏、浙江、天津、山西明显高于全国平均数，湖北、福建、陕西、辽宁、湖南、吉林、重庆、河北略高全国平均数，安徽和宁夏与全国平均数持平。

江西、青海、四川、山东、广东、河南、贵州、内蒙古、黑龙江、甘肃、云南、广西明显低于全国平均数。

2. 上海、北京指数最高，与文化发达关系密切。

3. 苏浙仅次于京沪，与“当代经济学家之父”陈翰笙是分不开的，正是在他的影响下，这些地区才出现一大批经济学家。

4. 天津本身就是工业重镇，又受北京影响，位居第5非常自然。

5. 鉴于经济学人才成长周期很长，一般40岁能成为经济学家也是凤毛麟角。而此次统计的经济学家多数是新中国成立前出生的，20世纪60年代以后出生非常少。考虑这个因素，山西占据第6位置就容易解释了。山西百年前是中国的金融中心，又是革命根据地，故老经济学家多。

6. 考虑到广东改革以来人口急剧增加，所以排名靠后。

7. 多数 20 世纪 40—50 年代出生的经济学家，他们都在排名靠后的地区经过锻炼，这是他们成功的重要因素。

8. 全国约每 330 万人拥有 1 位经济学家，数量非常少，经济学家资源非常稀缺，与世界第 2 大经济体的经济地位极不相称。中国需要加快培育壮大经济学家群体，尤其是要让“60 后”“70 后”乃至“80 后”的经济学家尽快成长。

从工作地区分布看，由于在北京的学术机构众多，约 80% 的经济学家云集首都。其他份额几乎被上海、武汉、天津、广州、成都、西安、南京、沈阳等地瓜分。

就已故经济学家的分布看，主要集中于江苏、浙江、四川、湖南、湖北、山西、河北、福建、上海、安徽和广东。

就目前健在经济学家的分布看，主要集中于江苏、浙江、山东、河北、安徽、北京、湖北、河南、广东、陕西、上海、辽宁和山西。

从性别来看，女经济学家仅占 3% 左右。

数字表明，20 世纪 50 年代出生的经济学家是目前我国经济学家的主体，陕西籍的又占 1950 年代的占 11%；20 世纪 30 年代出生的经济学家仍然是经济学界的重要力量，江苏籍的又占 20 世纪 30 年代的占 16%。可以说，江苏和陕西构成了我国经济学界特殊现象。我国“60 后”的经济学家不多，主要集中于湖南、安徽、湖北、山东，这四省占了 60%。从经济学人才成长规律看，未来 10—20 年是“60 后”的经济学家的“井喷”期。

这里有一个现象，就是 1940—1949 年代（44 人）的居然比 1930—1939 年代（67 人）的少 23 人。其中的原因，我想，1930—1939 年代出生的经济学家，在新中国成立初期就已经接触学习经济学；而 1940—1949 年代出生的经济学家受“大跃进”和“文化大革命”影响，耽误了他们的学习黄金时期，自然人数不多；1950—1959年代出生的经济学家虽然也被“文化大革命”耽误，但他们赶上“高考”恢复和80年代的宽松环境，因而这批人最多，是目前中国经济学界的黄金一代。

三　二十世纪中国最早的经济学家

严复（1854—1921）首次翻译出版了亚当·斯密的《国富论》，标志着西方经济学正式引入中国。1912 年北京大学的前身——京师大学堂改为北京大学的时候，严复任校长并设立了经济学门。就经济学而言，严复是早期为中国经济学翻译做出最大贡献的人物，堪称我国介绍西方古典经济理论第一人。

五四运动时西方经济学的传播占据主导地位，经济学在中国已经有一百多年的历史。那么，中国 20 世纪最早的经济学家就是 19 世纪末即 1900 年以前出生、并活跃于 20 世纪 30 年代以前的那一代人。主要包括：陈锦涛（1870—1939）、马寅初（1882—1982）、杨端六（1885—1966）、陈豹隐（1886—1960）、陈长蘅（1888—1987）、刘秉麟（1891—1956）、刘大钧（1891—1962）、王学文（1895—1985）、何廉（1895—1975）、乔启明（1897—1970）、张心一（1897—1992）、赵乃抟（1897—1986）、陈翰笙（1897—2004）和黄松龄（1898—1972）共 14 人。那么，这些人是何时开始经济学研究的?

陈锦涛于 1901 年赴美留学，后进入耶鲁大学学习经济学，1906 年获耶鲁大学博士学位，是中国历史上第一个经济学博士。马寅初 1906 年赴美国留学，1910 年获得耶鲁大学经济学硕士学位。杨端六于 1913 年进入了伦敦大学政治经济学院攻读货币银行专业，是中国商业会计学的奠基人。刘秉麟于 1913 年入北京大学经济系，1918 年开始研究和学习马克思主义学说。陈豹隐于 1914 年以翻译小林丑三郎的《财政学提要》而初露锋芒。陈长蘅于 1911 年赴美留学，1912

年改修政治经济学，1916 年获哈佛大学硕士学位，1917 年回国任北京大学经济系讲师。刘大钧于 1911 年赴美攻读经济学和统计学。王学文于 1921 年考入京都帝国大学经济学部，受教于日本著名的马克思主义经济学家河上肇。何廉于 1919 年赴美留学并获耶鲁大学博士学位，1926 年回国任南开大学商科财政系和统计学教授。乔启明于 1924 年毕业于我国最早的农业经济教学和研究机构——金陵大学农学院农业经济系，随后参加该系工作。张心一作为我国农业统计学的奠基人，于 1925 年进美国康奈尔大学农学院农业经济系读研究生。赵乃抟于 1923 年入哥伦比亚大学政治科学院研究经济理论。陈翰笙于 1920 年入芝加哥大学研究生院任助教时，以《五口通商茶叶贸易对中国经济的影响》为题写成硕士论文。黄松龄于 1925 年 1 月加入中国共产党，1926 年到黄埔军校任少校政治教官，讲授《帝国主义侵略中国史》和《三民主义》。

这 14 人都是 20 世纪 30 年代之前开始研究经济学的，多数是 20 世纪 20 年代之前开始的。他们的共同特点是都有留学的经历，是经济学界的第一批“海归”，都比较长寿，大部分活到 90 岁以上。除马寅初、陈翰笙外，我们对他们的学术成就及经历了解不多。

杨端六于 1903 年毕业于湖南省师范学堂。他 1906 年赴日本留学，留日期间加入中国同盟会。1913 年到英国，入伦敦大学政治经济学院攻读货币银行专业。1920 年回国后即在吴淞中国公学兼任经济学、会计学教授，在商务印书馆担任会计主任，对商务的会计制度进行了改革，并迅速实现扭亏转盈。郭沫若曾称赞他“在商务管着银柜子”，中国会计界称他为中国商业会计学的奠基人。同年夏，杨端六陪同到中国讲学的美国哲学家约翰 · 杜威和英国哲学家伯兰特 · 罗素巡回演讲。他自己也对长沙听众讲了“社会与社会主义”“同业组织问题”和“介绍罗素其人——与罗素一夕谈”三个专题。毛泽东当时是新民学会负责人兼任长沙

《大公报》的特约记者，特把杨的演讲记录下来，用“杨端六讲，毛泽东记”的署名，登在 1920 年 10 月 31 日长沙《大公报》上。1926 年，他在任中央研究院经济研究所所长、社会科学研究所研究员期间，着重研究中国对外贸易，与侯厚培等根据 1864—1928 年间的海关清册著成《六十五年来中国贸易统计》，绘有图表 40 余幅，成为中国第一部国际贸易资料集。1930 年后他一直受聘于国立武汉大学，曾任法学院院长、教务长、教授兼经济系主任、文科研究所经济学部主任。新中国建立后，任武汉大学教授，兼任中南军政委员会财经委员会委员。主要学术成就是：翻译了卫士林的有关货币论的著作；出版国人自撰的最早的货币学著作——《货币浅说》，介绍了货币的起源、种类和作用，批判了当时有人主张废除货币的论点。出版《银行要义》和最早的介绍信托公司的著作——《信托公司概论》。还编写出版《工商组织与管理》教材，是 20 世纪上半叶中国管理科学化的重要先驱者之一。

陈豹隐原名陈启修，四川中江人。他 1917 年毕业于日本东京帝国大学，同年受邀担任北京大学法科教授兼政治门研究所主任，1923 年赴苏联和西欧考察，1925 年归国后参与领导国民革命运动，历任广州黄埔军校教官与农民运动讲习所教员、国立中山大学法科科务主席兼经济学系主任、武汉《中央日报》总编辑等，1947 年任重庆大学商学院院长，1952 年底调任四川财经学院（今西南财经大学）临时院务工作委员会教务组组长，1956 年被评为经济学一级教授，为当时全国仅有的两名经济学一级教授之一（另一名即陈岱孙）。其主要学术成就是：1924 年他出版了中国最早的自著财政学教科书《财政学总论》。1929—1930 年，他翻译出版了河上肇的《经济学大纲》和《资本论》第 1 卷第 1 分册（此为《资本论》的首个中译本）。其后，他致力于构建完整的经济学理论体系，先后出版了《经济现象的体系》《经济学原理十讲（上册）》《经济学讲话》等专著。

陈长蘅，重庆市荣昌人。1906 年他考入四川游学预备学堂英文班，1911 年赴美国密歇根州立大学工学院化工系学习，1912 年转入哈佛大学学习政治经济学，1916 年获得学士学位，同年回国，担任北京大学经济系讲师，1918 年 4 月，兼任北京盐务稽核总所翻译，后改任北京交通大学管理学院讲师，1924 年任南京军需学校教官。1926 年出任南京中央大学法学院经济系副教授，1928 年参加中国经济学社，任常务理事。20 世纪 30 年代，陈长蘅参加中国统计学社，并且历任重庆朝阳法学院经济系教授兼系主任、浙江英士大学财政学教授。1942 年，他任国民政府考试院法规委员会委员，1947 年赴英国伦敦参加“非宗主国立法会议”；1947 年 4 月，到日内瓦出席联合国安全理事会召开的“国际贸易宪章起草会议和相互减低关税税则的多边会议”，1956 年任上海文史研究馆馆员；1961 年任上海市人民政府参事室参事，1980 年任上海市人口学会顾问。陈长蘅长期研究中国的人口问题，著有《中国人口论》《进化之真相》《三民主义与人口政策》等。其中，《中国人口论》是首部采用统计图表及比较研究方法研究中国人口问题的专著。陈长蘅认为，经济问题迟早会演变为人口问题，并提议采用较欧美各国更健全及彻底的、主要内容为节育及优生的“生育革命”，主张由国家干预以节制生育，推广“自然节育法”，只有控制人口数量，保持适度人口，才能有利于国家和人民的生存与发展。

刘秉麟，湖南长沙人。他 1909 年入上海中国公学中学部，后转入大学预科；1913 年入北京大学经济系；1917 年毕业后回湖南高等商业学校任教；1918 年到北京大学担任图书馆馆员，在李大钊的直接教育下，开始研究和学习马克思主义学说，发表了《马克思传略》《劳动问题是什么？》等文章。1920 年他出国留学，先后在英国伦敦大学经济学院研究生班、德国柏林大学经济系研究员班毕业。1925 年回国，他在上海中国公学大学部任教授兼商学院院长，在上海商务印书馆任主任编辑，出版了国内第一本较为系统介绍李斯特经济学说的著作——《李斯特经济学说及传记》。新中国成立后，他任武汉大学教授兼任法学院院长、经济系编译主任。他的著作有《各国社会运动史》《世界各国无产阶级政党史》《李嘉图经济学说及传记》《亚当·斯密经济学说及传记》等，为介绍外国的经济学和社会学理论、开拓中国的社会经济研究，尤其是宣传马克思主义的唯物史观、阶级斗争、剩余价值理论和国际无产阶级运动史，他都做出了贡献。他的遗著《近代中国外债史稿》，成为研究中国近代对外关系史和对外经济史不可多得的参考书。

刘大钧生于江苏淮安。他毕业于京师大学堂，1911 年赴美攻读经济学和统计学，1915 年获美国密歇根大学学士学位，1916—1919 年任清华大学经济学教授，1919—1920 年任北洋政府经济讨论处调查主任，1927 任汉冶萍公司成本会计师，1929 年任国民政府立法院统计处处长，后任统计局局长。他其间先后发起成立中国经济学社和中国统计学社，任社长。两社联合组织中国经济统计调查所，任所长。1937 年任军事委员会国民经济研究所所长。他曾任《经济统计月志》《国民经济月刊》《经济动员半月刊》主编。1941 年他兼任重庆大学商学院院长。抗战结束后他任联合国统计委员会中国代表，驻美大使馆经济参事等，后移居美国。主要著作：《中国的工业和财政》《外国在华投资》《上海工业化研究》《我国佃农经济状况》《经济动员与统制经济》《非常时期的货币问题》《工业化与中国工业建设》。

王学文，江苏徐州人。他 1910 年赴日本留学，入东京同文书院；1913 年转入东京第一高等学校预科；1921 年考入京都帝国大学经济学部，受教于著名的马克思主义经济学家河上肇；1925 年毕业后，入大学部当研究生。1927 年夏回国到武汉，不久加入中国共产党；1928 年先后在法政学院、上海艺术大学、群治大学，暨南大学等校任教，主讲政治经济学；1930 年加入左翼作家联盟，参与发起组织中国社会科学家联盟，任中共党团成员。不久他发起成立社会科学研究会，任中共党团书记。他与冯雪峰主持创办上海文艺暑假补习班和现代学术研究所，培养具有进步的文艺、理论知识青年和党团员。1937 年春他奉调赴延安，任中共中央党校班主任，后任中共中央马列学院副院长兼教务处处长，实际主持院务和日常工作，亲自讲授政治经济学，为全党培养了一批优秀的理论人才。解放战争时期，他历任华北财经学院院长，中共中央财政经济部政策研究室主任，中央马列学院教授等职，培养党的财经干部。中华人民共和国成立后，他长期在中共中央宣传部工作，并在中央党校讲授政治经济学，致力于研究《资本论》和财政经济问题，撰写学术论著。他任中国科学院社会科学学部委员，中国科学院经济组专门委员、经济研究所学术委员等职。主要著作有《社会问题概论》《中国经济学概观》《政治经济学研究大纲》《政治经济学教程绪论》《〈资本论〉研究文集》等。

何廉，湖南邵阳人。他 1919 年赴美国留学，后进耶鲁大学研究生院主修经济学，1926 年获博士学位。回国后到南开担任经济学、财政学、统计学和公司理财学四门课的教学和研究。1927 年，何廉提议设立了南开大学社会经济委员会（经济研究所的前身）。1931 年南开大学经济学院正式成立，何廉任院长。他率先倡导开展中国社会经济的研究，带领并组织研究人员研究中国物价统计，编制并公开发表各类物价和生活指数，受到国内外研究机构的高度重视，他被誉为“在国内最早引入市场指数之调查者”和“我国最早重视农业的经济学家”。作为南开经济学院和经济研究所的创始人和领导者，他为南开经济学科的建设和发展奠定了坚实的基础，做出了不可磨灭的贡献。著作有《华北批发物价指数》（1929）、《中国进出口物价指数与物价交易指数编制之说明》（1931）、《中国工业化程度及其影响》（1929，与方显廷合著）、《东三省之内地移民研究》（1932）、《中国农村之经济建设》（英文版，1936）等。

乔启明，山西省临猗县人。他1924年毕业于金陵大学（今南京农业大学）农业经济系并留校任教。1925年，乔启明对江苏省昆山县、南通县及安徽宿县的农村租佃制度进行了系统的调查研究，并写出了《江苏昆山、南通、安徽宿县租佃制度调查报告》一书，受到了中外学者的高度重视。1931年他赴美国留学，进入康奈尔大学攻读农村经济学获硕士学位。1934年，他任金陵大学农学院农经系主任，为中国农业经济学界培养了不少人才。1937年3月1日，由美国洛氏基金捐款资助，金陵大学农学院农业经济系主持并被列为太平洋国际学会中国分会研究项目之一的中国土地利用状况的调查报告《中国土地利用》一书完成。乔启明在这项“为就人地关系剖析我国土地利用实况之空前巨著”中主要担任了人口及生命统计调查主任及翻译工作。1938—1941年兼任行政院农产促进委员会技术组主任。1942年，他任农产促进委员会副主任委员兼中国农民银行总行农贷处处长、农林部农业推广委员会主任委员兼中国农民银行总行农贷处处长，乔启明把主要精力放在农业推广和农业金融事业的实践方面，在安徽和县乌江镇、四川温江、江苏南京燕子矶、秣陵关等地创办乡村建设实验区和农业推广示范区，还积极在抗战后方的一些省份建立了以乡农会为基层组织的农业推广实验县。他主张借助农业贷款、组织农会，建立产销合作，推广农业科技等途径来发展农业生产，改善农民生活，提高农村文化。乔启明力求把农村建设的各个方面紧密联系起来，互相促进，取得了综合性效果，在其力所能及的范围内做出了突出的贡献。新中国成立以后，任中国人民银行总行农业金融管理局副局长，并推选他为全国政协第四届委员。1958年，他应山西省人民政府之邀，愉快地由北京返回山西，任山西农学院（今山西农业大学）副院长。《中国农村社会经济学》是乔启明学术思想的代表作。20 世纪 30 年代初乔自美归国后，即在金陵大学讲授《乡村社会学》和《农村组织学》两门课程，后来不断把编写的讲义修改更新，成为专著，直至 1945 年 4 月才由商务印书馆在重庆出版。其他专著还有：《中国农村社会经济学》（1946）、《中国人口与粮食问题》（1941，与蒋杰合著）、《农业推广论文集》（1941）、《江苏昆山、南通、安徽宿县农佃制度比较及改良农佃问题之建议》（1926）、《农村社会调查》（1928）、《中国农村人口之结构及其消失》（1935）、《中国乡村人口问题之研究》（1928）、《山西人口问题的分析研究》（1923）、《山西清源县 143 农家人口调查之研究》（1932）。

张心一，甘肃省永靖县抚河村人，他 1922 年毕业于北京清华学堂，1925 年毕业于美国艾奥瓦农学院畜牧系，1926 年获美国康奈尔大学农业经济学硕士学位，1927—1929 年任南京金陵大学农学院农业经济系副教授，兼农业推广系主任。1929 年，南京国民政府立法院设立统计处，他应邀担任农业统计科长后就一心想举办一次全国性的农业普查，为了实现这一理想使他找到了一个聘请农情报告员的办法，在 23 个省、600 多个县内聘请了 1700 多名小学教员、农耕工作人员等完全尽义务的农情报告员，建立起“农情报告”制度。他根据这些报告表，结合本县的人口、土地、面积等数据估算出各省和全国的农业生产情况，并进行农家经济预测，从而建立起我国近代史上第一次有系统较科学的农业统计工作。1950 年张心一 53 岁，应邀到中央财政经济委员会计划局农业计划处任处长。1951 年，陈云同志把他看作农业经济研究的权威，要他收集了古今中外有关讨论中国农业发展方向的资料。陈云同志在研究了他所汇集的资料后，认为中国农业的发展应以提高单位面积产量为主，提经党中央、政务院讨论后成为指导农业发展的方针。主要著作有：《中国人口的估计》（1930）、《准备中国农产预测的试验》（1930）、《中国农佃问题的一点材》（1930）、《中国粮食问题》（1931，原著为英文）、《中国农业概况估计》（1933）、《试办句容县人口农业总调查报告》（1934）、《保持水土发展农业生产》（中华书局，1953）等。

赵乃抟，浙江杭州人。他 1922 年毕业于北京大学，获文学学士学位，1923 年赴美国哥伦比亚大学政治科学院攻读经济理论，1924 年获哥伦比亚大学文学硕士学位，1929 年获哥伦比亚大学哲学博士学位。他的博士论文选择了英国制度经济学派创始人之一的理查德·琼斯进行研究。他收集到琼斯的经济学著作有16种之多，又收集到琼斯的大量书信，并且还有有关琼斯的书籍74种和论文52篇。他对这些资料进行了认真的研究后，才书写博士论文——《理查德·琼斯：一位早期英国的制度经济学家》。现在被全世界经济学界普遍采用的"制度经济学"这个术语，就是赵乃抟在他的博士论文中率先概括和使用的。赵乃抟于 1930 年回国，1931 年到北京大学任经济学系主任、北大社会科学研究部经济研究所所长。赵乃抟在北京大学任教达 55 年，其学生有千家驹、陈振汉、胡代光、易梦虹、张友仁、赵靖、厉以宁、巫宁耕等。赵乃抟对欧美经济思想史和我国经济思想史的研究有很深的学术造诣。主要论著有《理查德·琼斯，一位早期英国的制度经济学家》《欧美经济思想史》《欧美经济学史》《披沙录》。

黄松龄，原籍湖北石首县。他 1915 年春赴北平求学，考入中央法政专门学校学法律；1919 年参加"五四运动"；1924 年东渡日本明治大学读研究生；1925 年 1 月加入中国共产党；1926 年 3 月，应恽代英之邀，弃学回国，到黄埔军校第五期任政治教官，讲授《帝国主义侵略中国史》和《三民主义》；1927 年 4 月 17 日，奉周恩来指示离粤赴汉，任中央军事政治学校教官，讲授《农民土地问题》；1930 年 7 月先后任朝阳大学、民国大学、北京大学、北京师范大学、中国大学教授，1934 年任中国大学经济系主任。1940 年到延安；1941 年春，与毛泽东就当前政治、经济诸方面的问题作长时间的谈话。不久，他写了《论新民主主义经济》的提纲。1945 年他出席中共七大，1947 年 1 月任晋冀鲁豫中央局财经办事处研究室主任兼北方大学财经学院院长。1949 年随黄克诚部进驻天津市，任中共天津市委常委、宣传部长、市军管会文教部长，1952 年底任国家高教部第一副部长，1955 年当选为中国科学院哲学社会科学部委员，1958 年他辞去高教部职务，专门从事社会主义经济理论问题的研究，1960 年 10 月任中央高级党校经济学教研室顾问兼中国人民大学副校长、国家计划委员会委员。著作有《黄松龄社会主义经济问题遗稿》《马克思恩格斯论农业和农民问题》等。

这些经济学家中，占主流的是研究西方经济学的学者，研究马克思主义经济学的不多。不过，由于他们有一定的国际视野，在中国推广经济学教育、传播经济学理论，他们发挥了巨大的启蒙作用和学术引导作用。

这里有必要提一下 20 世纪初中国人在西方正式出版第一本经济学著作的作者陈焕章。陈焕章（1880—1933），字重远，肇庆市人。他是康有为的得意门生，1907 年考入哥伦比亚大学学习政治经济，1911 年获博士学位。其博士论文《孔门理财学》被作为“哥伦比亚大学历史、经济和公共法律研究”丛书之一出版。该书由哥伦比亚大学教授夏德、施格作序，高度评价了《孔门理财学》采用西方经济学框架对孔子及其学派的经济思想所做的精湛研究。可见这本书在西方学界的影响。胡寄窗先生曾经指出，此书是 20 世纪早期“中国学者在西方刊行的第一部中国经济思想名著，也是国人在西方刊行的各种经济学科论著中的最早一部名著”，是近代中国人第一次用西方语言向世界展示中国古代儒家经济思想的重要著作，也是第一部总结我国古代经济思想的著作。

四　中国经济学家中的早期党员

自1921年中国共产党成立后，许多有志青年走上了革命道路。在大革命的洪流中，许多党员经受住了考验，甚至做出了牺牲。有些党员在大浪淘沙中，成为中国经济学界的领军人物，把自己的终生奉献给了崇高的理想和事业。我看过孙冶方、陈翰笙、薛暮桥等老一辈经济学家的著作资料，30多年前听过关于南汉宸、冀朝鼎早年在山西金融界的轶事，20世纪90年代与于光远、杜润生接触过。他们的革命历史与学术成就一样辉煌，革命足迹踏遍华夏大地。我们要开创当代中国马克思主义政治经济学的新境界，不仅要学习老一辈经济学家的学术思想，也应该学习他们忠于党忠于人民的高尚品格。今年是建党100周年，重温老一辈经济学家的光荣历史，我认为很有必要。本文所说的“早期党员”，特指“七七事变”之前入党的中共党员。

我仔细查阅了资料，早期入党的经济学家有23人，他们是（以入党时间为序）：

孙冶方（1908—1983）1924年入党，当时16岁；

黄松龄（1898—1972）1925年入党，当时27岁；

陈启修（1886—1960）1925年入党，当时29岁；

陈翰笙（1897—2004）1925年入党，当时28岁；

沈志远（1902—1965）1925年入党，当时23岁；

袁孟超（1905—1991）1925年入党，当时20岁；

南汉宸（1895—1967）1926年入党，当时31岁；

徐雪寒（1911—2005）1926 年入党，当时 15 岁；

王学文（1895—1985）1927 年入党，当时 32 岁；

冀朝鼎（1903—1963）1927 年入党，当时 24 岁；

薛暮桥（1904—2005）1927 年入党，当时 23 岁；

秦柳方（1906—2007）1927 年入党，当时 21 岁；

朱剑农（1910—1986）1928 年入党，当时 18 岁；

狄超白（1910—1978）1931 年入党，当时 21 岁；

许涤新（1906—1988）1933 年入党，当时 27 岁；

杨坚白（1911—2004）1933 年入党，当时 22 岁；

顾　准（1915—1974）1935 年入党，当时 20 岁；

钱俊瑞（1908—1985）1935 年入党，当时 27 岁；

杜润生（1913—2015）1936 年入党，当时 23 岁；

张锡昌（1902—1980）1936 年入党，当时 34 岁；

姜君辰（1904—1985）1936 年入党，当时 32 岁；

袁宝华（1916—2019）1936 年入党，当时 20 岁；

于光远（1915—2013）1937 年入党，当时 22 岁；

从入党时间看，孙冶方资格最老。著名经济学家钱俊瑞回忆 1931 年与孙冶方相识的情景说：“呵！一位坚强的火热而又温存的青年革命家，只 23 岁，站在我的面前！我们握手拥抱，接着就一起工作。”（见《孙冶方纪念文集》上海人民出版社 1983 年版第 12 页）孙冶方 1923 年加入中国共产主义青年团，1924 年底转为中共党员，1925 年从事学生运动和工人运动，后去苏联莫斯科中山大学学习，1927 年夏毕业后，在该校和莫斯科东方劳动者共产主义大学任政治经济学讲课翻译，不到 20 岁就做政治经济学讲课翻译，是正宗的马克思主义者。

孙冶方一生经历种种磨难，青壮年时期冒着生命危险从事党的地下工作，曾被捕入狱；在抗日救国中被“口诛笔伐”，蒙受不白之冤；进入老年时期又遭受“无情”打击。对此，著名经济学家薛暮桥说：“但是冶方同志坦然处之，毫不动摇自己的信念，他的刚毅不屈的精神令我肃然起敬。”（见《孙冶方纪念文集》上海人民出版社 1983 年版第 7 页）孙冶方是被组织授予“模范共产党员”称号的极少数经济学家。（另一个例子是中共广东省委授予卓炯优秀共产党员称号。）

黄松龄原名黄克谦，是担任过黄埔军校教官的经济学家。他 1919 年 5 月 3 日参加“五四运动”遭军警逮捕，后获释放，同年夏，结识恽代英、林育南。1925 年加入中国共产党，次年回国，任黄埔军校、武汉中央军事政治学校教官（奉周恩来指示），中共湖北地下省委宣传部秘书长兼《长江》主编，中共江西省委秘书长兼省委宣传部长。1930 年后，他任朝阳大学、民国大学、北京大学、北平师范大学和中国大学教授，曾创办《世界论坛》杂志、《民族战线》周刊。20 世纪 40 年代他赴延安，任中央财政经济部指导员，中央党务研究室财经组组长，1947 年后任晋冀鲁豫中央局财经办事处研究室主任兼北方大学财经学院院长，华北局监察院副院长，天津军管会文教部部长。

陈启修（即陈豹隐）是我国早期马克思主义理论传播者，也是担任过黄埔军校教官的经济学家。他早年认识李大钊，在其指引下开始学习马克思主义。1919 年，陈启修受聘北大法学院教授兼政治系主任，开设《马克思主义经济学概论》课程，担任北大马克思学说研究会《资本论》导师，与李大钊一起形成了讲授马克思主义课程的早期学术派别。1923 年赴苏联和西欧考察，在柏林认识了朱德。1924 年 1 月列宁逝世，他以中国留苏学生代表团团长身份为列宁守灵。1925 年春由朱德同志介绍参加中国共产党，同年回国在北大讲授马列主义理论，又南下广州在毛泽东创办的广州农民运动讲习所第六期讲授中国财政状况、经济常识、苏俄现状等课程。之后，他历任广州黄埔军校教官与农民运动讲习所教员、国立中山大学法科科务主席兼经济学系主任、武汉《中央日报》总编辑等。他最重要的贡献是，作为中国第一个翻译《资本论》的译者，把《资本论》介绍给中国人，又翻译了日本河上肇所著《经济学大纲》，许多革命者正是从此书开始系统学习马克思主义经济学说。

陈翰笙是经李大钊介绍秘密加入中国共产党的。他在李大钊同志的影响下结交苏联友人，研读《资本论》，逐步接受了马克思主义。1927 年李大钊同志遭奉系军阀杀害后，陈翰笙被迫前往苏联，在共产国际创办的国际农村经济问题研究所任研究员，开始关注中国的农民问题。1933 年他参与建立中国农村经济研究会并创办《中国农村》月刊，刊登大量调查报告和论文，说明农村问题是中国经济的主要问题，论证改革封建制度的必要性，有力地支持了共产党领导的土地革命。陈翰笙不仅是最长寿的经济学家之一，也是钱俊瑞、薛暮桥、孙冶方等经济学家的引领者，被誉为“当代经济学家之父”。也正是在他的影响和带动下，缔造了经济学界的“无锡现象”。陈翰笙的另一贡献是后来他长期以合法身份为掩护做秘密情报工作。他经宋庆龄介绍结识了美国友人史沫特莱，进而与德国情报专家佐尔格成为知己，并且从佐尔格处得到蒋介石“围剿”红军的机密文件后立即通过宋庆龄转交红四方面军总指挥徐向前。他是中共情报战线上的经济学家之一。

沈志远 1925 年加入中共，次年赴莫斯科中山大学学习。他 1931 年回国后曾任中共中央文委委员、社联常委，1933 年夏，因患伤寒与党组织失去联系。后应李达邀请去北平大学商学院讲授近代经济学。这一时期，沈先生撰写翻译了不少马克思主义哲学、经济学著作，以《新经济学大纲》和《辩证唯物主义与历史唯物主义》最著名。抗战时期在重庆，沈志远多次和周恩来接触，他曾当面提出恢复党籍，周恩来说：“你留在党外影响更大。”沈志远同志是一个为传播马克思主义做过许多贡献的经济学家。在20世纪30年代中国革命的重要转折关头，他积极从事马克思主义政治经济学、哲学的著述和翻译，阐述马克思主义的基本理论，帮助很多人掌握马克思主义基本原则和基本方法。无论在什么环境中，他对马克思主义的信念都是坚定不移的，坚信马克思主义是科学的真理，并以传播这个真理为己任，始终都在探索救国救民的道路。

袁孟超1926年于东南大学地学系毕业，1927年1月任武汉国民革命军第11军第71团政治指导员，10月到莫斯科中山大学英文班学习，1930年任伯力远东共产主义大学中国部主任兼副教授，1932年去莫斯科参加赤色职工国际工会工作进修班学习，1933年回国在上海中央局工作，1933年任中共江苏省委书记，1934年任上海全总筹备处书记兼秘书长，1934年6月被捕后，虽然与党的组织失去了联系，但仍与一些共产党员和苏联大使馆有过许多往来，在他们的指导和帮助下做过一些有益于革命的工作。袁孟超于1949年9月重新入党。袁孟超在五四运动中激流勇进，在北伐战争中投笔从戎，在苏联努力学习革命理论与实践，在江苏省委呕心沥血，袁孟超始终坚持共产主义信仰。

南汉宸是中国人民金融事业的创建人之一，1926年10月，在冯玉祥组织的国民联军中担任第三军政治工作委员会委员长的南汉宸，由刘伯坚介绍加入了中国共产党，成为中共早期党员，1927年冬，他受党的派遣赴皖北组织特委，帮助杨虎城改组第十军，策划武装暴动。1929年，他任河南省政府主任秘书期间，利用自己的特殊身份，把被关押在监狱里的近百名共产党员营救了出来。1930年，陕西省政府主席杨虎城派人请他出山襄助，他经党组织批准后接受杨虎城邀请，被委任为陕西省政府秘书长，成为杨虎城主政陕西的得力助手，期间秘密营救刘志丹等共产党人。1932年夏，国民党行政院电告杨虎城，南汉宸是共产党员，并下令通缉他。在杨虎城的安排下，南汉宸携妻王友兰东渡日本避难。1933 年，南汉宸从日本回国后，在上海、天津等地继续从事党的统战工作。1936 年“西安事变”发生后，他于 12 月 17 日到达西安，成为周恩来与杨虎城之间的主要联系人，为和平解决“西安事变”牵线搭桥。1941 年，国民党对陕甘宁边区进行封锁，边区政府面临极大的财政困难。毛泽东对南汉宸说，中央决定由你任边区财政厅厅长，就是要你做一个“会做无米之炊的巧媳妇”。抗日战争胜利后，中央派南汉宸去张家口，任晋察冀边区政府财政处处长，领导晋察冀边区的财政工作，迎接新中国成立的同时积极酝酿和策划取得政权后的金融事业。

徐雪寒是我党优秀的情报人员，是三联书店前身之一——新知书店主要创始人、出版家。徐雪寒入党时才 15 岁，先后任中共绍兴县委书记、杭州地委组织部长，成为“大革命”后期杭州党组织的重要领导人之一。1928 年，徐雪寒在宁波被捕。在狱中，徐雪寒与薛暮桥等共产党员形成了一个战斗群体。期间，他经难友中的教师和留学生辅导，潜心研读亲友送入的中外名著，学会了日语和世界语，被难友称为“翻译家”。1933 年 5 月，徐雪寒被保释出狱。继母见他在狱中苦读成才，便让他去南昌投奔表妹夫王新衡（军统特务），徐雪寒利用这一关系及其姐夫（蒋介石副卫侍长）等亲戚关系，为中共获取不少重要情报。1934 年春，徐雪寒到上海寻找组织，经先他出狱的薛暮桥介绍，参加了陈翰笙领导的中国农村经济研究会。1935 年 8 月，徐雪寒受党委托，承办新知书店，必要时作为掩护和交通站之用。1943 年春，潘汉年出任中共华中局情报部部长，便点名调徐雪寒担任部务秘书，成为潘汉年的得力助手。他具体负责三方面工作：一是情报分析研究，为中央决策提供战略参考，为新四军和华中局提供重要信息；二是巡视上海南京情报系统工作；三是应对突发或特殊事件。抗战胜利后，徐雪寒在上海、香港一带从事地下经济活动，建立银行、钱庄和外贸机构，为党筹集地下革命活动资金，成为中外闻名的“大老板”。他被周恩来称为是党内一位适应岗位转换频繁和领域交叉跨越的优秀专家同志，干一行钻研一行，并在多行做出优异成绩。

王学文于1921年考入日本京都帝国大学经济学部，受教于著名的马克思主义经济学家河上肇。1927年夏回国到武汉，不久加入中国共产党，1928年先后在法政学院、上海艺术大学等任教，主讲政治经济学，1930年加入左翼作家联盟，参与发起组织中国社会科学家联盟，任中共党团成员，不久发起成立社会科学研究会，任中共党团书记。他与冯雪峰主持创办上海文艺暑假补习班和现代学术研究所，培养具有进步的文艺、理论知识青年和党团员，1937年春奉调赴延安，任中共中央党校班主任，后任中共中央马列学院副院长兼教务处处长，实际主持院务和日常工作，亲自讲授政治经济学，为全党培养了一批优秀的理论人才。解放战争时期，他历任华北财经学院院长，中共中央财政经济部政策研究室主任，中央马列学院教授等职，培养党的财经干部。王学文从事的另一项工作，就是中共地下情报工作，与佐尔格有过合作，把日本人西里龙夫和中西功发展为中共特科成员，把沈安娜（成功潜伏国民党高层，被誉为“按住蒋介石脉搏的人”）发展为特科成员。

冀朝鼎是我小时候听先父讲述民国时期金融界的趣闻佚事才知道的，是被周恩来赞为“出淤泥而不染”的经济学家。冀朝鼎在中共“一大”前后开始接触马克思主义，曾有幸拜访过李大钊。1927年春，冀朝鼎作为美国反帝大同盟和中国留学生“中山学会”的代表，前往布鲁塞尔参加世界反帝大同盟等组织召开的第一次大会。作为美共中央中国局的创始人，冀朝鼎参加了最初的领导工作。后期，冀朝鼎参加了共产国际中共代表团的工作，结识了周恩来并使他很快成为周恩来的翻译。鉴于冀朝鼎与孔祥熙同是山西人，他的父亲冀贡泉还曾是孔祥熙的老师，冀朝鼎自然而然博得了孔祥熙的厚爱。借此机会，冀朝鼎开始了他一生中最为精彩的“潜伏”生涯，是我党在国民党内部钻得很深、接触很广的人。可以说，冀朝鼎先后利用担任国民政府外汇管理委员会主任、中央银行经济研究处处长等合法身份，费尽心机为中共中央提供了许多重要经济战略情报，并秘密参与策反傅作义起义。

薛暮桥于 1927 年投身铁路工人运动，同年 3 月加入中国共产党，不久薛暮桥被捕入狱。在狱中，他坚强不屈，与难友一道和敌人展开了多种方式的斗争。他和时任中共浙江省委书记的张秋人关在甲监 5 号。张秋人说，“我们活一天就要做一天革命工作，在牢里不能做革命工作，就要天天读书。”这对薛暮桥触动很大。从此，监狱里、禁闭室中，薛暮桥都置若无人，如醉如痴地沉浸在书本里。他把监牢当作学校和课堂，自学了政治经济学、哲学、自然科学、历史等。出狱后，薛暮桥在陈翰笙的指导下，开始从事中国农村经济问题的调查研究，与孙冶方等一起编辑《中国农村》月刊，由此形成了他严谨的学风。抗日战争开始后，薛暮桥投笔从戎。在三个月反扫荡战争的行军途中，编写出一部通俗的《政治经济学》教材。从 1943 年开始，他担负起财经部门的领导工作，参与领导山东抗日根据地新的“货币反击战”。

秦柳方于“大革命”时期在无锡农村从事农民运动，1929 年参加国立中央研究院社会科学研究所无锡农村经济调查团，任组长，随后又参加了珠江流域、黄河流域等一些地方的农村社会调查，从此对经济问题发生兴趣，潜心研究农村问题。1933 年他参与发起成立中国农村经济研究会并任理事，1935 年参加全国各界救国联合会，任执委会委员，积极参加抗日救亡运动。抗战时期，他曾任私立西南商专、四川省立教育学院教授，广西省政府财政厅秘书，广西银行总行经济研究室主任，中国工业合作协会专员等。

朱剑农于 1927 年投身农民革命运动，在武汉遇到共产党人恽代英等，开始阅读马克思主义著作，积极参加革命斗争。由于革命形势恶化，朱剑农转移至上海，考入大陆大学经济系，后转入上海法学院经济系，一面系统学习马克思主义经济理论，一面继续从事革命活动，并担任学院共产党地下党支部书记。“一·二八”事变后，朱剑农积极发动捐款，为支援十九路军抗战做了大量工作。大学毕业后，朱剑农回旌德筹集准备赴日费用，由于叛徒出卖，被捕关押进浙江军人监狱。狱中三年，他认真研读各派资产阶级经济学，出狱后留学日本，大量攻读马克思主义经典著作，奠定坚实的理论基础。同时，受到河上肇的思想影响，他决心毕生从事马克思主义经济理论研究。“七七”事变后，朱剑农归国抗日，在郭沫若主持下，积极从事战地文化服务工作。

狄超白 1930 年考入南京中央大学政治系。他 1931 年 11 月加入中国共产党。1932 年 2 月任中共溧阳县特别支部书记，创办《溧阳日报》，同年 3 月被县政府逮捕送南京警备司令部，判 10 年徒刑，1934 年 7 月在党的营救下被保释出狱。1935—1936 年在无锡、南京等地从事救亡运动。抗战爆发后，任沈钧儒创办的《抗战周刊》主编，1938 年任安徽省抗战动员委员会宣传部部长。1939 年春创办《文化月报》，1940 年 1 月转移到重庆，从事文化宣传与统一战线工作，1941 年皖南事变后，被派往广州，1946 年转移到香港，任中共香港工作委员会学术小组组长，1947 年兼任香港达德学院教授，主编《中国经济年鉴》。

许涤新于 1925 年秋加入共产主义青年团。他 1926 年 6 月考入广州中山大学文科预科班，并参与校内社会科学研究会的组织领导工作，1927 年，许涤新被中山大学开除，7 月考上厦门大学，因无钱交学费，回故乡自学了大量的文学作品和历史唯物主义著作，对政治经济学开始产生浓厚兴趣，1928—1932 年，先后就读于厦门大学和上海劳动大学，研究《资本论》，1931 年冬在上海加入中国社会科学家联盟，任研究部副部长、宣传部长，1932 年“一·二八”淞沪抗战后，主编《社会现象》周刊，同年夏，担任中国文化总同盟秘书，后参加“文总”机关刊物《正路》的编辑工作。1935 年许涤新被捕，关进苏州陆军监狱，1937 年获释。抗战初期，他在武汉参与创办《群众》周刊和《新华日报》。《新华日报》迁往重庆后，他担任《新华日报》编委和党总支书记，并任中共中央南方局宣传部秘书、中共中央南方局经济组组长，为重庆工商界的统战工作和中国共产党经济思想政策的宣传工作，特别是参与制定对资本主义工商业改造政策、贯彻和团结工商界人士方面，做出了卓越的贡献。

杨坚白在“九·一八”事变后参加抗日救亡运动，1932 年结识了李兆麟，成为本溪最早的党员之一。不久，他被调到奉天党的特委从事宣传活动，后被捕入狱，与时任中共奉天特委书记的杨一辰关在一起。1938 年 6 月，饱受磨难的杨坚白出狱后，历尽艰辛，到达重庆。1940 年，杨坚白几经周折到八路军总部所在地太行山，先后担任科长、厂长等职，主编过《太行工业》刊物。1948 年，党组织把杨坚白派回东北，先后在辽北、辽西省政府任研究室主任，经过了革命战争的考验。

顾准从 1933 年开始，就在写作和教授会计学的同时，积极参加了抗日反帝的民族民主运动。起初，他与友人组织秘密社团，制定纲领，出版刊物，介入工人运动，并且同共产党的外围组织建立联系。1935 年 2 月，顾准参加中国共产党，成为共产党在上海开展抗日救国活动的积极分子，先后担任过上海职业界救国会党团书记，职员支部书记，江苏省职委宣传部长、书记，江苏省委副书记。1940 年 8 月他离开上海，到苏南、苏北的抗日根据地工作，曾任中共苏南澄锡虞工委书记、专员，江南行政委员会秘书长、苏北盐阜区财经处副处长、淮海区财经处副处长，1943 年 3 月去延安，抗战胜利后回华东。1949 年 5 月上海解放，顾准作为负责接管上海财经系统的“青州总队”的队长回到上海，先后担任上海市财政局局长兼税务局局长、财经委员会副主任等职务。在这些领导岗位上，顾准以他的专业特长，为上海经济的恢复和稳定，为支援全国，做出了积极的贡献。

钱俊瑞真正走上探索人生、研究经济的道路，也是从 1929 年参加中央研究院社会科学研究所副所长陈翰笙领导的农村经济调查开始的。他在掌握了大量农村经济材料的基础上，运用马克思主义的观点立场进行了研究，撰写了大量文章。1935 年 9 月，钱俊瑞加入中国共产党，并担任中共中央文化工作委员会委员，从事着把被打散了的中共党员、左翼进步人士的力量积聚起来的联络组织工作。从此，他的主要精力投入到政治、文化、宣传工作中，发挥了十分重要的作用。1938 年，钱俊瑞离开了日军侵占下的上海，先后任新四军军部战地文化服务处处长、华中局文委书记、新四军政治部宣传部长等职，期间对国防经济问题研究较多。

杜润生于 1927 年考入山西省国民师范学校。“九・一八”事变后，杜润生组织了“九・一八”读书会，抵制日货，宣传抗日。1932 年，杜润生先后加入中国共产党的外围组织——抗日反帝同盟、太原社会科学家联盟。1933 年春，杜润生接到李雪峰来信后直奔北平，后因与组织关系中断，就申请助学金，考入北平师范大学中文系。期间经同学、同乡介绍，参加文委工作，后与裴丽生一起创办《北晨副刊》，自发组织青年小组，与李雪峰组织《书报社》，继续从事学生运动。1934 年，因叛徒告密遭逮捕，被关押数月，因他不是共产党员而当局又未能查出实证，被释放出狱。次年冬他参加武装自卫委员会，按照姚依林同志的部署，以山东水灾救济会名义赴灾区宣传抗日，其后参加“一二・九”学生运动，任学联成员，后来担任中华民族解放先锋队总部宣传部长。抗日战争全面爆发后，受党组织委派，杜润生到太行山区参加抗日游击战争，投入建立抗日根据地工作。1947 年，杜润生随刘邓大军南下，参加伟大的解放战争。

张锡昌早年学习中共抗日民族统一战线的方针策略，研究开展抗日救亡工作的方法。他 1935 年 5 月加入中国共产党，7 月参与无锡旅外学生暑期服务社的工作，积极推动抗日救亡运动。抗日战争全面爆发后，他率领教育学院部分师生撤至武汉，遵照八路军驻武汉办事处的指示，他又返回抗战前线。1938 年 3 月任中共浙江省委统战工作委员会书记，协助台湾义勇队开展救亡运动，协助国际友人路易·艾黎在浙西开展工业合作社化运动。1941 年 2 月，他接办《中国农村》战时特刊，并负责主持中国农村经济研究会的工作。10 月，中共南方局在桂林建立文化小组，他为负责人之一。1942 年 1 月，他发起创办《中国工业》杂志，任主编，支持大后方的工业合作化运动。1946 年 9 月，张锡昌到上海，主持海新公司的经济研究室，兼任《文汇报》的社论委员和《经济周报》的编委。

姜君辰早年参加五四运动，1922 年加入中国共产主义青年团，1 年后进入上海法科大学政经专修班学习，毕业后在上海复旦大学实验中学任教员。30 年代初，他与陈翰笙等人发起成立“中国农村经济研究会”。1937 年 7 月，姜君辰参与筹建上海编辑人协会。8 月八路军驻上海办事处建立文化工作委员会，他担任该委员会委员，宣传党的抗日主张和统一战线政策，推动各界爱国人士参加抗日斗争，1941 年 6 月离开香港经上海抵达苏北新四军驻地，任中共华中局调查研究室研究员，1943 年赴延安，后任延安大学财政系副主任。1945 年作为华中代表团成员参加中共七大。

于光远是清华大学物理系的毕业生。在时代潮流的推动下，他投身到人民革命的洪流，成为抗日救亡运动中的先锋和推动社会进步的革命者。他在延安讲授社会科学课程，研究马克思主义，从此走上研究社会科学之路。在担任中共中央西北调查局研究员期间，于光远开始研究土地问题和陕甘宁边区的减租问题、农业累进税问题、农村互助合作问题。在延安，他因研究哲学问题引起毛泽东的重视。他重新翻译和发表了恩格斯《自然辩证法》中《劳动在从猿到人转变过程中的作用》这篇名文。他一边学习经典著作，一边深入调查研究，构成他从实际出发解决问题的研究特色以及不受框架制约的思维方式。

袁宝华是我国现代企业管理学创始人和奠基人之一。“九·一八”事变后，袁宝华开始关注国家的利益和民族的危亡问题，坚定了他所选择的革命道路，年仅 15 岁的袁宝华毫不犹豫地投身于抗日救亡的洪流中，并率先参加了河南大学抗日救国会，成为救国会最年轻的会员之一。1932 年，上海“一·二八”事变爆发后，袁宝华带头节衣缩食捐款捐物，慰劳十九路军抗战将士。1934 年，袁宝华在北平大学学习时积极参加了“一二·九”运动。1937 年 11 月，已经回到河大的袁宝华组织“南召抗敌自卫团”战地服务团成立，建立抗日武装，打击敌人，保护群众。从此，袁宝华走上了职业革命的道路。1940 年至 1945 年，袁宝华在延安中共中央党校学习并任党支部书记，中共中央组织部干事。抗日战争胜利后，袁宝华赴东北，续写革命人生新篇章。

这 23 位老一辈经济学家，资格老，影响大，都是早年接触马克思主义并走上革命道路的经济学家，特别是陈启修、陈翰笙、冀朝鼎与李大钊有交往，受李大钊影响比较深。这些经济学家的革命生涯波澜壮阔——有的在中共领袖领导下工作，有的宣传马克思主义，有的在隐蔽战线工作，有的投身根据地建设，多数还被捕入狱。他们是不忘初心的楷模，是牢记使命的典范，是中国经济学研究发展事业的旗帜。入党时年龄最小的是徐雪寒（15 岁）、孙冶方（16 岁）、朱剑农（18 岁），都不满 20 岁。入党时年龄最大的是张锡昌（34 岁）、姜君辰（32 岁）、王学文（32 岁）、南汉宸（31 岁），都是 30 多岁。陈翰笙、薛暮桥、秦柳方、杜润生、袁宝华还是经济学界的百岁明星，超长的革命生涯（党龄 80 年左右）更值得大书特书。

五　致力于马克思主义政治经济学的中国经济学家群体

从王亚南（1901—1969）的“我们应以中国人的资格来研究政治经济学”到“中国经济学向何处去”，再到“主流经济学派”是否存在的质疑，马克思主义政治经济学的中国化一直在“徘徊留恋”中艰难前进。新中国成立70多年来，我们党一直把马克思主义政治经济学基本原理和方法论同我国经济发展实践相结合，不断深化对社会主义经济发展规律的认识，从而形成了大量当代中国马克思主义政治经济学的最新理论成果。对马克思主义政治经济学的信念始终不动摇的经济学家群体，披荆斩棘，努力开拓马克思主义政治经济学新境界。

《资本论》对创建中国特色社会主义政治经济学的指导意义是不容置疑的。《资本论》作为政治经济学的宝库，中国早期的经济学家把《资本论》引入国内出版和传播宣传，他们的影响是开创性的。

陈豹隐（1886—1960）是中国翻译《资本论》第一人，正是他在1930年3月将《资本论》翻译成中文率先在上海昆仑书店出版，成为中国经济学历史上的伟大事件。王亚南和郭大力（1905—1976）于1938年翻译出版的《资本论》三卷本，树立了马克思经济学说在中国系统传播的里程碑。这期间，潘冬舟（1906—1935）、侯外庐（1903—1987）、王思华（1904—1978）、吴半农（1905—1978）都曾翻译过《资本论》。陈豹隐和刘秉麟（1891—1956）学习研究《资本论》都受到李大钊的影响。

王学文（1895—1985）在新中国成立初期主要研究《资本论》，他的著作——《〈资本论〉研究文集》集中反映这方面的学术成果。对于《资本论》的意义，许涤新（1906—1988）的认识非常深刻，贡献的智慧最多。他写文章发表自己的观点，推动"中国《资本论》研究会"的成立，使《资本论》研究在 20 世纪 80 年代呈现繁荣局面。陈征（1928— ）集自己 30 多年的教学与科研心得，系统阐释《资本论》，完成了百万字的《〈资本论〉解说》专著，将《资本论》的研究推到一个新阶段。漆琪生（1904—1986）、魏埙（1919—2004）、王珏（1926—）、张薰华（1921—2021）、何炼成（1928—）、洪远朋（1935—）和胡培兆（1937—2019）都长期潜心于《资本论》的教学与研究，为《资本论》在中国的传播做出了突出贡献。卓炯（1908—1987）在 1983 年提出了"《资本论》的生命力"问题。洪银兴（1950— ）作为后起之秀，则转变研究思路，"由批判转向建设"，推出《〈资本论〉的现代解析》的著作，将《资本论》研究提到一个新高度。林岗（1953— ）把《资本论》视为一部政治经济学的不朽巨著，因为《资本论》为中国特色社会主义道路和建设提供了理论基础。卫兴华（1925—2019）在 2017 年 7 月 27 的《光明日报》提出"《资本论》的当代价值"，认为《资本论》的基本原理与方法是创建中国特色社会主义政治经济学的重要理论来源。

《资本论》的广泛传播，使得很多的经济学家走上了政治经济学的学术道路。我对 400 多位中国经济学家作了统计分析，发现 20% 左右的经济学家致力研究马克思主义政治经济学，是经济学领域中人数最多、影响最大的群体。从薛暮桥到谷书堂，从孙冶方到卓炯，从于光远到苏星，从宋涛到方生，这些经济学家把马克思主义政治经济学基本原理同改革实践结合起来，不断丰富和发展马克思主义政治经济学，形成了当代中国马克思主义政治经济学的许多重要理论成果，比如，关于社会主义本质的理论，关于社会主义初级阶段基本经济制度的理论，关于发展社会主义市场经济理论等等。这些理论成果，是适应当代中国国情和时代特点的政治经济学，有力指导了我国经济发展的实践。中国经济学家探索马克思主义政治经济学，无论横向看还是纵向看，都是波澜壮阔的，走出了马克思主义政治经济学中国化的重要一步。

黄松龄（1898—1972）的社会主义经济理论研究；沈志远（1902—1965）倾注于马克思主义政治经济学的研究；朱剑农（1910—1986）的社会主义商品生产和价值规律作用问题的研究；彭迪先（1908—1991）在毕生的经济理论研究及实践探索中，正本清源，引领实践；关梦觉（1912—1990）运用《资本论》的理论和方法分析探讨关于社会主义建设方面的问题；狄超白（1910—1978）、周守正（1914—2006）等经济学家，都为探索社会主义政治经济学做出了有益贡献。

贡献最大的是经济学界的“四大名旦”——孙冶方（1908—1983）、薛暮桥（1904—2005）、许涤新和于光远（1915—2013），因为他们探索社会主义政治经济学理论贯穿了从新中国成立初期到改革开放的整个过程，是这个领域起核心作用的领军人物。孙冶方作为中国经济学界敬仰的一位学术巨人，是改革传统经济体制的最早倡导者，也是创建社会主义经济学新体系的积极探索者。他坚持立足中国国情进行独立思考，按照价值规律内因论和商品生产外因论的经济学思想，批判“自然经济论”；他的《社会主义经济论》是社会主义政治经济学发展中一次大胆的尝试和探索，在中国社会主义经济学思想发展史上写下了光辉的一页。薛暮桥是中国社会主义经济理论的开拓者之一，他的理论探索主要体现在《中国社会主义经济问题研究》一书中。薛暮桥对新中国经济建设历程进行了系统总结和深刻反思，成为中国经济体制改革的影响深远的启蒙教材，对推动经济体制的市场取向改革起了重要的促进作用。于光远的探索更全面，因为我国经济建设和改革开放中的许多重大理论问题都是由他率先或较早提出的——率先发起对社会主义经济的政治经济学研究，并将这一学科定名为“政治经济学社会主义部分”；较早提出社会主义初级阶段问题；较早主张在中国实行社会主义市场经济体制。可以说，于光远为建设、完善和深化政治经济学社会主义部分进行了长期探索，给后人留下了大量可资借鉴的思想材料——《政治经济学社会主义部分探索》（7卷）。孙冶方、薛暮桥、于光远，曾经的经济学界“三巨头”创造了社会主义政治经济学的新高度。

从20世纪50年代起，骆耕漠（1908—2008）在社会主义经济建设事业与政治经济学基本理论研究方面进行了许多探索，对商品、价值、货币等基本理论范畴提出了很多新见解，成为我国社会主义经济理论一个重要流派的代表人物，为我国政治经济学的发展做出了卓越贡献。同期探索的顾准（1915—1974），其最大影响是提出了社会主义市场经济理论，指出市场经济是社会主义不能超越的阶段。顾准的探索是超前的，影响是深远的。

如果说以顾准为代表的经济学家，只能局限于改革前的探索，那么，以宋涛（1914—2011）、蒋学模（1918—2008）等为代表的经济学家与时俱进，开展了改革开放时期的政治经济学探索。

在改革开放的伟大实践中，宋涛孜孜不倦地探索建设有中国特色社会主义经济发展之路，撰写的《社会主义市场经济理论是对马克思主义经济理论的新发展》等论文，深入阐述了运用马克思主义的原理和方法指导我国社会主义经济建设实践等一系列问题，就社会主义经济规律、公有制理论、社会主义市场经济、产业结构调整、经济体制与国有企业改革、经济发展方式转变、宏观经济调控等理论和实践问题提出了一系列开创性的见解。“不能守旧、不怕守旧”是蒋学模的治学之道，他有专注学术的工匠精神，其主编的教科书——《政治经济学》能够长盛不衰即是体现。徐雪寒（1911—2005）这位老经济学家，坚持真理、实事求是地发表自己的见解和主张。他在国民经济建设规模、分配比例关系、财政税收、银行信贷、对外贸易、特区建设等方面进行深入的研究，提出了很多建议和意见，为中国经济改革做出了突出贡献。冯兰瑞（1920—2019）系统论述建立社会主义社会就业理论，率先提出“以劳动力的市场配置取代行政配置”以及“劳动力的商品性问题”的新观点。曾启贤（1921—1989）对社会主义市场经济的运行框架、体系与机理的深入探索，是中国企业走股份制改造道路的最早倡导者之一。张友仁（1923—2015）是北大政治经济学专业的开山鼻祖，是中国政治经济学科的开创者，在社会主义政治经济学、中国社会主义经济发展研究等领域都有建树。刘国光（1923—）提出的社会主义经济体制改革必须对经济模式进行根本性变革，为促进中国经济体制改革、确立和发展中国社会主义市场经济学理论做出了巨大贡献。林子力（1925—2005）的市场经济 3 大阶段理论和新价值论、劳动商品性理论、产权社会化理论构成了社会主义经济学的一个新的理论框架，特别是劳动商品化的提出和论证是政治经济学理论研究方面的一个重大突破。方生（1925—2002）以思想“开放”活跃在中国经济学界，他关于对外开放的问题的精辟论述——《对外开放和利用资本主义》一发表，立即震惊中外。“人民教育家”卫兴华在经济理论和经济改革研究方面成果卓著，他较早提出一系列具有创新性的理论观点，为推动马克思主义经济学发展和改革开放做出新探索。宋养琰（1925—）探索的重点在经济理论和经济改革上，包括宏观和微观，观点超前。刘诗白（1925—）致力于新时期政治经济学理论的创新，在社会主义产权理论、转型期经济运行机制、国有企业市场化改革、金融体制改革及现代财富理论等方面进行了大量卓有成效的研究。刘诗白是中国较早提出社会主义所有制多元性的学者之一，是中国社会主义市场经济理论的先驱研究者，并以其独到的见解被称为中国三大产权理论流派之一。其研究成果和学术思想对中国社会主义市场经济体制的构建和完善起到了有益影响，也对中国社会主义经济学理论发展做出了突出贡献。谷书堂（1925—2016）致力于马克思主义政治经济学和社会主义经济理论研究，在政治经济学基本理论和社会主义商品经济、价值理论、要素分配理论以及社会主义政治经济学理论体系的建设等方面进行了开创性研究，率先提出“按要素贡献分配”“以市场为取向的改革”等主张观点，对推动我国经济体制改革发挥了重要作用。苏星（1926—2008）是探索中国走自己的社会主义建设道路的先行者之一，他在社会主义再生产理论、价格改革、国有企业股份制改革、社会主义市场经济等方面都进行了探索。何伟（1926—2012）对我国发展市场经济的诸多领域提出了不少创见性的理论和意见，引起了理论界和社会的广泛关注，对我国的改革开放事业和市场经济的发展起到了推动作用。戴园晨（1926—）的研究领域主要是经济体制改革和宏观经济学，他对以市场为取向的经济改革、宏观经济运行及宏观调控规律的探索研究，都有重要的影响。王珏长期致力于社会主义经济理论的研究探索，尤其是对社会主义商品经济、社会主义市场经济、国有企业改革及股份制理论、社会主义公有制的实现形式及社会主义生产关系的发展变革等，进行了卓有成效的工作。董辅礽（1927—2004）是中国经济体制改革的理论先驱之一，是中国市场经济理论的奠基者之一。改革开放后，他坚持所有制改革是中国经济改革的关键，提出社会主义市场经济是公有制为主导的多种所有制的混合经济，认为社会主义市场经济是社会公平和市场效率的结合，发展资本市场等。董辅礽的理论贡献是多方面的，前瞻性的富有远见的理论勇气使他享誉海内外。晓亮（1928—2012）在所有制改革和民营经济发展方面贡献突出。胡钧（1928—）运用《资本论》的立场、观点、方法，在深层次上探索社会主义经济的内部结构及其运行机制。张维达（1930—2008）针对改革实践面临的现实问题进行理论研究，涉及商品经济和价值规律、社会主义市场经济及运行机制、收入分配、价格改革、流通体制改革、国有企业改革等各个方面。吴宣恭（1930—）紧密联系中国特色社会主义实际，在社会主义政治经济学领域，尤其是在中外产权理论和企业发展理论等方面取得了前沿性和创新性的重要学术成就。吴易风（1932—）对马克思主义经济理论、中国经济问题进行了深入细致的研究，有精辟独到的创新见解。吴树青（1932—2020）在政治经济学理论上卓有成就，学术理论与学术思想影响广泛而深远，对我国经济科学的发展贡献卓著。张卓元（1933—）涉猎经济学诸多领域，包括价格改革、流通问题、国企改革等，被公认为中国“稳健改革派”代表之一。他致力于社会主义价格改革理论与市场问题的研究，其学术成果和影响深远。胡乃武（1934—）的学术探索主要在宏观经济学理论方面，他主编的《中国宏观经济管理》一书首次提出社会主义市场经济条件下的中国宏观经济管理学的理论体系，受到同行专家的好评，也奠定了他在中国宏观经济管理学领域的地位。

此外，张朝尊（1924—2003）、徐禾（1925—2002）、项启源（1925—2018）、何建章（1926—2004）、马家驹（1927—）、伍柏麟（1928—）、曾牧野（1928—）、刘光杰（1930—）、汤在新（1931—2007）、冯玉忠（1933—）、于祖尧（1933—）、周新城（1934—）、冒天启（1942—）等经济学家都对马克思主义政治经济学进行了探索，成果比较丰硕，对推动中国特色社会主义建设和改革发展发挥了重要作用。这些经济学家始终坚持马克思主义——于光远的“死不悔改”、蒋学模的“不断改悔”、何伟的“离经不叛道的不悔者”，即是典型代表。

党的十八以来，开拓马克思主义政治经济学新境界成为新时期经济学界的重要任务。特别是习近平总书记提出构建中国特色社会主义经济学学科体系的基本方向、新发展理念和基本方法后，以顾海良（1951—）、黄泰岩（1957—）、洪银兴等为代表的经济学家，迅速展开讨论，就推动马克思主义经济学的中国化、用中国经验丰富和发展马克思主义经济学，形成理论共识。这是探索中国特色社会主义经济理论范式创新的新起点。

面对着生机勃勃的中国特色社会主义经济的丰富实践，建设具有中国特色、中国风格、中国气派的经济学体系和学术话语体系的任务，比任何时候都更加迫切、更加重要。刘国光认为，中国特色社会主义进入了新时代，政治经济学研究承担着新的历史任务，也面临着新的时代性挑战。胡培兆在 2014 年提出“只有符合国情的经济学才有生命力”，他认为中国经济学研究只有在建设中国特色社会主义伟大实践中做好“中国特色”这篇大文章，才能推动当代中国马克思主义政治经济学的新发展。顾海良也认为，发展当代中国马克思主义政治经济学要立足我国国情和社会主义经济建设实践，注重把实践经验上升为系统化的经济学说。老骥伏枥、志在“经济学发展”的卫兴华认为，马克思主义政治经济学是随着经济实践和经济形势的发展而发展的，不能把马克思主义政治经济学的基本原理当作静止的教义来对待，而是应把继承、发展与创新统一起来。逄锦聚（1947—）认为，中国的实践和理论创新是对马克思主义政治经济学的继承、丰富和发展。近 10 多年来，洪银兴对马克思主义经济学的创新和马克思主义经济学中国化的思考始终不断。洪银兴认为，政治经济学研究需要问题导向，深入研究并更好回答我国经济改革和发展的重大理论和实践问题，不能只是发挥思想教育功能，还应指导经济决策和经济政策的制定，成为中国哲学社会科学话语体系的重要组成部分。关于创新政治经济学体系，程恩富（1950—）给出的思路是，应科学地汲取西方主流经济学体系结构的某些思路，而不宜进行简单的混合式模仿；应综合把握马克思的《政治经济学批判》“六册计划”与《资本论》“四卷结构”之间的辩证发展关系，而不宜将二者相互对立；应尽快构建广义政治经济学体系，而不宜只着眼于仅完善市场经济的政治经济学；可按照不同的叙述方法，分别谋划政治经济学体系的不同建构，以利于比较研究，而不宜单一化；应完整地构建在方法和原理上分层递增的政治经济学体系，而不宜专题化；应严密构建起始范畴与主线理论逻辑自洽的政治经济学体系，而不宜随意化。张宇（1964—）认为中国经济学的方向是以马克思主义为指导，学习吸收国外优秀成果，立足中国、面向世界，扎根历史、服务现实，开放融通、兼容并包，不断发展、完善和创新中国的经济学理论。黄少安（1962—）则呼唤构建以中国和谐文化为哲学基础、以“合作”为主线的中国特色的政治经济学体系。蔡继明（1956—）认为创新发展当代中国马克思主义政治经济学，不能仅仅局限于学习领会其基本原理，更重要的是贵在坚持马克思的科学方法论。对他们的观点，我的理解是中国特色社会主义政治经济学必须从解决中国经济问题的实际出发，是由自己的概念、范畴、核心思想构成的系统性、科学性的理论体系。黄泰岩提出以发展为主线构建中国特色社会主义经济理论新体系，则思路更明确、更符合中国实际。他认为，“构建中国特色社会主义经济理论新体系，是开拓当代中国马克思主义政治经济学新境界的时代任务，也是引领我国经济发展新常态的时代需要，从而成为中国经济学人必须担当的时代责任。”构建中国经济学话语体系，必须有中国自己的感念、范畴、逻辑和理论体系，才能显示中国风格、中国气派，才能彰显中国贡献。黄泰岩结合发展经济学理论，就构建具有中国特色、中国气派、中国风格的社会主义政治经济学理论体系作了不同凡响的探索。

我们应该清醒地看到，马克思主义政治经济学教学科研人才严重匮乏，“70后”“80后”人才严重断档。尽管如此，从“学好用好政治经济学”到发展“系统化的经济学说”，再到“坚持中国特色社会主义政治经济学的重大原则”，一条宽广的经济学发展之路清晰敞开。洪银兴、黄泰岩等扎根中国实践，形成了“以中国人的资格来研究政治经济学”的“新常态”。他们致力开拓马克思主义政治经济学新境界的勇气是可敬的，他们的创新精神令人钦佩。要开启中国特色经济学的创新空间，为中国道路自信、理论自信、制度自信贡献经济学家的学术智慧，需要一批“开拓当代中国马克思主义政治经济学新境界”的视野超前的思想者，需要一批构建中国特色社会主义经济理论新体系的领军者。我想，有程恩富、洪银兴、黄泰岩等经济学家的学术坚守和学术创新，只要理论联系实践，联合作战，就能绽放出引领政治经济学发展的思想火花，科学构建出中国特色社会主义经济理论的新体系，真正走出“开拓当代中国马克思主义政治经济学新境界”的理论创新之路。

六 致力于经济史学的中国经济学家群体

目前，经济学面临“贫史症”困境，忽视经济史、不重视经济思想史研究的现象愈来愈严重，已经引起学界的广泛关注。对此，著名经济学家厉以宁发出“经济学应加强历史研究和教学”的呼吁，著名经济学家顾海良则提出系统化的中国特色社会主义政治经济学理论体系包括政治经济学理论和经济史、经济思想史（即“一论二史”）的“经济学说”的“系统化”。是的，经济学作为一门社会学科，越来越向自然科学靠近，逐渐偏离了对历史的关注、对人文的关切。

我对致力于经济史学（包括经济思想史、经济学说史）的经济学家做了大概了解，发现从事经济史学的大部分是老一代的经济学家，新中国成立后出生的寥寥无几，研究经济史学的队伍也日渐萎缩。也可以说，目前我国经济史学研究存在断层现象。其中的原因，有长时期坐冷板凳的因素，有学术影响甚微的因素，有浮躁的学术环境因素，也有经济史学研究的特殊难度及其学理价值还没有被充分认识的因素。经济史学属于理论经济学的范畴，与应用经济学比较，更多的学者放弃或不再研究，继而转向应用经济学，追求“短平快”的功利效益。从近年来频频在媒体“露脸”的经济学家看，已经形成一批“明星”经济学家群体，出镜率颇高，无一例外都是“应用”经济学方面的“大咖”。致力于经济史学的经济学家则默默无闻，陷入销声匿迹的窘境。应该看到，那些著名的经济学家，特别是 20 世纪 30 年代以前出生的学术成就很高的经济学家，都有丰富的经济史学底蕴，中青年经济学家应耐得住寂寞，坚持学术道德操守，补上经济史学“短板”。

加强经济史学的研究，是开创中国马克思主义政治经济学新境界的重要组成部分。过去，研究经济史学的主要是历史学家和经济学家，像梁启超等历史学家的贡献就比较突出，而经济学家需要砥砺奋进。其实，有部分经济史学家长期耕耘于经济史研究领域，是中国经济史学界公认的执大旗的大家，他们的学术成就非常高，学术造诣很深，堪称精雕细琢的学术巨匠。

赵乃抟（1897—1986）被誉为“研究中国经济思想史的一块基石”，他对欧美经济思想史和我国经济思想史的研究有很深的研究。主要论著有《理查德·琼斯，一位早期英国的制度经济学家》《欧美经济思想史》《欧美经济学史》《披沙录》等。其中《欧美经济学史》是抗战时期在西南联合大学的研究成果，著名经济学家张友仁评价说“是一本很好的经济思想史的大学教程”。新中国成立后，赵乃抟把主要精力放到整理和出版中国经济思想史资料的汇编上来，编成旷世巨著、大型中国经济思想史资料专辑《披沙录》5 卷。

王亚南（1901—1969）是中国马克思主义经济史学的开拓者之一，从 20 世纪 30 年代起，他就从中国经济史入手，探索旧中国的社会经济问题，取得了丰硕的成果。王亚南在经济史和经济思想史研究上都有过具有深远意义的学术建树，并为国际史学界所瞩目。

胡寄窗（1903—1993）是中国经济思想史学科重要开拓者和奠基人之一。他长期致力于中国经济思想史方面的研究，第一次全面系统地整理、分析、阐述了从西周到新中国成立前的中国经济思想，完成了三卷本《中国经济思想史》和《中国近代经济思想史大纲》等代表作，建立了中国经济思想史这门学科的基本体系，探索出了一整套中国经济思想史研究的科学要领，提出了一系列关于中国古代和近代经济思想生长演变的独创看法。胡寄窗还出版了多本以中国经济思想史为内容的英文著作，打破了经济学说史中“言必称希腊”的观念传统，向海外宣传中国经济思想的辉煌成果，极大地提升了我国古代经济思想在世界经济思想史中的地位。

冀朝鼎（1903—1963）于1936年用英文完成了他在哥伦比亚大学的博士毕业论文——《中国历史上的基本经济区与水利事业的发展》，此作奠定了他的学术地位。在这本著作中，冀朝鼎论证了中国统一与分裂的经济基础和地方区划的地理基础，辩证地阐述了海河流域的开发，黄河流域的土壤侵蚀，江南围田的利用及山区土地的利用等，并以中国统一与分裂作为研究对象，开拓性地提出了“基本经济区”这个重要概念。李约瑟评价说“也许是迄今为止任何西文书籍中有关中国历史发展方面的最卓越的著作。”这是中国经济学家最早研究经济史的著作。

季陶达（1904—1989）长期研究政治经济学和经济学说史，造诣很深。早在20世纪30年代，他就翻译出版了苏联经济学者鲁平的《经济思想史》。在20世纪50年代，他主编了一套共5册约80万字的经济学说史讲义，写了《社会资本再生产与经济危机》一书，对政治经济学特别是经济学说史学科的教学和研究做出了贡献。尤其是《英国古典政治经济学》一书，被不少高等院校经济学专业列为必读参考书，几经再版，在我国经济学说史和政治经济学的教学和研究中曾发挥了重要作用。季陶达对资产阶级政治经济学的产生发展最先做出了系统研究，这对正确认识资产阶级政治经济学的历史发展是一个贡献，对于促进经济学说史的研究有重要意义。

巫宝三（1905—1999）在新中国成立后致力于中国经济思想史的研究，出版了多部著作。他提倡中西经济思想的比较研究，认为这样可以鉴别彼此的异同，充分论述中国经济思想发展的特点，丰富经济学说通史的内容，把经济思想史的研究，在广度和深度上推向前进。他主张批判地吸取西方经济理论中有用的因素，以适应我国经济改革与社会主义经济理论建设的需要，为此他十分强调学术研究中的创新精神。

王毓瑚（1907—1980）1949 年以前从事经济思想史和中国经济史的研究，之后致力于中国古农书整理和农业史研究。他在经济史和经济思想史方面的贡献，表现为熟谙西方经济思想史，同时有很深的西方经济思想史研究的根底，并潜心于中国经济思想史的不断探索。其所著经济史的著作，独具一格。例如，专著《秦汉帝国之经济及交通地理》不仅是对经济史研究的重要贡献，而且就是从事秦汉史研究的学者也颇为称道。王毓瑚在中国农业史研究方面，比较农业史、农学思想史和世界农业史的研究，亦是硕果累累，是农史学科的开拓者。

严中平（1909—1991）是中国马克思主义经济史学的奠基人之一。他在学术界强调经济史科学的重要性，在各种会议上多次呼吁史学工作者重视中国经济史的研究，积极参加领导 1956 年全国 12 年科学规划关于经济史研究及资料规划的制定工作，为这一新兴学科以后的发展做出了带头人的贡献。严中平不遗余力地为推动中国经济史学的发展而呼吁，为培养人才而努力工作。他的研究实践和科研组织工作开创了中国经济史研究的新阶段，为中国经济史学的发展做出了重要的贡献，在国内外学术界享有崇高的威望。他的著作《中国棉业之发展》《中国近代经济史（1840—1894）》等，代表了中国经济史研究的最高成就。

陈振汉（1912—2008）长期执教于北京大学经济学系，堪称我国经济史学领域的一代大家。20 世纪 50 年代，陈振汉倾注心力协助整理《清实录》资料，取得了初步的成果，并于 1955 年在《经济研究》上发表了《明末清初（1620—1720 年）中国的农业劳动生产率、地租和土地集中》学术论文，在国内外学术界引起较大反响，认为是一篇有很高学术价值的文章。1979 年重新走上科研教学岗位后，他开设经济史学概论、经济史名著选读、中外经济史专题等课程。1982 年被评为全国第一批中国经济史专业博士生导师。陈振汉在经济史学方面的影响很大。

吴承明（1917—2011）致力于中国经济史研究，树立了经济理论与历史实际密切结合的研究典范。他的学术成就主要包括中国资本主义发展史研究、市场史研究、中国的现代化研究、历史观与方法论研究。他对中国经济史研究是全方位的，他不仅是“史无定法”的倡导者，更是实践者，认为一切经济学的理论都可以视研究对象的需要而拿来作为经济史研究的方法论。他提出应当历史地看待经济学的发展，任何经济学理论都有其特定的历史背景。他一再重申：在经济史研究中，一切经济学理论都应视为方法论。任何伟大的经济学说，在历史的长河中都会变成经济分析的一种方法，也是研究经济史的方法，而不是推导历史的模式。他认为不能把全部经济史建立在某种单一的经济学理论上，经济史是经济学的“源”而不是“流”。吴承明的这一学术论断是具有里程碑的影响。

汪敬虞（1917—2012）多年来在中国近代经济史领域内的研究成果极其宏富，许多独到的见解在国内外经济史学界影响甚大。他对我国经济史学方面做出了突出的贡献，特别是他主编的《中国近代经济史（1895—1927）》成为这个领域的标志性成果。汪敬虞认为，中国资本主义的产生是近代中国社会前进的历史走向，发展中国资本主义是近代中国人民寻求富强之路的强烈愿望，产业化是中国人民百年来梦寐以求的理想。但是，机遇和希望遭受到一次又一次的严重打击，近代中国以中国的资本主义不能得到真正的发展而告终。如何把整体研究与个案研究乃至细节研究结合好，他提出“中心线索”（或曰“主线”）架构说。他还在外资研究、买办研究、工业资本研究等方面作了探索。汪敬虞非视学术资料工作，强调理论与史料的结合、经济学与历史学的结合，为中国经济史学科的资料建设做出了重要贡献。

赵靖（1922—2007）是中国经济思想史学科的开拓者之一，长期专注于中国经济思想史学科的建设和人才培养，为学科的发展贡献了毕生的心血和精力。他的代表性学术成是《中国经济思想通史》，是本学科20世纪系统性专著的里程碑。他在半个多世纪的学术生涯中，不断开拓创新，不仅系统总结了中国4000多年经济思想的发展演变历程，提出了中国经济思想史学科特有的研究模式，而且还开拓了中国经济管理思想史、中国人口思想史等分支学科的研究，为中国经济思想史的创建和发展做出了卓越的贡献。

李宗正(1923—2000)主要从事西方经济学说史研究,他一些论著有较深影响。

苏星（1926—2008）的《新中国经济史》也是一部重要的有影响的学术精品。

宓汝成（1924—2015）从事中国近代经济史研究60余年，主攻中外经济关系，尤以中国铁路史研究蜚声中外。他参与编制的《中国近代经济史统计资料选辑·铁路部分》（严中平主编，1955年）和他独力编辑的《中国近代铁路史资料，1863—1911》（三册）及《中华民国铁路史资料（1912—1949）》都是以精选的原始文件或具有较高价值的著作为主，其中外文资料由先生亲自译成中文，奠定了近代中国铁路史研究的资料基础，为广大经济史学者引用受益。他的专著《帝国主义与中国铁路（1847—1949）》（1980年，2007年再版），全面剖析了帝国主义与中国铁路的政治、经济关系和对中国社会的影响，指出了中国近代铁路运输"对中国资本主义因素的发展起着刺激作用，对中国加速沦为帝国主义列强的'经济领土'和世界资本主义体制的经济附庸产生了极大影响"。这一论断对中国近代铁路史研究具有重要指导价值。

经君健（1932—）从事中国经济史研究工作已数十载，学术影响主要面是关于清代社会等级制度的研究，详细地分析了清代"雇工人"等级，探讨了明清两代这一特定等级的法律地位，指出"雇工人"不具备自由劳动者的特征，不能见到历史文献上的"雇""佣"的记载就简单地认作是有了资本主义萌芽。他把经济史、法制史和社会史结合起来，其成果受到学者们的重视。他提出"中国地主制经济与商品经济有着本质的联系”的观点，在学术界独树一帜。这个问题的提出，对深化中国封建经济和地主制经济的研究，做出了有益的贡献。学术界评论认为，“明确指出封建地主制与商品经济有本质联系，而不以自然经济为基础的，在国内马克思主义研究者中，经君健教授无疑是第一人”（《中国经济史研究》1993 年第 3 期）。

另外，杨端六（1885—1966）、吴斐丹（1907—1981）、刘天怡（1914—1992）、朱绍文（1915—2011）、叶世昌（1929—）汪海波（1930—）等，在经济史学上都有一定贡献。

从“40 后”“50 后”的经济学家看，董志凯（1944—）在中国现代经济史、谈敏（1949—）在中国经济思想史、左大培（1952—）在西方经济思想史、汪丁丁（1953—）在经济学思想史、叶坦（1956—）在中国经济思想史，他们都有学术创新。而就学术成果看，董志凯和叶坦这两位女经济学家的研究成果，我认为影响相对大一点，特别是叶坦开拓宋代经济思想史及中国经济学术史、经济范畴史以及东亚经济思想研究，探索经济文化一体性理论及传统汉学和中国经济史学的创新，影响较大。从“60 后”看，除李超民（1963—）、周建波（1965—）成绩相对突出外，其他还有待成长。

从上述人物年龄看，最年轻的周建波已经 56 岁。经济史学界人才匮乏、后继乏人，需要叶坦、李超民、周建波等继续推进学术创新，成为引领中国经济史学发展的中流砥柱。

七　中国军魂铸就的经济学家群体

笔者对有过从军经历的经济学人物做过一些系统性总结概括，不仅包括军营中走出的经济学家，更应该包括从战火硝烟中走出的经济学家和在军营中成长起来的经济学家，因为他们共同构成了中国军魂铸就的经济学家群体。这个群体是弃武从文、卓尔不群的经济学家，他们为强军富民的强国梦强军梦，努力探索经济建设与国防建设的中国路径，为军民深度融合发展贡献智慧力量。

（一）从硝烟中走出的经济学家

从红军到八路军新四军，再到中国人民解放军，90 多年历经风雨，创造无数奇迹。军营文化就是奇迹，因为她既像大熔炉锻炼人，也像学校培养造就人。这在老一辈经济学家中体现得比较突出，其中以孙冶方、薛暮桥、杜润生、顾准、宋涛最为著名。他们亲身经历过战火纷飞的抗日战争和解放战争。

1938 年 10 月，薛暮桥参加了新四军，历任新四军军部直属教导总队训练处处长、抗大五分校、抗大华中总分校（苏北抗日军政大学）训练部部长。在皖南新四军教导队讲课时，薛暮桥编写了一本内容通俗、观点鲜明的教材，后来由新知书店以《经济学》为书名出版，在新四军中广泛流传。期间，薛暮桥还和刘少奇、陈毅共同战斗，建立了革命友谊。1942 年 3 月 15 日，刘少奇曾亲自复信薛暮桥，回答他提出的有关战略与策略方面的理论和实践问题。皖南事变后，薛暮桥被中共中央点名抽调前往延安工作，途经山东时，被罗荣桓“扣”了下来，主持山东抗日根据地经济工作。他在发行根据地货币，排挤伪币，为成功地取得对敌货币斗争和贸易斗争的胜利，付出了艰苦的努力，对全国解放区的经济发展以及革命战争的胜利，起到了重要的促进作用。薛暮桥是战争经济的决策实践者。

孙冶方 16 岁入党，是经济学界最早的中共党员。1941 年 2 月，孙冶方在重庆八路军办事处见到了周恩来同志，周恩来介绍他到新四军工作。周恩来说，皖南事变中牺牲了许多好同志，现在刘少奇正在重振新四军，那里很需要像你这样的骨干。孙冶方听从了周恩来的安排，于 1941 年 7 月 1 日到达苏北盐城新四军军部，受到了刘少奇的热情接见。孙冶方被华中局先后任命为华中局宣传教育科长，华中局党教育科长兼马列主义科教员。

抗日战争爆发后，骆耕漠任中共浙江省文化工作委员会书记，创办了《动员周刊》和大型刊物《东南战线》。1939 年 3 月，周恩来去皖南视察新四军军部，路经浙江金华，特约见了骆耕漠，听取了他的工作汇报，鼓励他办好《东南战线》，一方面要“理直气壮地进行宣传，做工作”，一方面要讲究斗争策略，隐蔽一点。1940 年，曾山指示骆耕漠前往江苏盐城新四军军部接受新的工作任务。1941 年初，骆耕漠来到新四军军部，受到陈毅军长和刘少奇的接见，被任命为新四军军部财经部副部长兼江淮银行行长。上任之后，骆耕漠重视和依靠干部，加强税收工作，征收公粮，发行纸币，出色地完成了党交给的工作。随着战争的进展，骆耕漠到新四军三师工作。在黄克诚和张爱萍的领导下，负责苏北盐阜区的财经工作。1945 年，骆耕漠跟随粟裕部队前往苏浙军区，任苏浙军区供给部部长，之后又担任华中军区供给部部长，三野东线兵团后勤部长，华野、二野总前委财委委员兼秘书长等职务。那个时期，骆耕漠就结合工作实际探讨战时后勤供给问题，文章印发华东野战军后勤系统业务研究参考。骆耕漠也是战争经济的决策实践者。

顾准是“中国市场经济第一人”，其一生经历特别传奇和坎坷。1940 年 8 月，经中共江苏省委决定，因工作需要并根据顾准的意愿，顾准结束在文委的负责工作，被调往苏南抗日根据地，开始了新四军的军旅生涯。在新四军根据地，顾准转战苏、皖、鲁等地区，先后任中共苏南路东特委宣传部长、江南行政委员会秘书长、淮海区行政公署财经处处长等职务，直接在谭震林、李一氓、黄克诚等新四军有关领导人的领导下工作。1974 年 12 月 2 日，吴敬琏去医院看护顾准。夜阑人静，顾准突然醒来，挣扎着用几乎听不见的声音对吴敬琏说，“打开行军床休息”——这是顾准告别人世的最后一句话。“行军床”不就是顾准心灵深处的“军魂”吗?

钱俊瑞在 1939 年后历任皖南新四军军部战地文化服务处处长、新四军政治部宣传部长等职，是皖南事变的幸存者之一。钱俊瑞到新四军后，成立了一个战地文化服务处。在他的统筹领导下，到年底短短 4 个月时间，战地文化服务处切切实实开展了多项战地文化宣教工作：一是编书。共编了 7 册部队用的通俗小册子，有《世界大事》《日本帝国主义》《中国革命问题》《三民主义与共产主义》《民族问题与殖民地问题》等书，供部队连排基层干部阅读宣传之用。二是编歌。编写创作了一些结合部队需要、通俗易懂、易学易唱的新歌，如《擦枪歌》《筑工事歌》《反对投降歌》等，在部队中教唱。三是编写识字课本。他们结合部队和抗战期间民众的实际需要，编印了两种专供战士和百姓用的识字课本，在扫盲过程中宣传抗日救国的道理。四是编发通讯稿。他们把新四军的敌后抗日活动和皖南民众生活情况编写成通讯稿件，在国内外报刊上发表，让读者了解中国抗战部队和人民的真实情况。五是成立资料室，专门负责搜集国内外、大后方、沦陷区的政治、军事、经济、文化各种研究资料，在部队中倡导学习和研究的风气。在这个时期，钱俊瑞撰写了《中国国防经济建设》《中国国民经济总动员》等著作，他是中国国防经济理论的早期探索者。

曾经作为潘汉年助手的徐雪寒，做过短暂的地下情报工作。他于 1943 年后到新四军军部工作，受陈毅同志委派，代表中共中央和华中局到上海探望邹的病情，邹韬奋交给徐雪寒一封致华中局的亲笔信，信中表达了他对中共中央的感谢和病愈后去延安的心愿，并说如有可能就要写苏北抗日根据地之行的经历与观感。徐雪寒回到新四军部向华中局领导汇报探视经过，并代为起草了向党中央汇报的电报草稿。1944 年初，邹韬奋病危，徐雪寒再次代表中共中央和华中局到上海探望邹韬奋，并带去医疗费。邹韬奋在徐雪寒面前口述遗嘱，要求中国共产党审查他的一生，如合格，希望接受他为中共党员。徐雪寒将韬奋先生的愿望、要求及其长子带回根据地。

宋涛原名侯锡九，抗日战争爆发后，参加安徽省学生战地服务团，任 32 团副团长并前往安徽潜山、霍邱、颍上等地参加抗日救亡的宣传工作。1938 年夏加入新四军，支队集训时改名宋涛。据说，改名的过程颇为有趣，新四军支队政委郑位三要求新入伍的几位青年学生改换名字，当时他们正在一个松树林里，各自考虑怎样改名。侯锡九听到风吹树林之音像波涛之声，就取名侯松涛。报上去后，郑位三政委将侯姓去掉，又将“松”改为“宋”。从此就改名宋涛。

抗日战争全面爆发后，杜润生在太行山地区参加抗日游击战争。1937 年 10 月，太谷县组建了一支以工人、学生为主的人民抗日武装自卫队，县长杜任之任队长，杜润生任政治指导员。经过杜润生等人努力，组织起约 200 人的农民自卫队。不久，秦基伟等红军干部奉派到太谷做武装组训工作。11 月初，杜任之调离太谷，自卫队交由杜润生、秦基伟具体指导，扩建为太谷县人民抗日游击支队。后与榆次、平定的游击队、八路军 129 师 386 旅 772 团会合进行整编，改编为晋冀豫抗日义勇军游击队第一纵队。太谷游击支队编为第三支队，支队长杜润生。1938 年 2 月，第三支队奉令改编，由晋冀豫抗日义勇军游击队改番号为八路军 129 师独立支队，司令员秦基伟，政治委员赖际发（即秦赖支队，在太谷一带影响很大），从此，离开太谷执行野战任务。抗战胜利后，杜润生曾任太原军调小组军事代表，1947年随刘邓大军南下参加了挺进大别山的战斗。杜老说过，“农村改革如同军事作战一样，要在巩固既得阵地的同时，乘机扩大战果，争取主动，创造优势。”可见，当兵经历对其影响根深蒂固。

许毅是财政学界的一面旗帜。许毅于1938年投身革命工作，作为当时新四军与国民党的联络员，他冒着生命危险在陈毅指挥的黄桥战役中立下了战功。他在苏北地区先后担任“联抗”政治部敌工科科长、联抗司令部大队教导员，主抓党的组织建设和思想建设。1941年9月，“联抗”领导为了加强部队后勤保障工作，任命许毅为“联抗”司令部粮秣管理处主任并兼任泰北办事处粮赋科长。1946年，粟裕领导的苏中自卫战役取得了“七战七捷”的辉煌战果，许毅分担的后勤保障工作为作战胜利提供了可靠的保障。淮海战役之初，他担任华中支前司令部粮食局副局长，兼任财粮部副部长。1949年渡江战役期间，任苏北粮食局局长，兼任苏北支前司令部财粮部副部长，负责组织苏北片的财粮支前任务。

王琢先生是1940年参加新四军的享受副省长级医疗待遇的老干部，曾任中共中央中南局政策研究室副主任、广东省人民政府副秘书长、广东省体制改革委员会主任等职。

何伟1944年2月参加革命工作，曾任晋察冀军区三纵队兵站司务长、站长，后调冀中军区参加平津战役。后转业到河北省财政厅任审计员、秘书等职。1951年考入中国人民大学财政系本科学习，1956年政治经济学系研究生毕业，留政治经济学教研室任教。

于祖尧与上述几人比较起来，虽然算是晚辈人物，却也是参加过新四军的“红小鬼”。1944年，11岁的于祖尧参加新四军，因为年幼，被保送进亦兵亦学淮南公学学习，这是一所专门为新四军培育后备干部的学校，学员与战士同样待遇。1946 年淮南公学被迫北撤，于祖尧没有犹豫背上背包跟随部队强渡淮河，开始长达 3 年的转战岁月，先后在新四军淮南公学、淮南抗敌文工团、新安旅行团、华中干部子弟学校等单位从事宣教工作。1949 年 4 月，于祖尧和他的战友打着腰鼓胜利开进南京。

孙尚清于 1948 年参加第四野战军，进入东北军区卫生部所属的中国医科大学担任干事。也是这一年，16 岁的施正一加入解放军，参加了解放云南的战斗……

这些新中国成立前有过军人经历的经济学家放弃常人的快乐，潜心研究经济学的精神是值得敬仰，都在新中国的经济理论研究工作中做出很大贡献，他们是影响新中国经济建设的经济学家。我比较熟悉的是王琢先生和何伟先生。王琢先生性格直爽，关心改革，热心公益，是广东经济学界继卓炯之后的代表性人物。他还是个书法家。1992 年，我创办《市场经济研究》杂志时，邀请王琢先生担任学术顾问，他也经常为《市场经济研究》撰写文章，我们之间书信来往不少，电话联系比较频繁。我几次到广州见王琢先生，他热情好客，留我这个晚辈用餐，我聆听他的粤港经济一体化、发展内需经济等经济思想。我与何伟先生相识于 1993 年，我作为《市场经济研究》杂志的负责人，邀请他参加同年 8 月在银川市举办的“市场经济与中国经济发展学术联谊周”。从此，我与何伟先生交往 20 多年，虽然我们相差 42 岁，但就像老朋友一样，是忘年交。我长期办学术媒体，与何先生接触多，经常到他家拜访，听他讲述参加解放阳泉（中共解放的第一座城市）、初到中国人民大学学习趣事。1994 年和 2004 年，他两次邀请我到他的“北京开达经济学家咨询中心”负责管理工作，协助他“经营”于光远、杜润生等经济学家的思想传播。

（二）从军营中走出的经济学家

从军营中走出的经济学家，这部分学者淡泊名利、求真务实，是目前我国经济学研究队伍的重要力量。他们当年怀揣憧憬踏入军营，留下激情和汗水。他们脱掉的是军装，脱不掉的是本色；转变的是岗位，不变的是追求。

曾任财政部部长的楼继伟，在1968年应征服役，进入南海舰队当兵，1973年退役。楼继伟当海军整整5年，后被分配到北京首钢总控室、北京自动化研究所工作。

刘鹤，中央财经领导小组办公室主任、国家发展和改革委员会副主任，现任国务院副总理。他于1971年下乡当“知青”，后便入伍，在38军服役。在那个年代，当同龄人还在边远地区插队时，刘鹤能加入“万岁军”部队，无疑是幸运的，对丰富他的人生经历也是非常重要的。

北京大学经济学院的曹和平教授于1976—1983年在原兰州军区陆军20师（后改编为兰州军区守备第1师）炮兵团服役，历任战士、副班长、文书、营部书记、政治部干事。部队驻守呼鲁斯太地区（这个地区我于1987年去过，系我所在部队的执勤点之一）走山路，扛枪夜训对曹和平来说是家常饭，脚底板起泡，肩膀肿痛仍要咬牙坚持，时间长了，只有那双发的军布鞋，才能装下那双消肿不下的脚，于是穿布鞋成了曹和平的习惯。1978年部队推荐曹和平参加高考，他仍是一双军布鞋，翻过山路百十里，终以石嘴山市文科状元的成绩考入北京师范大学哲学系。

刘树杰是国家发改委宏观经济研究院的研究员。刘树杰曾经是空降兵，他说“当时在部队，除了军事训练就是政治学习”。书看得多了就想写东西，进入部队报道组后，开始学着写消息、通讯。刘树杰还记得，自己发表的第一篇文章，就是看了列宁的《帝国主义是资本主义的最高阶段》有感而发的，稿子发表在当时的《空军报》上。在部队期间，刘树杰曾读过著名经济学家徐禾的《政治经济学名词解释》，“有的东西懂了，有的似懂非懂，这样最能激发求知欲，特别想弄懂它”，从此开始对经济学有了兴趣。高考时，刘树杰发现吉林大学有政治经济学专业招生，就报考了这个专业。在部队的业余时间，刘树杰最愿意看书，也有时间看书。客观地看，当兵的这段经历对他日后考大学及从事经济研究工作都奠定了一定的基础。

中国人民大学原副校长林岗原来也是军人。林岗于 1971 年入伍，在发表了几篇理论文章后，被《解放军报》借调到理论处，后正式调入报社当了一名理论编辑。1982 年，他顺利考入了中国人民大学攻读经济学硕士学位，系统地学习了马克思主义经济学理论。之后，林岗又回到《解放军报》社当理论编辑。1987 年，他再次来到中国人民大学，成为吴树青教授的经济学博士生，毕业后留校任教。

1968 年底，不满 17 岁的迟福林离开家乡，成为沈阳军区技术侦察支队的一名学员。正是在部队这个大熔炉里，年轻的侦察兵告别了懵懂的少年时代，以极大的热情潜心苦读马列哲学典籍。作为沈阳军区技术侦察支队政治处宣传干事的迟福林也从这里起步，开始了对国家命运、对社会未来的思考与探索。1977 年，没受过高等教育的迟福林，调入国防大学担任政治部宣传干事、马列基础教研室教员，1 年后又进入北京大学进修，开始了北大国政系两年的学习生活，1984 年进入中央党校理论部攻读硕士学位。迟福林有 16 年的军旅经历，这是他学术生涯的基础。他领衔的中国（海南）改革发展研究院蜚声海内外，并成为中国改革研究的重要基地。

现任山东大学产业经济学研究所所长的臧旭恒教授有 5 年的当兵经历，他真正的人生成长是从步入军营开始的。1970 年冬，臧旭恒成为某军火箭炮兵团的一员，负责部队新闻的通讯报道。在这个时期，他采写的大量文章被《人民日报》《解放军报》等多家中央及新闻媒体刊发。5年多踏实勤恳的军营历练，不但为臧旭恒赢得了许多的嘉奖，也在潜移默化中为他后来的学术研究打下了重要的基础。

王广谦，曾任中央财经大学校长。1972年，他穿上军装，先是在泰安军分区警卫连当通信员，后来大部分时间当文书。“文书这个岗位训练不苦，晚上看书可以看得很晚，连部的一个小图书室成了我最喜欢去的地方，我把里面的每一本书都看遍了。”那个年代，王广谦似懂非懂地读起了《资本论》，又一点一点地“抠”《毛泽东选集》，还做了20多万字的学习笔记。“那时候，虽然社会的大环境不是很好，但我对国家、对我身边的人却一直心存感激，我总觉得我欠社会的，应该尽我的能力去报答，去贡献我的力量。当1978年初得知恢复高考的消息后，我提出了复员申请，想实现小时候就萌发的大学梦，希望自己成为一个对国家有用的人。”

中国社会科学院工业经济研究所原所长吕政和他的接棒者金碚都曾经是军人。1970年2月，吕政结束南京军区部队农场锻炼（不清楚是否有军籍），被分配到总后勤部工厂管理部门从事军需工业生产技术管理和企业技术革新方面的调查研究工作。金碚于1971—1975年在北京军区航空兵部队服役。吕政说过：“大学毕业生到军队虽然是“文化大革命”时代对大学毕业生进行再教育的一种方式，但根据我个人的体验，对于学哲学社会科学的青年知识分子，并不是浪费青春和虚度年华，而是十分有益的磨炼。”在军需工业战线8年多的实际工作，使得吕政对工业经济和企业生产技术管理方面问题有了较深入的认识，也为他在1978年报考工业经济专业的研究生及后来专业从事工业经济理论研究奠定了基础。吕政还探讨过国防工业现代化的问题。

中央民族大学校长黄泰岩教授的当兵经历更是对他的学术研究影响很大。

黄泰岩教授在《中国经济热点前沿》（第12辑）前言写道：“要做到电影《百团大战》中所说的那样：人在，旗在；人不在，旗还在！”话不多，却流露着“兵”的影子和“兵”的气质。黄泰岩教授于1975—1978年当过4年坦克兵。部队生活给予他最大的收获，就是在坦克颠簸中造就的坚强意志和吃苦精神，这对他后来的成长起了重要作用。他说过，中国经济学进一步研究的方向“从单兵突进转向联合攻关”。这里，军人的气质在学术中显而易见。我在《评〈中国经济学研究报告（2015）〉》（注：《中国经济学研究报告》系黄泰岩等著的年度学术报告，已经出版了13辑）一文中说，我也当过兵，国防使命感从未改变。作为二级学科的国防经济学在此书里却难觅踪影。希望在2016年的《中国经济学研究报告》弥补这个遗憾，只有这样，才无愧于我们当过兵的历史，无愧于国防建设的需要。令人高兴的是，2016年出版的《中国经济学发展报告》真的增加了国防经济学，这正是黄泰岩教授国防意识和国防情怀的真诚体现。

温铁军初中还没有毕业，就赶上“文化大革命”，上山下乡的时候，安排到山西汾阳插队。之后温铁军听同学说，咱们当兵去呗！他想也没想，就参军了。退役后，他当了工人。“我不再是一个传统的读书人出身的小知识分子，至少，我懂得了农民，懂得了士兵、工人。”工农兵的经历形成了温铁军从农村基层看问题的角度和关注农民的感情。

贾康曾经担任财政部财政科学研究所所长，他于1970—1973年在江西弋阳当兵。在那个时代，他没有放弃任何可能的学习机会，《毛泽东选集》四卷合订本和中文版《资本论》总是不离左右。他说：“在县城那家小小的新华书店里买书看是我的最大乐趣。”在这个地处赣东北的偏僻山区小县，部队驻地远离城镇，但这并没有阻挡贾康读书的热情。午休时可以看书，就寝前也可以看书，自费订阅的《参考消息》远远不能满足他的胃口，他心里最盼望的就是休息日向排长请假去十几里外的县城，除了毛主席著作、会议讲话材料之外，偶见可以买到赫胥黎的《天演论》，还有类似《陈玉成》这样的小册子。时间一长，书店职工基本上都认识这位解放军战士。

中国社会科学院金融研究中心副主任王松奇，于 1972 年到海军北海舰队服役，成为一名普通的潜水员，主要使命是援救潜艇。在海军水面部队，普通舰船是刮台风往港里躲，而救生船则是拉战斗警报往港外跑，每次台风都有抢险救生任务。在 12 级台风中，即使万吨巨轮也会像一片树叶一样，浪打风吹，随时可能倾覆，王松奇却成为船上近 60 位指战员中 7 位刮 12 级台风也不呕吐的钢铁战士之一。他的战友中有人潜水深度曾达 100 多米，而王松奇只有一次 57 米的记录。在经济理论界，他只想问一句同仁："你们见过海底世界吗？有过在大海深处持续 4 年的工作、训练、观察的体验吗？"可见，他还是为自己当年的海军潜水员生涯感到自豪。

胡汝银在业界有"中国上市公司治理之父"之称，他于 1973 年底入伍到重庆涪陵。新兵训练结束后分配到警通连，无论是做收发员、文书还是电话班班长，他都能从国家的前途、人民的需要正确处理个人问题。1978 年，他从部队进入复旦大学经济系学习，是部队在地方大学读书的首位文科博士，博士论文《竞争与垄断：社会主义微观经济分析》于 1988 年获得孙冶方经济科学著作奖。

原国家行政学院副院长韩康教授长期致力于比较经济、公共经济等研究，近年来发起成立了中国公共经济研究会并担任会长。他 1971 年入伍，在 24 军 70 师任班、排、连、营职干部，1978 年到解放军政治学院任教员，有 10 余年的当兵历史。

曾经担任过河北师范大学副校长的杨欢进教授，于 1973—1977 年当兵。1974 年，他调到部队理论组，开始接触政治经济学。1976 年唐山大地震，他被埋1个多小时，后投入救灾。1977年，他复员到《沧州日报》做资料员工作。1982年考入河北大学经济系，从此进入经济学研究领域。

陈晓和是一位伤残军人，却创造了“二次当兵”的神话。他于1972年底到24军73师工兵连当兵，因伤残于1974年离开部队。后考取安徽师范大学，1983年考取内蒙古师大哲学研究生，1986年毕业后又穿上军装，到海军指挥学院工作。2002年获军种战役学博士学位，曾任海军指挥学院科研部二室主任。2004年随大裁军离开部队，同年11月到上海财经大学国防经济研究中心。算起来，陈晓和教授也有20余年（2年的陆军、18年的海军）的军旅生涯，是身残志不残的学界楷模。

南开大学经济学教授陈宗胜也是当过兵。1972年底，他入伍到青岛警备区，负责驻守青岛信号山、崂山，先后担任排级和连级大功率无线电台台长。他感受过烈日下走正步练拼刺、风雪中站岗放哨的艰难困苦，经历过无线兵晨昏颠倒值夜班的单调枯燥乏味。严格的军旅生活磨炼了他的意志，受军人的光明磊落、互帮互学的优良传统感染，他表现出比平常人更加坚定的意志和勇气。1977年，陈宗胜走进南开大学，迎来新的航向。

1992年，陈波教授大学毕业后参军到解放军军需大学工作，先后任教务部参谋、组长，经管系助教、后勤指挥系讲师，2002年进入国防大学攻读国防经济学博士学位，2005年博士毕业后随裁军转业，公开竞聘到中央财经大学筹组国防经济与管理研究院，并取得突出的学术成就，是我国目前最年轻的、能够与西方国防经济学界进行学术交流的具有突出贡献的国防经济学家。

亚布力中国企业家论坛创始人——田源，1975年在昆明军区政治部当了1年战士，就去了武汉大学，最后成为“中国期货第一人”。

在这里，我需要提一下王志华，因为他仅仅是一个初中学历、没有学术职称的“草根”学者。我与王志华1992年相识，被他的探索精神和取得的学术成就深深感染。他从军20多年，曾任中国人民解放军某师作训科长。从1978—1986年先后8年在中越边境战争中度过，参加和参与指挥战役战斗数十次，在战争环境和军旅生活中磨炼了坚强的意志和实事求是的思想作风，造就了独特的思维方式。他长期坚持刻苦攻读和业余学术研究，涉猎经济学科，尤其在政治经济学有较深的造诣。他的《大系统价值学说》（广东经济出版社2004年出版）是具有独立自主知识产权的经济学专著，得到蔡继明、邹东涛、晏智杰等著名经济学家高度评价。

（三）在军营中成长的经济学家

在军营中成长的经济学家，他们是穿军装的经济学家——国防（军事）经济学家。这部分专家学者人数不多，我熟悉的主要都是20世纪80年代开始致力国防经济研究的拓荒者。

我最早接触“国防经济”并给我留下深刻印象的，是1986年看到的几篇文章：金朱德的《国防可以产生巨大的经济效益》（《解放军报》1986年5月16日）、库桂生的《关于制约国防费结构的两个因素》（《解放军报》1986年12月24日）、樊恭嵩的《社会主义国防商品生产的若干问题》（《经济研究》1985年12期）、刘义昌的《国外国防经济体制改革的趋向及措施》（《外国军事学术》1986年3期）等。不久，我又看到了宋振铎、库桂生著的《国防经济学概论》（湖南人民出版社1986年版）、孙柏林的《中国国防经济学总论》（长征出版社1986年版）等学术著作。这些作者对我而言，真可谓“闻名来已久，未得一相逢”。1987年，随着《军事经济研究》（当时是季刊）杂志的创办，又有一些“学术人物”跃入我的眼帘，曹智英的《论军事经济效益》（《军事经济研究》1987年1期）、周建设的《国防费分析》（《军事经济研究》1987年3期）、朱庆林的《试论军力有机构成原理及其意义》（《军事经济研究》1987 年 4 期）等。正因如此，我才关注“国防经济学”，关注那些长期从事国防经济研究的人物。

世纪 80 年代，思想解放，“知识改变命运”“知识就是力量”，人们对知识的渴求，激发起的学习热情异常高涨。那个年代是第一代国防经济学人拓荒的年代，是国防经济学人光荣与梦想放飞的年代。除了《经济研究》《经济学动态》偶尔发表极少量的国防经济论文外，《解放军报》和《世界经济导报》专门开辟“国防经济”专栏，《经济学周报》也刊载过国防经济方面的文章。

1988 年 7 月，我参加了全军军事经济研究中心与国防大学共同举办的“社会主义初级阶段国防经济理论讨论会”。在北京站接参会者的是宋振铎同志，这是我接触穿军装的第一位“经济学人”。参加会议的基本都是军队同志，库桂生、樊恭嵩、刘义昌、张振龙、顾建一、李怀信、唐大德、孙柏林、曹智英、朱庆林、李霖、戴礼刚等学界精英悉数参会，我作为年龄最小的参会者，对这些学者风范感触至深。那时候，库桂生是副师职研究员，谈吐风雅，待人谦和；樊恭嵩是副营职教员，30 岁出头，意气风发，风流儒雅；顾建一在 39 集团军仓库代职，当管理处长，温文尔雅；刘义昌是军科的研究员，能言善道。1990 年 10 月，我参加了在武汉举办的军事经济研究中心第 3 届年会，除了部分老面孔外，增添了几个新人物，像海军指挥学院的陈俨、海军勤务学院的陈炳福等。这些“经济学人”生龙活虎，年轻气盛，具有良好的理论素养，文字泼辣，一腔热血，思维超前，都有报效国家的理想志向。短暂的接触，给我留下深刻的印象，每当我回忆起来，仿佛还在昨天。

遗憾的是，这个“国防经济学人”集体，岗位特殊，圈外人知道的不多。他们在军队默默奉献，为我国国防经济建设做出了突出贡献。我到地方工作后，还专门约请库桂生、顾建一等同志为《市场经济研究》的“国防经济”专栏撰写文章，还刊发过时任兰州军区司令员刘精松同志撰写的军事经济文章，编辑过万东铖、吴少华等同志的文章。我与这些同志相识 30 多载，也关注了他们 30 多载。这里，我就所知晓的人物作简要介绍。

库桂生是享受政府特殊津贴的著名教授，历任海军某舰副政委，国防大学科研部副部长、国防大学副教育长、教研部主任等职。他长期从事政治经济学和国防经济学教研工作，是新中国国防经济理论开拓者之一。在国防经济学基本理论、国防经济学说史、中国国防经济史等方面均有建树，并始终站在学科发展的前沿。他与宋振铎的《国防经济学概论》是新中国第一部正式出版的国防经济学专著，他主编的《国民经济动员》是新中国第一部专门研究经济动员的理论著作。他潜心研究、勇于探索的精神始终值得我们学习。

樊恭嵩是有战略视野的国防经济学家。他曾经在空军导弹学院、空军勤务学院、徐州空军学院任教，《大国防》《国防人口论》等专著填补了学科空白。樊恭嵩是敬业奉献、乐于助人的模范。他退休不褪色，雷厉风行，领衔上海国防战略研究所防务经济研究中心的专家团队，继续在国防经济前沿砥砺探索。他与我共同发起“中国国防经济学年度人物”评选活动，已经成功举办 5 届，成为国防经济学界的品牌活动。

顾建一最早在 66 军服役，1978 年到解放军后勤学院，当过军事经济教研室主任，是国防经济学科带头人。他立足实践，求真务实，致力国防经济理论和政策研究，学术成果丰富。同时，他还先后参加军队预算改革等专题的研究论证及《国防法》等重要立法的研究工作，是注重宏观与微观结合，以服务军队改革实践著称的国防经济学家。

姜鲁鸣曾是甘肃临夏驻军部队的一名电影放映员，1982 年毕业于陕西师范大学历史系，1985 年分配到国防大学任教。姜鲁鸣作为军民融合发展研究的先行者和国防经济研究的领军人物，为中央政治局和中央军委集体授课。他仰屋著书，勤于积累，铸就了《中国国防经济历史形态》《中国国防预算制度的创新》《中国近现代国防经济史（1840—2009）》等学术精品。

陈炳福于1985年江西财经学院毕业后入伍的，现任海军工程大学勤务学院教授。他倾注于军费支出对中国经济发展的效应研究，见解独到，有开拓性贡献。尤其是在国内首次提出中国军费发展的适度滞后战略和适度防务负担区间理论问题，被决策层和学术界广泛接受。我与陈炳福一见如故，他做事低调，工作谨慎，不爱张扬，比较谦虚。

朱庆林于1969年参军入伍，提干后历任排长、连队指导员等。他1982年毕业于华中师范大学政治经济学系，后到军事经济学院任教，长期从事国防经济理论特别是国民经济动员理论研究，是国民经济动员学科带头人。

武希志是1973年入伍到军事科学院的，后在北京大学经济学院读书，毕业后到军事科学院出版社当四年编辑，1987年在军制部工作，主要从事国防经济和国防动员研究。由于对科研事业的执着和不懈探索，他的学术成果屡有突破屡有创新，建树颇多。

此外，还有刘晋豫、杜人淮、方正起、卢周来、郝万禄、谢茜、曾立、黄朝峰、游光荣、魏汝祥、郭瑞鹏等。

以上“国防经济学人”，他们成长在军营，学术研究在军营，以牢铸军魂、锐意创新、牢记宗旨、追求卓越的可贵品质书写了国防经济学科的辉煌，是影响中国国防建设的经济学家。

这里提到经济学家群体，参加过新四军的老经济学家居多，当过战士的居多，有“民参军”的也有“军转民”的，也有在军营成长起来的，“军民融合”的意味十分浓厚。这群老兵，可谓兵种齐全：曹和平是炮兵、刘树杰是空降兵、迟福林是技术侦察兵、臧旭恒是火箭炮兵、王广谦是警卫、金碚是航空兵、黄泰岩是坦克兵、王松奇是潜水兵、胡汝银是通信兵、陈晓和是工兵、王志华是作训科长、库桂生是舰艇副政委、樊恭嵩是空军、姜鲁鸣曾是电影放映员、谢茜是武警……现在，尽管他们有的是中国社会科学院的学部委员，有的是高校的校长，有的是高层智囊，有的成为将军，但当兵的经历对于他们既是骄傲的，更是无法忘怀的。杜润生下去搞调研必备地图——这是从战争年代过来的习惯，顾准的“行军床”，黄泰岩的“人在旗在、人不在旗还在”，温铁军的“懂得了士兵”，姜鲁鸣的“做一个报效祖国的学者，这是军人的天职，也是知识分子的使命”，他们对自己的军旅生涯，一生无悔。这种精神和信仰必将伴随他们的学术人生到永远——军魂永驻。

八　中国的女经济学家群体

三八妇女节快到了，我又想到了女经济学家。2 年前，我写过盘点女经济学家的文章。今天，我从总体上简要评说一下中国女经济学家这个特殊群体。

从孙冶方经济科学奖 1—15 届的获奖人来看，就我所知道的，有冯兰瑞、江小涓、朱玲、叶坦等几个女经济学家，寥寥可数。尽管如此，“巾帼不让须眉”的风采始终精彩演绎，处处展现着女性特有的学术魅力和理论素养。

在经济学界影响最大、学术成就最成功的女性是冯兰瑞(1920—2019)先生(其学术成就完全可以称之为先生)，她是我国经济学发展历史上的第一位女经济学家。改革开放以后，我国城镇待业问题逐渐暴露，为了研究体制改革和劳动就业问题，冯兰瑞先生到全国各地进行调查研究，收集了大量的资料，完成了很多关于劳动就业问题的文章，她系统阐述了在劳动就业问题上的观点，是国内最早研究我国劳动就业理论并卓有成就的经济学家。1980 年，她发表《劳动就业问题六议》等研究我国劳动就业的文章，指出我国现阶段不可能消灭失业，提出许多有关劳动就业实际工作的很好建议，突破了社会主义没有就业问题的旧框框；1982 年，她又在《人民日报》发表了题为《要研究社会主义社会的就业理论》的文章，进一步论述了建立社会主义社会就业理论的必要性。1988 年，冯兰瑞先生率先提出以劳动力的市场配置取代行政配置和劳动力的商品性问题，明确了劳动力的商品性质是又一个重大的理论突破，对社会主义市场经济理论的创立起了重要作用。因为她在经济学领域的卓越成就，冯兰瑞先生被国外誉为“一位成功的中国女士”。

樊亢（1924—2019），河南省卫辉市人，1946 年毕业于西北大学外国语言文学系，1946 年 9 月参加革命工作，1948 年 8 月加入中国共产党。1957 年至 1959 年，她在苏联莫斯科大学经济系进修结业，1980 年调入中国社会科学院世界经济与政治研究所，领导建立世界经济史研究室并任研究室主任，是中国社会科学院荣誉学部委员，中国外经史学科的主要奠基者。樊亢先生和宋则行先生 1965 年共同主编的《外国经济史》是中国外国经济史学科的奠基之作，影响了一代又一代外国经济史学人和研究者。《主要资本主义国家经济简史》（合著）、《资本主义兴衰史》（主编）和《世界经济史》（共同主编）三部著作均数次再版，反映了她的远见卓识与学术贡献，也因此得到了中国经济史学界一致的尊敬和爱戴。

已经 85 岁的江春泽是享誉学界的著名经济学家，她的最大理论贡献是社会主义与市场经济兼容理论。在《计划与市场在世界范围内争论的历史背景与当代实践》和《比较·选择·前景——苏东国家与我国处理计划与市场问题的不同作法、不同效果》文章中，江春泽针对把计划经济视为社会主义制度根本特征的理论误区，阐明计划与市场只是资源配置的方式，不是区别社会基本经济制度的根本特征。这两篇文章的产生，是江春泽出自经济学家的良知和责任感，甘冒当时政治氛围的压力和风险，运用自己长期的理论思考与实际知识的积累，做出的明确论断，从而对中央领导在改革目标模式的决策上取得共识，起了积极的作用。

与江春泽同庚的李泊溪研究员曾任国务院发展研究中心常务干事、发展预测部部长，专业特长为技术经济、数量经济、发展战略与政策。她创造性地把数量经济方法、系统工程理论和思想以及现代科学方法应用于国家发展战略、产业政策、地区发展与企业发展的研究中，为中国宏观经济发展战略和政策研究工作做出了重大贡献。

江小涓曾任国务院副秘书长，是我国经济学界少有的博学多才的女性。她的主要研究领域有宏观经济、国际经济、产业经济等，主要专著有《中国工业发展与对外经济贸易关系的研究》《经济转轨时期的产业政策》《结构调整中的产业升级与发展》《工业经济学》《中国工业企业组织结构变动长期趋势》等。她2009年入选“影响新中国经济建设的100位经济学家”。

曾任北京大学经济学院院长的孙祁祥教授，也是一位学术成就突出的女经济学家。作为继马寅初、陈岱孙、胡代光等大师级人物之后北大经济学院百余年历史上的第一位女院长，孙祁祥的使命感和责任感，驱使着她更努力勤奋地工作，把北大经济学院的工作推上新台阶。早在1987年，孙祁祥以一篇题为《根本出路在于改革国家所有制形式》的论文开始在经济学界初露锋芒。孙祁祥在文章中提出了传统的国家所有制形式在理论上是与商品经济对立的，是短缺经济的主要根源，传统的国家所有制改革是政治体制改革成功与否的关键；改革传统的国家所有制不等于改变社会主义的公有制等观点。1993年《经济研究》刊登的《市场经济与竞争机会的平等》是孙祁祥发表的又一篇颇具影响的学术论文。这篇论文一经发表并由《新华文摘》全文转载，在学术界和社会上引起了重视。当然，孙祁祥最主要的研究方向是保险金融。2014年6月，她获得国际保险界的最高奖项——约翰·毕克利奖。孙祁祥教授是首位获此殊荣的唯一女性。

年近七旬的朱玲，是中国社会科学院学部委员、经济研究所研究员。她著的《包容性发展与社会公平政策的选择》（经济管理出版社，2013年3月出版）获得第16届孙冶方经济科学奖，她于1996年曾经获得过孙冶方经济科学奖，这是她第二次获奖。主要研究领域为贫困问题、社会保障和发展政策。朱玲始终认为，作为经济学人，缺少人文精神而只重研究技巧，那是经济学工匠；缺少研究能力和悟性而只重人文精神，那就不是经济学家；只有那些富有人文精神而又视经济学为生命的人，同时充满经济学悟性和探索兴趣的人，才有可能因为其真诚的人文关怀，成为胸怀宽阔、视野高远、脚踏实地为公众服务的经济学家。

已经70多岁的李善同是国务院发展研究中心的研究员，也是一位很有成就的女经济学家。她长期研究区域发展战略与产业政策，主要著作有《中国经济的发展与模型》《中国中长期产业政策》《中国地区发展与产业政策》《中国区域协调发展战略》《经济发展、改革与政策》《中国地区发展与政策》《中国跨世纪区域协调发展战略》。

原中央政策研究室秘书长赵涛研究员作为新中国自己培养的第一位经济学博士，先后师从著名经济学家宋涛教授和吴大琨教授。1986年，35岁的她进入中共中央书记处研究室经济组研究经济政策，首倡“保值储蓄”，为抑制1988年的通胀做出了贡献。后与胡鞍钢等组成国民经济运行系统分析小组提出了“牢固树立持续、稳定、协调发展的指导思想”，是中南海智囊团里的难得的女智囊，也是我国股票市场建立的主要倡议者和建言人。

除了上述著名女经济学家，全国人大财经委副主任委员吴晓灵、中国国际经济交流中心总经济师陈文玲研究员、清华经济管理学院的韩秀云教授、北京大学国家发展研究院的李玲教授、中国社科院工经所史丹研究员、东北财经大学的王玉霞教授、银河证券首席总裁顾问左小蕾、中国科学技术信息研究所赵志耘研究员、国家发改委宏观经济研究院经济研究所副所长臧跃茹、国务院发展研究中心技术经济研究部部长吕薇也是目前活跃在学术前沿的女专家。另外还有一批女经济学家，尽管知名度不高，但她们以学历高、学术后劲强、观点独到的鲜明特点而同样引人瞩目。她们是：

杨丹辉，中国社科院工经所研究员、博士生导师，主要研究领域为产业经济学、资源与环境经济学、国际贸易；

叶坦，中国社会科学院经济研究所研究员、博士生导师，主要研究中国经济思想史；

王美艳，中国社会科学院人口与劳动经济研究所研究员、博士生导师，主要研究领域是劳动力迁移、就业与工资、劳动关系；

刘小玄，中国社会科学院经济研究所研究员、博士生导师，学术专长是微观经济学，产业组织、企业理论及其经验实证研究；

李建民，中国社会科学院俄罗斯东欧中亚研究所研究员、博士生导师，主要研究俄罗斯财政税收与金融；

曹立，中央党校经济学部区域经济教研室主任、教授，主要研究领域是宏观经济理论与政策、区域经济与区域发展战略；

林莞娟，北京大学光华管理学院应用经济系教授、博士生导师，她的研究领域包括卫生经济学、劳动经济学等；

赵耀辉，北京大学国家发展研究院经济学教授，擅长微观实证研究，长期专注劳动经济学和老年经济学的研究与教学；

沈艳，北京大学国家发展研究院教授，研究领域为理论和实证计量经济学、微观金融、社会经济状况、老龄化与健康状况；

叶静怡，北京大学经济学院经济学系主任、教授，主要研究发展经济学；

方芳，中国人民大学经济学院国民经济管理系主任、教授、博士生导师，研究领域为证券投资，宏观经济政策研究，金融监管研究；

高敏雪，中国人民大学统计学院教授、国民经济核算研究所所长，主要研究领域是国民经济核算和宏观经济统计分析；

李平，中国人民大学商学院教授、博士研究生导师，主要研究领域是产业组织、市场分析、管理经济；

谢茜，武警后勤学院军事经济系审计教研室教授，博士研究生导师，国防经济专业学科带头人；

邝梅，清华大学政治经济学研究中心常务副主任、教授，主要研究世界经济、国际政治经济学、新政治经济学；

江曼琦，南开大学城市与区域经济研究所所长、教授、博士生导师，主要研究城市经济学；

邹薇，武汉大学经济与管理学院教授、博士生导师，研究方向为微观经济、激励理论与产业组织理论，经济增长与经济发展，经济发展中的制度和腐败问题；

蓝虹，中国人民大学生态金融研究中心副主任、副教授，主要研究环境经济学；

唐宜红，中央财经大学国际经济与贸易学院院长，教授、博士生导师，主要研究国际贸易；

曲晓辉，厦门大学会计学教授、博士生导师，在财务会计和国际会计研究领域具有较高学术建树；

唐珏岚，中共上海市委党校经济学教研部副主任、教授，主要研究方向是经济政策学，侧重于货币金融政策；

马立平，首都经济贸易大学统计学院教授、博士生导师，主要研究领域是经济统计分析、数量经济学；

吕学静，首都经济贸易大学劳动经济学院教授、劳动与社会保障系主任、博士生导师，主要研究领域是社会保障和劳动经济；

邹红，西南财经大学经济学院教授、博士生导师，她是“80后”的青年女专家，主要研究方向为消费经济学、劳动与人口经济学、应用微观计量经济学、金融经济学；

刘凤芹，东北财经大学经济学院教授、博士生导师，主要研究产业经济学；

李珍，武汉大学经济学教授、博士生导师，长期从事保险学、社会保障、人口学等方面的教学和研究；

马红霞，武汉大学经济与管理学院世界经济学教授、博士生导师，主要研究国际经济与贸易专业；

董小君，国家行政学院经济学教研部副主任、教授、博士生导师，主要研究领域：金融学、公共经济学；

黄晓玲，对外经济贸易大学教授、博士生导师，主要研究方向是外贸政策，外贸与外资关系；

黄隽，中国人民大学经济学院教授、博士生导师，主要研究方向是货币政策、商业银行理论与政策、艺术品金融；

朱巧玲，中南财经政法大学经济学院教授、博士生导师，研究方向是产权和制度变迁理论，现代企业理论与企业制度。

……

“妇女能顶半边天。”在经济学理论界，成功的女性不多。尽管女经济学家寥若晨星，但她们以更多体现人文关怀的学术成就撑起了经济学界的半边天，都是我国经济学界绽放美丽的优秀女性，是当代妇女的成功代表。她们的名字构成了中国女经济学家靓丽的风景线，尽管群体不大，但她们的声音响亮有力，她们的力量不可等闲视之，是经济学界的铿锵玫瑰。在她们的影响和带动下，一大批经济学女博士正在成长，我国经济学界将会有更多女经济学家出现，在追求理论创新中大展才华，写下浓墨重彩的学术人生。写到这里，我们想用一首《赞女经济学家》表达敬意：

经济学界半边天，
魅力巾帼视野宽；
安家立业牵老小，
忍苦耐劳不平凡；
理论探索坎坷路，
铿锵玫瑰险中攀；
潜心笃志著述多，
求真务实有创见。

九　中国经济学界的“之父”人物

“之父”者，鼻祖也，创始也，或开拓者也。他们或在某一专业做出了开创性贡献，或在某一学科成为奠基人的角色并发挥了创始人的作用，或在某一领域开辟了一片新天地，或在某一方面起到了重要参与决策者的角色。中国经济学界的创新人物不少，但我注意到，被媒体冠以“之父”的人物有 10 位。这些经济学家的共同特点就是立足中国国情，坚守学术品格，坚持学术创新，理论联系实际，学术影响和政策影响空前，他们是开辟中国经济学新境界的先行者。

“发展经济学之父”——张培刚

张培刚被公认为“发展经济学之父”，是发展经济学的创始人，无论国外还是国内，都早有定论。张培刚的这一影响是世界级的。

著名经济学家霍利斯·钱纳里说，发展经济学的创始人是你们中国人，就是张培刚先生。哈佛大学一些教授认为，刘易斯、舒尔茨提出的发展经济学理论比张培刚要晚好些年。张培刚对静态假设条件下农业与工业相互依存关系的论述，比库兹涅茨的论述也要早 10 多年。是的，20 世纪 40 年代，张培刚进入哈佛大学学习，写下了在世界经济学界具有拓荒意义的博士论文——《农业与工业化》，首次针对落后的农业国工业化问题进行系统深入研究，并初步分析了中国的工业化问题。这些论述构成了后来在西方兴起并蓬勃发展的发展经济学的主体内容，该论文也成为发展经济学的奠基性著作。张培刚在《农业与工业化》中，对农业国家如何进行工业化提出了许多重要论断，建立了自成体系的、适合于发展中国家经济发展的模式，对农业与工业化之间的相互关系进行了深入的辩证分析：农业与工业在工业化进程中的相互依存关系，强调农业与工业之间存在着动态的演进关系，工业化不能以牺牲农业、农民为代价，而要把改善农民、农业的状况作为工业化的重要环节。他能够完成这部从历史上和理论上系统探讨经济落后的农业国家如何实现工业化的开创性著作，也源于他在20世纪30年代的农村经济调查成果——《清苑的农家经济》（1936年）、《广西粮食问题》（1938年）、《浙江省食粮之运销》（1940年），均由商务印书馆出版。应该说，张培刚的学术创新，离不开中国国情，离不开哈佛的深造，更离不开自己的砥志研思和勤奋。

具有历史性贡献的《农业与工业化》完成于1945年，1949年由哈佛大学出版社正式出版，奠定了他在发展经济学界的历史地位。著名经济学家谭崇台认为，“张培刚无论在作品的发表时间还是在讨论的主题上，都称得上是发展经济学的先驱和创始人。”（见《光明日报》2011年12月2日11版）厉以宁等经济学家都认为，张培刚最早建立了自己的、适合于发展中国家经济发展的模式，他作为发展经济学的创始人之一是无可争议的。梁小民在1990年翻译刘易斯的《经济增长理论》时也认为，张培刚的著作远在刘易斯之上。张培刚确实是发展经济学的一代宗师。

蜚声世界的《农业与工业化》被国际经济学界公认为“发展经济学”的奠基之作，后来在美国、墨西哥以英文、西班牙文再版多次，被很多学术论文引述，可见其影响之大。张培刚也因此被称为“发展经济学之父”，为国际经济学界所推崇。

“当代中国经济学家之父”——陈翰笙

陈翰笙是20世纪中国最早的经济学家之一。

1929年春，中央研究院院长蔡元培请陈翰笙到社会科学研究所工作。当时蔡元培亲自兼任研究所所长，放手让陈翰笙主持所的业务研究，支持他开展社会调查。原先研究所仅 20 多人，什么资料都没有，一切从零开始。陈翰笙认为，要办研究所，一要有得力的研究人员，二要有充足的文献资料。他不重资历，不凭关系，对愿意来干的青年，先经过一两个月试用，确实能干，就上报院部，正式聘用。不久，他聘用了王寅生、钱俊瑞、张锡昌、张稼夫、孙冶方、姜君辰等一批有能力、有气魄、热心于社会科学研究的年轻人。同时他想方设法筹措经费，用于社会调查和订阅大量报刊，还雇用了剪报人员。

中国地域广阔，陈翰笙选择江南、河北和岭南三个地区的农村做深入调查。调查是从江苏无锡开始的，因为这是中国工商业比较发达而农村经济变化最快的地方典型。陈翰笙组织了一个 45 人的调查团，分 4 个组，由王寅生、钱俊瑞、张锡昌和秦柳方分任组长。1933 年 11 月至 1934 年 5 月底，陈翰笙又在宋庆龄的帮助下，组织了对广东农村的调查，先后对梅县、潮安、惠阳、中山等 16 个县进行了调查。1933 年，陈翰笙与吴觉农、孙晓村、王寅生、张稼夫、钱俊瑞、张锡昌、薛暮桥、孙冶方等人共同发起、成立了“中国农村经济研究会”，会员曾超过 500 人。陈翰笙被推选为理事会主席，吴觉农为常务副主席。研究会继续开展农村调查，创办了《中国农村》月刊（蔡元培题写刊名，薛暮桥担任主编，钱俊瑞撰写发刊词），登载了大量调查报告和论文。

这次调查的范围、时间、影响都是空前的。陈翰笙身为农村调查的组织者和主持人，是灵魂人物，是“我国马克思主义农村经济学的先驱”（见《人民日报》1985 年 10 月 7 日）。更重要的是这次调查的重大贡献是载入史册的，不仅开创了我国马克思主义社会学实证研究的先河，而且培养了一个马克思主义经济学家群体，钱俊瑞、张锡昌、秦柳方、薛暮桥、孙冶方等一批经济学家从此成长。正如薛暮桥在回忆录中所言：“钱俊瑞、孙冶方、张锡昌、姜君辰、秦柳方、陈洪进和我，都是在他的培养下开始研究农村经济，进而研究其他经济问题的。”如果说薛暮桥、孙冶方等人是公认的中国马克思主义经济学大师，那么陈翰笙就是这个学术群体的先行者和引路人，是当之无愧的“当代中国经济学家之父”。

“中国农村改革之父”——杜润生

1979 年初，杜润生因经验丰富被任命为国家农业委员会副主任。当时中央高层领导不赞成包产到户，杜润生则坚持“包产到户”。他坚信，合作化以来，曾经“野火烧不尽，春风吹又生”的包产到户将成为农村改革中不可回避的争议问题。

“七省三县农村工作座谈会”对包产到户展开了激烈的争论。中共中央主要领导同志听取了会议汇报后，坚决不赞成各地农村普遍搞包产到户。但这场争论又起正面影响，在杜润生主持下，会议《纪要》首次提出：“深山、偏僻地区的孤门独户，实行包产到户，应当许可”。中共十一届四中全会通过的《中共中央关于加快农业发展若干问题的决定》时，把原来决定草案上的“不许分田单干、不许包产到户”改为“不许分田单干，除某些副业生产的特殊需要和边远山区、交通不便的单家独户外，也不要包产到户”。从“不许”改为“不要”，农村改革“禁区”由此逐步突破。

1980 年 4 月，中央召开编制长期规划会议，杜润生借机提出首先在贫困地区试行包产到户。该建议得到国务院副总理姚依林的支持。后来，邓小平也正式表态赞同。邓小平说，在农村地广人稀、经济落后、生活贫困地区，像西北、贵州、云南等省，有的地方可以实行包产到户之类的办法。就在这一时期，杜润生在参加一个会后，邓小平和他说：看来我们农村经济的形式可以多样化一点，像过去贫困地区不是有个包产到户吗？可以试试吗！将来要改还可以改，先吃饱饭要紧。1980 年“七十五号文件”，即《中共中央关于进一步加强和完善农业生产责任制的几个问题》指出："为了有利于工作，有利于生产，从政策上做出相应的规定是必要的。""对于包产到户应当区别不同地区、不同社队采取不同的方针。"这个文件打破了多年来形成的包产到户等于资本主义复辟的僵化观念，大大向前迈进了一步，各地包产到户、包干到户纷纷化暗为明。1982 年"一号文件"指出："目前实行的各种责任制，包括小段包工定额计酬，专业承包联产计酬，联产到劳，包产到户、到组，包干到户、到组，等等，都是社会主义集体经济的责任制。不论采取什么形式，只要群众不要求改变，就不要变动。""生产责任制的建立，不但克服集体经济中长期存在的'吃大锅饭'的弊端，而且通过劳动组织、计酬方法等环节的改进，带动了生产关系的部分调整，纠正了长期存在的管理过分集中、经营方式过于单一的缺点，使之更加适合于我国农村的经济现状。"文件第一次以中央的名义取消了包产到户、包干到户的禁区，尊重群众根据不同地区、不同条件自由选择，同时宣布在一个较长时间内保持稳定。邓小平看到这个文件后说"完全同意"。陈云说这是一个好文件，可以得到干部和群众的拥护。这样，"一号文件"结束了围绕包产到户、包干到户长达 30 年的激烈争论，"双包到户"从此成为中央决策，农村改革由局部试点进入全面推广阶段。之后连续 4 年，中央的"一号文件"都是说农业问题。杜润生按照中央的部署，每年年初布置调查题目，秋季总结、酝酿、探讨，冬季起草，次年年初发出，"包产到户"政策得到了全面有效的落实。

他有名的"可以……可以……也可以"的表述，日后也被人们称之为"杜氏公式"。他对农村改革的贡献主要是"家庭联产承包制"理论。他主持起草的 5 个"一号文件"奠定了农村改革基础。他是探索农村改革的先驱者和开拓者，是长期推动农村改革的参与者和决策者，扮演了中国农村改革事业的"总参谋长"角色。

“中国风险投资之父”——成思危

我国风险投资起步较晚，从 20 世纪 80 年代初开始进行理论和实践方面的探讨。而成思危就是在美国加州大学洛杉矶分校管理研究生院做访问学者时接触到风险投资的。对科技成果转化的困难，成思危体会深刻。所以到美国接触到风险投资时，成思危就觉得这个理念很好。具有理工背景的成思危认为：中国大量的科技成果需要转化，中国的高新技术需要发展。老百姓手里有大量的资金，需要有新的投资工具，创新者需要有人提供资金支持他们创业，这几方面的结合就是风险投资对中国的意义。

成思危的风投观点主要是：中国风投要“三步走”，风投具有高风险、组合式、长期、权益性和专业性的特点，应当投资于高科技领域的开发和应用，风险投资家与创业者共同创业，积极稳妥建设二板市场。这些观点在当时都是比较超前的。

1996 年，成思危写出了《科技成果转化呼唤风险投资》一文；1997 年的 9 月，在武汉到重庆的轮船上，成思危主持召开了国内首次以风险投资为主题的国际研讨会，参会者一致认为，中国发展风险投资的条件基本成熟。在此背景下，他把研讨会的意见和自己的思考综合起来，就形成了民建中央的一个提案——《关于加快发展我国风险投资事业的几点意见》。这个提案提交给了 1998 年 3 月的全国政协九届一次会议，被列为“一号提案”，风险投资受到了各方面的重视，特别是时任国务院副总理李岚清的重视，李岚清要求有关部门研究这一新的融资模式，从而掀起了风险投资的热潮。此后，成思危每年都组织一次中国风险投资论坛，每次都要做主题报告。他在国家自然科学基金委员会兼任管理科学部主任，支持了一批风险投资方面的研究项目，推动出版《中国风险投资》杂志和《中国风险投资年鉴》。他还促进成立中国风险投资研究院，带了一些风险投资方面的研究生。

可以说，是成思危将风险投资的概念引入中国，是成思危代表民建中央提交的《关于尽快发展我国风险投资事业的提案》引发高科技产业新高潮。此后，国内风险投资风起云涌，势不可挡。中小板、创业板……今天的中国投资者畅游其间、获利无数的风投市场能够从纸上蓝图成为现实，成思危的奔走呼吁起到了重要作用。美林国际（香港）有限公司执行董事刘芮东说“成思危当之无愧为中国风险投资之父。从事风险投资业者、创业板公司老板应该感谢他、铭记他。”

“中国创意产业之父”——厉无畏

厉无畏是中国创意产业理论的开拓者。近 20 多年来，创意经济在全球范围内方兴未艾，成为 21 世纪具有强大生命力的战略产业。与市场的风生水起形成对比，国内真正从产业经济学角度来审视创意产业的学术专著并不多见。2006 年，厉无畏最近推出的 26 万字左右的巨作——《创意产业导论》正好填补了这一空白。该书着重讨论创意产业的内涵、基本特征、产业组织、产业的市场化、产业投融资、产业赢利模式、产业发展的外部环境以及各地发展创意产业的经验和实践等问题。他认为，创意产业的经济学意义是通过转变增长方式，促进经济全面发展；通过提高社会效益，促进经济协调发展；通过改善生态环境，促进经济可持续发展；通过塑造品牌形象，增强城市综合竞争力。

作为我国创意产业理论和政策研究的领军人物，厉无畏撰写的《创意改变中国》自 2009 年出版后，社会反响强烈，目前已成为全国不少地方领导干部学习培训的指定参考用书，首版至今已经多次印刷。同时，该书的韩文版、日文版已经出版。他以其对创意产业全面系统的理论体系和学术思想，以及对中国创意产业实践的关注和推动，被业内誉为“中国创意产业之父”

厉无畏认为，从历次金融危机引起的经济萧条情况看，只有实现了经济创新的国家才能迅速走出危机，而创意产业就是推动经济创新的一支重要力量。创意产业是开发人类创造力、解放文化生产力、提升产业竞争力、增强国家软实力的有效手段。它强调创意和创新，强调把文化、技术、产品（服务）和市场有机结合起来，不仅能为人们提供文化含量较高的产品和服务，满足人们的精神需求，从而有效刺激内需，形成新的消费市场，更重要的是可以与其他产业融合发展，促进产业创新和结构优化，有效地推动经济发展方式的转变。他为此呼吁，将发展创意产业列入国家创新计划，成立全国性创意产业协会，制定促进创意产业发展的政策。

厉无畏创办的上海社会科学院创意产业研究中心，是我国著名创意产业经济学学科基地，使上海具有国际水准的创意论坛和理论创新，为中国创意产业赢得了国际声誉，也为今后中国创意产业实施“走出去战略”奠定了基础。2012年12月21日，由中国（北京）国际文化创意产业博览会和中国版权保护中心共同发起评选的2012第七届中国创意产业年度大奖，著名经济学家厉无畏获得“中国创意产业终身成就奖”。

“中国的MBA之父”——钱荣堃

1982年，加拿大国际发展局决定与中国的管理教育机构开展交流与合作，当时的国家教委决定南开等8所学校参加这个项目。1982年冬，南开大学的滕维藻校长和钱荣堃先生代表南开在加拿大考察了三个星期，参观了20多所大学的管理学院。几个月后，加拿大3所大学的管理学院院长到南开商谈有关合作与交流事宜。南开大学派钱荣堃教授作为代表进行磋商，最后双方达成协议——中加合作在南开大学直接开办MBA（工商管理硕士）班。这种合作被称为“南开—约克模式”。后来，国家成立了一个MBA试点小组，钱荣堃老先生担任了首届MBA试点小组的组长。由于当时的教学目标、课程设置基本上都是以南开的方案为蓝本，因此南开在MBA指导委员会里的影响力非常大。经过各方的筹备工作和南开大学商学院等教育机构的强烈呼吁，20 世纪 90 年代初，国务院学位委员会决定在中国创办中国式的 MBA 学位，指定钱荣堃 MBA 设计委员会的主任。南开当时做了 2 件事，第一件是解决在职人员参与 MBA 教育的问题，第二件则是 MBA 教育本身的问题，当时这两件事情，是结合在一起的。

因为南开的管理专业是成立比较早的。当时的管理学院是由经济学院的一部分、物理学院的一部分和数学系的一部分构成，声望不错。南开大学的中加合作项目一直延续到 20 世纪 90 年代初，开始时除政治、外语外，其他的 10 多门课都请加方专家来华讲课，教材也全部使用加拿大的。后来中国教师任课的内容渐渐增多，教材中的一部分也逐步采用中国自己的，成就显著，影响巨大，中加双方对“南开一约克模式”都很满意。时至今日，南开 MBA 历经 20 多年发展，已经成为国内首屈一指的工商管理学硕士人才培养基地之一。由于钱荣堃教授在促成南开大学和国外大学合作培养 MBA 发挥了重要作用，他被誉为“中国 MBA 之父”。

“中国小额信贷之父”——杜晓山

1993 年，在尤努斯的影响下，杜晓山及他的同事将孟加拉格莱珉银行小额信贷引入中国，并在河北易县成立了第一个扶贫经济合作社（即扶贫社），中国开始了公益性制度主义小额信贷扶贫的探索。参照孟加拉格莱珉银行的模式，杜晓山牵头扶贫社以妇女为主体，5 人小组联保、分期还贷等运营方式开展小额贷款，落地之后大受欢迎，也证明了当时“穷人没有信用”和“扶贫小额信贷不可能自负盈亏”的逻辑错误。杜晓山及他的同事们先后在 6 个贫困县进行约 20 年的实践试验，初步证明孟加拉格莱珉银行的模式在中国贫困地区农村是可行的，是可持续发展的。杜晓山认为，社会创新推动精准扶贫也表现出开放、分散、自下而上的特点，这要求扶贫主体领会互联网思维、善用互联网手段，积极打造扶贫开发的“社会创新”互联网支持平台和服务管理支持平台。

在发展扶贫社的时间里，杜晓山还在积极推动小额信贷领域的自律发展，参与组建小额信贷联盟。从2005年至今，杜晓山都任小额信贷联盟理事长，带领联盟推动小额信贷的可持续发展，并积极配合政府有关部门促进普惠金融体系的建设。

推进普惠金融方面，杜晓山也带领小额信贷联盟在成立之初就引入联合国建设普惠金融体系概念，在国内进行推广，发展10几年时间，小额信贷联盟都在致力推动中国小额信贷和普惠金融的健康可持续发展。“金融服务的覆盖面要广泛，服务要深入到最大范围、最贫困的群体当中。在服务广度和深度上，呈现出普惠制特征。”杜晓山表示，金融服务覆盖到最广大的人群，金融触角深及社会最底层，才能够达到普惠金融的基本含义。杜晓山认为，当前我国乃至全球，小额信贷和普惠金融发展的根本挑战是3个：一是如何扩大它的规模，即帮助更多的弱势群体；二是如何到达更深的深度，即帮助更穷的穷人；三是如何保证良好的成本效益比，即服务的可持续发展。因此，杜晓山建议：保障银行业金融机构农村存款主要用于农业农村，引导银行业金融机构继续支持小微企业和农户发展，积极培育新型农村和社区金融机构和小额贷款公司，培育发展多类型的农村合作金融，加强小微企业和农村各类经济经营主体的信贷担保体系建设，各级政府和部门形成合力支持、监督小微金融发展，注意发挥直接融资和保险及互联网或移动互联网金融对小微金融服务的重要作用。

杜晓山20多年来致力于推动中国小额信贷的发展，是当之无愧的“中国小额信贷之父”。

“中国民营经济之父”——晓亮

晓亮先生是我国民营经济理论的开拓者。他在20世纪70年代末提出对个体经济雇工不要限制，20 世纪 80 年代提出私营业主也是社会主义大厦的建设者，20 世纪 90 年代初提出私营经济是市场经济的组成部分。这些都是他探讨民营经济理论的重要观点。1999 年出版的《寄希望于民营》、2006 年的《民营经济手册》等著作都反映了晓亮先生关于发展民营经济的一系列思想和创新观点。

进入 21 世纪后，晓亮先生就民营经济问题发表了若干看法。据我所知，他在这方面发表的文章有二三十篇。其中最典型的一篇文章是 2003 年 4 月 3 日《深圳特区报》发表的《从战略高度看民营经济发展》。文章指出，民营经济的发展，是中国经济持续发展的希望所在，是全面建设小康社会的重要依托；中国要实现现代化的历史重任，没有民营经济的参与是不行的；民营经济的发展是建设有中国特色社会主义经济的组成部分和重要内容，民营经济是社会主义市场经济的主体。这篇文章集中体现了晓亮先生的民营经济思想。此外，他研究撰写的《论民营经济的大发展》《民营经济须进行二次、三次创业》《毫不动摇地发展民营经济》《民营经济自主创新论》《非公经济发展的体制障碍》等文章大量发表在许多重要媒体上，并为促进我国民营经济发展发挥了不容忽视的积极作用。正因为晓亮先生在民营经济研究方面的突出贡献，有的媒体将晓亮先生形象地喻为“中国民营经济之父”。这个“中国民营经济之父”或许有过誉之嫌，但就对民营经济研究的如此之深，观点如此超前，文章如此之多，恐怕在国内还很难找到与其比肩的经济学者。

“中国互联网金融之父”——谢平

谢平长期从事金融理论研究，在 1995 年、2000 年、2005 年三次获得孙冶方经济科学奖，他在货币理论与政策方面取得的成就比较突出。

2012 年 4 月，谢平首次提出“互联网金融”概念，就受到了学术界、业界、政府的广泛关注。如今，互联网金融作为金融创新模式，发展非常迅猛，使得当今时代正在享受着透明、便捷、高效的金融服务。消费场所、社交方式及信息传播渠道已然发生了翻天覆地的改变，互联网金融正从方方面面改变着人们的生活。谢平认为，互联网对金融的影响将是深远的，不能简单地把互联网视为一个在金融活动中仅处于辅助地位的技术平台或工具。互联网会促成金融交易和组织形式的根本性变化。互联网能显著降低交易成本和信息不对称，提高风险定价和风险管理效率，拓展交易可能性边界，使资金供需双方可以直接交易，从而改变金融交易和组织形式。互联网作为一个由众多应用程序组成的生态系统，本身就可以定义为金融市场。谢平认为，互联网尽管影响金融交易和组织形式，但金融的核心功能不变，互联网金融仍是在不确定环境中进行资源的时间和空间配置，以服务实体经济。在互联网金融中，金融契约多以电子形式存在，并建立了有关托管、交易和清算机制。但不管金融契约以何种形式存在，其内涵不变。互联网金融的低交易成本可以降低信息不对称程度，二者又共同引起交易可能性集合的拓展，交易可能性集合拓展到一定程度，可能实现去金融中介化。谢平的互联网金融思想主要体现在发表于2012年第12期《金融研究》的学术论文——《互联网金融模式研究》。

基于谢平在互联网金融理论的开创性研究，他被称为“中国互联网金融之父”。

“中国的国民经济核算之父”——钱伯海

钱伯海先生是“国民经济学”和“国民经济统计学”等多门经济与统计新学科的奠基人，是厦门大学统计学国家级重点学科的主要创立者和老一辈学术带头人。他于20世纪70年代就开始研究国民经济核算，致力于我国新国民经济核算体系的设计与建立工作。从理论到实践，又从实践回到理论，在扎实深入研究的基础上，钱伯海提出了“国民经济核算平衡原则”，并论证了第三产业同样创造价值，要将生产范围扩展到国民经济所有行业，国民经济核算既包括物质生产，也要包括服务生产，为实现国民经济核算体系的第一次转变做了重要的理论探索。他首创的“国民经济核算平衡原则”，人们称之为“钱氏定理”，被译为英文，广为引用，成了国民核算平衡原则的基本原理，适用于一切的经济统计核算，经国务院批准的我国新国民经济核算体系方案中，也写进和运用了这个定理，对中国新国民经济核算体系的改革、建设和发展做出了杰出贡献。

十　中国经济学界的“诗人”

我偶然看到中国国际经济交流中心总经济师陈文玲同志所著的《颍川诗草——陈文玲诗词选》，感触到她作为经济学家的思想情怀，处处洋溢着芬芳馥郁的时代气息。

由中国文联出版社出版的《颍川诗草·陈文玲诗词选》（颍川系陈文玲笔名）共收录了作者200多首诗词，诗集内容广泛，有对现实问题的思考，也有陈文玲游历各地的所见所闻。在诗集中，“旅游诗”占有相当大的比重，这些诗作中不仅记录了不同地域的风光和民俗，还蕴含着作者对社会和人生的丰富感悟。实际上，中国文联出版社早在2010年就出版了《颍川吟草·陈文玲诗词集》，是陈文玲同志创作的第一部古体诗词选集。她说，诗词是她抒发内心感情的方式，这些诗词说的都是她心里的话，也让她工作之余非常愉快并充实，“当时我写下这些诗词的时候并没有想过会出书，这也是出乎我个人意料之外的。从小我就喜爱诗词写作，我非常热爱中国传统文化，热爱诗词的创作方式。”陈文玲坦言自己的创作要归功于难得的工作岗位和外部环境，让她有这么丰富的创作源泉，可以看出，陈文玲同志多年来笔耕不辍，以激情、真情和热情讴歌着这个伟大的时代，抒怀着从心底汩汩淌出的诗情。陈文玲作为屈指可数的女经济学家之一，又创作出版了如此丰富的诗词作品，是不可多得的学界才女!

在我国经济学界，还有几位击钵催诗的经济学家：袁宝华、段云、李成瑞、陈征、厉以宁、厉无畏、王梦奎、马凯、邹东涛、宋晓梧和韩志国。

2015 年 5 月 23 日，“袁宝华系列著作出版座谈会”在京召开，国务院前总理朱镕基等老同志出席座谈会。《袁宝华文集》（十卷本）由中国人民大学出版社出版，文集收录了袁宝华在经济建设、企业管理、经济体制改革和高等教育等方面重要论述、访谈和诗词。袁宝华（1916—2019）是我国现代企业管理学创始人和奠基人之一。袁老十分热爱诗词，在日理万机中写下了许多佳作，并结集出版了《偷闲吟草》《八十述怀唱和集》《九十自嘲唱和集》等诗集。在这些诗集中，袁老以诗词的形式记述了自己走过的人生历程，抒发了自己的情怀。“盛世风光满眼新，耄耋之年几度春。少壮常怀济民志，垂暮犹存报国心。”他的诗词，视角独到，构思新巧，足见作者的深厚功力。袁老或抒怀明志，或忧世励志，或咏史凭吊，或喜乐欢颂，体裁不一，而始终是对党的忠诚，对祖国、对人民的热爱，情真意切，质朴自然，充分表现了作者的诗品和人品。

厉以宁，这位在耄耋之年还奋战在理论第一线的经济学家，他的诗词作品相信很多人并不陌生。仅目前结集成书的，就有《厉以宁诗词解读》《厉以宁词一百首》《厉以宁词又一百首》《厉以宁诗词选集》。但是，很多人可能不知道，厉先生在诗词研究方面也颇有造诣，他曾在北京大学开设过“唐宋诗词欣赏”的讲座，引起了学生极大的兴趣，旁听者不计其数。他于 2008 年 5 月商务印书馆出版的两卷本《厉以宁诗词选集》，收录自己从 1947 年到 2008 年所撰写的 666 首诗词。他写童年，写工作，写恋爱，写下放，写成功的喜悦，写挫折的痛苦，写历史的转折，写宏伟的蓝图，特色鲜明，明快清新，无不流露出作者对亲人、对国家浓厚的情怀和对人生、对社会深刻的思考。伴随他人生历程的不仅仅有经济思想，更有着充满激情与哲理的诗意，两者相互交融，构成他独具魅力的人生。

厉以宁从小喜爱阅读和创作古典诗词，60 多年持之以恒，被他的学生称为“诗意人生”。而国务院发展研究中心原主任王梦奎，便是厉以宁最早的学生之一，他作《浣溪沙》以表心意："桃李满枝累百千，等身著作万人传，轻歌漫步上诗坛。道路崎岖多险阻，胸怀远大肯登攀，峰巅回首总开颜。"王梦奎在繁忙的公务之余和经济学研究之外的最大爱好之一就是吟诗作赋。王梦奎的诗词创作散见于发表的一些报刊上，有些收录在《王梦奎文存》第六卷。他说："中国是诗的国度，数千年来诗人辈出，诗教普及，幼儿发蒙即受到'床前明月光'和'一去二三里'之类的诗歌教育，诗具有悠久的历史传统和深厚的群众基础。"这也道出了他自己喜欢上古典诗歌的原因之一。他认为："格律诗能够延续千余年而不绝，同其形式的完美有关。同样道理，新诗之所以至今未能盛行，恐怕也同没有找到完美的形式有关。""不讲内容而单纯追求形式是不对的，但形式美并不是不重要，更不是可有可无的。一切艺术作品都如是，不独诗歌为然。"因此，他强调旧体诗的创作要"合乎旧诗的格律，讲究形式美"，要在诗的格律和锤炼字句方面多下功夫。他的诗都很注重平仄押韵和对仗工整，努力探索诗歌语言表现的形式美。

厉无畏先生的博学有目共睹，还有较深的古典文学修养，兴之所至，他经常会灵感突发赋诗吟词，其中不乏气势恢宏的佳作和清新隽永的妙句。1959 年高中毕业，因为家庭成分的原因，厉先生无法进入向往已久的大学深造，而是被下放到安徽，直至 1978 年考上研究生。在这 20 年的时间里，读书成了厉先生的最大乐趣，也是每天必做的功课。当时的积累，使厉先生在日后的治学中获益匪浅。1978 年，厉先生总结多年自学的心得，赋《登山》诗三首中的第一首："眼前峭壁险峰拦，不是仙家不敢攀；莫笑今来狂妄子，抓藤践石不知艰。"这首七绝，作者在诗中虽然也自认为年少轻狂，但胸中的凌云壮志跃然纸上，可谓是作者自学的深切体会。"神游仙苑最高峰，南北东西树万丛；满地满天皆著紫，忽然花落一身红！"这首写于 1996 年的《梦》，是作者当选上海市政协副主席之时，"忽然花落一身红！"在作者看来，一切都是那么出乎预料，没有刻意的追求，没有矫情的扭捏，原来只是“忽然之间花落了一身红”而已。自然、坦荡、淡定，诗如此，面对功名，难得的是人也如此。

曾任福建师范大学校长的陈征教授，2019 年获评全国“最美奋斗者”。他长期致力于《资本论》研究，在学术界评价很高。但他的诗词造诣却鲜为人知。2005 年，经济科学出版社出版了《陈征诗词百首》。如果说经济思想更多地体现了陈征教授对经济社会规律“真”的探索，那么，《陈征诗词百首》则堪称他对中国古典诗词形式“美”的演绎。诗词是中华文明的重要载体，也是传统国粹的具象。诗词格律在陈征手中，得到了像经济规律一样的和谐运用。他的诗词，兼具大气、严整、韵味、灵动的特点，于拙朴之中见美感，于平淡之中见功力。诗人以优美的汉字写就华章，也留下了一个民族的历史痕迹与审美取向。诗词不必追赶时尚。陈征的诗词就是如此，洗尽铅华，历久清芬。

曾担任过国家统计局局长的李成瑞（1921—2017）爱写古体诗。他说：“阅读和欣赏传统诗词，是我的一种业余爱好。偶有所感，也诌上几句，自觉意境不高，诗味甚少；且格律不工，少近体，多古体，故而未敢示人。”20 世纪 90 年代初，李老的诗集——《流云集》出版；2007 年，中国展望出版社又出版他的诗文集——《千人断指叹》。《千人断指叹》获得中华诗词学会主办的首届华夏诗词奖一等奖，并为《中华诗词》主编杨金亭赞为当代的“三吏三别”。作家魏巍在“序言”中指出：“没有对劳动人民深沉的爱，没有对共产主义坚定而执着的信仰，没有革命战士的情怀，这些诗是决写不出来的。”2003 年 1 月，李成瑞在《经济日报》上看到《一桌菜吃掉三十六万元》的报道，挥笔写下《朱门内外》一诗，为劳动人民鸣不平：“日夜辛劳苦，月薪几百元。富豪一桌菜，毕生血汗钱。血汗薪已薄，又遭久拖欠……朱门内与外，相去如天渊！……”这些诗词大多反映工农呼声，蕴含着强烈的现实主义精神。

曾担任过国家计划委员会副主任的段云（1912—1997），长期从事财贸部门的领导工作，参加了许多国家重要文件的起草工作，是公认的大秀才。1986年，北岳文艺出版社就出版了段老的诗集——《旅踪咏拾》。段云生前还留有诗词300余首，赵朴初先生曾逐句推敲点评，赞曰："奇思来往起山灵，豪情千古忆苏辛"。这些诗词是段老战斗、工作、生活中的自然所得，诗自心生，情至所作，画意诗情颇浓。

作为经济学家的马凯同志也创作了大量诗词，著有《马凯诗词存稿》等。他说："诗是心灵的窗口，诗是生命的足迹。真情实感，可贵可贺。以诗会友，人生一乐。"马凯创作的诗词，绝大部分是属于古典诗词传统中常见的吟诵题材，如感时、咏物、述怀、励志、记游、赋事、抒怀等等。如《五律·庆北京申奥成功》一诗中的"槌落人掀浪，花飞泪伴旗"，不但字精句稳，而且能摹景如在目前，可见马凯的诗词功底之深。

邹东涛也是一位爱好作诗的经济学家。我与他相识近30年，领教过他过人的吟诗才华。2005年的"于光远学术思想研讨会"上，东涛作诗赞于老。特别是近几年，东涛同志常常作诗后便发短信与我，无论在天南，还是海北，都是如此。可见，他多么勤奋！东涛的诗词雅兴是少年时期形成的，他在工作、学习、出差的旅途中，有什么感悟，总是以诗情来表述。"诗情常自感悟深，骚句多倚车上吟。烦琐公务缠不住，泡沫挤出寸寸金。"2011年，人民文学出版社出版了他的诗集——《中国西行放歌》。其中有一首考察宁夏贫困地区时写道："地裂井枯满坡荒，诸多农家四壁墙。欲请留名不会写，少壮竟皆新文盲。归来泪满腔。"这首诗给我感触深刻。我在宁夏政府部门工作数年，曾经带着许多经济学家到宁夏南部山区考察调研，宁夏农村的真实情况确实是"农家四壁墙"。"归来泪满腔"则是作者人文主义情怀的体现。中国诗词学会会长郑欣淼说，东涛的诗"既是用心吟出来的，也是用脚走出来的”。

韩志国曾经是文学少年，他与兄长韩志君、韩志晨联袂创作了电视机《篱笆·女人和狗》《辘轳·女人和井》《古船·女人和网》，影响很大。韩志国的吟诗才华也是突出的，他生平发表的第一件作品就是诗。2002 年，民主与建设出版社就出版了《韩志国诗选》。他还出版过的诗集有《采集者》和《人生的三个太阳》。

宋晓梧也有自己的诗词情怀，他认为，有志于从事人文社会科学研究的最好多学学诗词，尤其我国不少传统古诗词中都蕴含着深刻的人生哲理，同时，阅读诗词、创作诗词也是陶冶性情、直抒胸臆的绝好途径。“窄矮茅棚，阴暗潮湿，遍地水污。有村民叩首，搀扶不起，手托状纸，涕泗疾呼。当日劳模，如今下岗，只求居身有其屋。发人省，一声声刺耳：切莫糊涂！此情此景难书，叹贫富高低太悬殊！昔文景之治，开元盛世，永乐局面，康乾版图。四海来朝，转瞬凋敝，大厦堂皇欲倒伏。须警醒，将民生至上，再展新途！”这首《沁园春·东北棚户区调研》深刻反映出一位经济学家对经济问题的忧思。

时代是流动的，每首诗词都会或多或少打上时代的烙印。从袁宝华的《偷闲吟草》到厉以宁的《厉以宁诗词选集》，从陈征的《陈征诗词百首》到李成瑞的《千人断指叹》，从段云的《旅踪咏拾》到邹东涛的《中国西行放歌》，从韩志国的《韩志国诗选》到陈文玲的《颍川诗草——陈文玲诗词选》，他们作为经济学家，情雅成诗，爱淡成词，他们的闲情雅致自然成就了不少好诗，成为文学艺术殿堂的一道心系中国梦的人文风景。

“诗人”经济学家群体不大。他们的身份首先是经济学家，其次才是诗人。也可以称作“经济学家诗人”，但叫起来不顺口。所以，我也索性“诗情”一下，称他们为“诗人经济学家”。总体来看，我国的“诗人经济学家”都有诗以言志的特点。他们“言志”的是经济发展，是国家富强，是人民幸福。他们心系国计民生的博大情怀，在诗词作品中都有充分展示。

十一　中国经济学界的书法家

提起经济学家，人们往往关注的是他们所取得的学术成就，而其他方面的成绩常被我们忽略。在我国经济学界，就有几位活跃在书坛的名家：段云、王琢、刘诗白和任玉岭。他们写文章下笔成章——一笔不苟地用理性语言阐述经济学思想；专书法妙笔生花——用神至之笔展示了他们独特的人文情趣和恬淡虚无的笔墨韵致。他们是经济学家，又是“货真价实”的书法家，是屈指可数的“两门抱”人物。

笔底龙蛇——段云

段云（1912—1997），山西蒲县人。曾任山西第二战区战地总动员委员会宣传部代部长，抗日名将续范亭将军秘书，晋西北行署经济总局局长，中央晋绥分局研究室主任。新中国成立后，他先后任西南军政委员会办公厅副主任，西南财政部副部长，国务院总理办公室副主任，国务院财贸办公室副主任，国家计划委员会副主任（正部长级）。

段云在周总理、邓小平、陈云、李先念直接领导下，长期从事财贸部门的领导工作，参加了许多国家重要文件的起草工作，是公认的大秀才，有夫子之称。他酷爱书法，博采众长，融会贯通，自成一家，曾是中国书法家协会会员，中国老年书画研究会名誉副会长。财贸系统多单位匾牌、刊名都是段云精心书写的。如中国财政经济出版社的社名，中国工商银行的行名，《财务与会计》《金融研究》等杂志的刊名。

段云的书法不侧倚取媚，不狂怪怒张，不取奇巧，笔力雄健，淡泊天成，柔中带刚，神完气足，运腕行笔，抑扬顿挫，有节奏韵律，书法造诣很深。他的作品多被各地博物馆（文物馆）珍藏，深受广大群众喜爱，并在日本及东南亚地区颇有声誉。

段老对家乡人民有着深厚的眷恋，生前一直关注和支持家乡建设，晚年又先后两次将所藏书籍、本人书法作品和国内外名人与他交往答酬之书画数千册(件)，全部无偿捐献给了家乡。为此，蒲县专门设立了段云书艺馆（馆名由著名书法家赵朴初所题），确立事业编制并拨付经费对这批珍籍墨宝进行妥善保管和长期展出。

2012 年，“段云诞辰百年书画展”在京举行，马凯、迟浩田、顾秀莲等参加书画展开幕式。同时，蒲县举办了段云百年诞辰书画展开展暨段云铜像揭幕、《段云书法作品集锦》首发仪式。中央文献出版社出版的《段云书法作品集锦》收集的作品主要由碑碣、馆藏、石刻、牌匾、题词等组成，作品形式丰富多样。

著名书画家董寿平与段老是多年至交。董寿平很称赞段云的书法，2 人也偶有笔墨中的雅趣合作。1985 年夏，在董老的一幅苍松留白处，段云挥笔题写了一首《山松》：“劲风立绝壁，飞雪傲银空。群艳知何处，茫茫见苍松。”

段云与黄胄相交数十年，二人虽非同庚，却同年驾鹤西行。1986 年段云曾专门赋诗一首，取名“题驴诗”，黄胄闻后大喜，随笔画两头行走的驴，留大张空白处请段云补题。段云挥笔写下了诗句：“其表蹇陋其质憨，那得媚骨声呢喃。粗粝重负蹒跚路，引吭啸傲天地间。”此幅《驴诗图》一问世，就广得大家称赞。黄胄欣赏这首诗，后在其创作的《群驴图》中，常可见到此诗的影子。

笔老墨秀——刘诗白

90 多岁的刘诗白老先生认为“书法是一种精神追求，它能够净化人的心灵，是一种精神蕴养。”基于这样的认识，他悟出书法“写心、舒心、静心、修心”的境界。他说：“从书法创作和书法欣赏中人们可以获得当代人最需要的精神上的享受和心灵的净化。”数十年来，刘诗白教授在致力于经济理论教学与研究的同时，还醉心于书法艺术，意气风行，笔耕不辍，以书写心，以墨展性。

2002 年，文物出版社出版了由启功先生题写书名的《刘诗白书法集》。尽管如此，刘诗白教授总是低调着说自己在书法上还是一名小学生。实际上，刘诗白教授从十一二岁时便开始学习颜柳欧苏、二王、魏碑等。他学的是经济学，并长期从事经济理论教学与研究，但对书法的兴趣并未消失，在闲暇时也时常练练笔。先生认为，对中国书法的学习，不只是专攻艺术的人们的事，也是值得普遍提倡的事。现在，刘诗白教授每天一有空就要练字，这已经成了一种习惯。

著名作家马识途这样评价：“飘逸俊秀，潇洒自如”“在临摹中国传统书法上下了工夫，他学艺的功底是深厚的，并且展露了才华。是一个颇具功底自成一格的书法家……刘诗白走着‘由远及近，由近而远’的路子，‘于有法中求无法’，兴尽而止，必务神秀，追求高雅的艺术境界。”刘诗白教授的书法不拘古范，书随心画；尤其草书独具风骚，多姿多彩，是善于汲取、勇于创新之作，充分展现了刘诗白教授博雅高格的书品、人品与丰富深厚的学养，并自然流露出他精妙深微的内心生活及诗情画意的情感世界。

早在 2007 年，四川省书法家协会等单位就曾举办过刘诗白教授书法展。有人评价他的草书“看似娟秀流美，实则骨力内含，风度翩翩，摇曳多姿”。欣赏刘诗白先生的书法作品，都可以感受到走笔灵动飘逸，造型绰约多姿，气息氤氲，线条婉丽，神韵流动，意态盎然，可谓“一线流泉尊法相，千山走雾到苍穹”。

笔底春风——王琢

王琢（1921—2010）先生是 1940 年参加新四军的老革命，曾任中共中央中南局政策研究室副主任、广东省人民政府副秘书长、广东省体制改革委员会主任等职。

我与王琢先生比较熟悉。早在1992年，我在宁夏创办《市场经济研究》杂志时，邀请王琢先生担任学术顾问，他也经常为《市场经济研究》撰写文章，我们之间书信来往不少。看王琢先生给我的信函，总是感觉他的字写得很不一般，如美女簪花。那时我不知道先生是书法家。1993年夏，我去广州专门拜访他，王琢先生快言快语，格外热情。看到客厅挂有国画大师李可染写的赠王琢先生的条幅，才知道他是广东省书法家协会的副主席，是书法家。

王琢先生认为，“书法是一门传统艺术，也是可以交易的艺术，它范畴很广，除了书法作品，文房四宝、装裱等都属于这个产业的范畴，产业化不会影响这门艺术的发展，两者还可以相辅相成。”可见，他对书法产业化的认识是比较超前的。王琢先生对李可染的书画艺术很有研究，曾经写过《李可染画论》一书，由上海人民美术出版社出版。

笔翰如流——任玉岭

2014年11月9日，由文化部中国佛学文化保护发展中心、中华海峡两岸书画艺术家协会联合主办的“中国名家书法展”展出包括任玉岭在内的六位书法名家的百余幅作品。近两年，任玉岭的书法作品还在深圳、温州、厦门等地展出。这位书法家正是经济学家任玉岭。

年已八旬的任玉岭先生，是河南人，曾经在南开大学、天津市工业微生物研究所、中国科学院微生物研究所、国家科委新技术局工作，还一度出任北海市的副市长。现在他还担任国务院参事。

任玉岭在小学期间就天天以习字为主，大楷、小楷为必修课，练就了过硬的书法基本功。任玉岭先生的书法创作是进入新世纪后才开始的，其书法一经问世就非同凡响。纪念辛亥革命100周年书画展和庆祝中国共产党90周年书画展，任玉岭分别获得了金奖和特等奖，并荣获文化部等单位举行的“中国百名书画艺术成就展”金奖。他先后被授予“国家一级书法师”及“中国百位书画传承艺术家”“红色艺术家”“红色书法家”荣誉称号。他与欧阳中石、沈鹏、张海、言恭达并称“中国书法创新五大家”。

任玉岭先生的书法豪迈开阔，群鸿戏海，很有文人书法特质。由于书法造诣精湛，人民美术出版社在2009年选取包括任玉岭在内的60个书画家，出版了《当代艺术名家》书画集。之后，该社又选取其中的10人，出版了包括沈鹏、欧阳中石、吴冠中、范曾等人的书画专集，《任玉岭书法专集》也列于其中。

在谈到书法感悟时，任玉岭先生认为，“要学好、用好辩证法，要在黑与白、大与小、虚与实、粗与细、浓与淡、枯与润、刚与柔、疏与密等的对立统一中，创造出书法的千姿百态和美妙潇洒。”他在经济学与书法艺术上就做到了浓与淡、刚与柔的对立统一，获得了学术研究与书法艺术的双丰收。

十二　中国经济学家的红色情报传奇

情报工作特别重要，谁能够在战争之前获取准确情报，谁就能够在战争中获取主动，从而占得先机，这对现代人们来说不会有任何异议。中共情报工作历史要追溯 90 多年前。1925 年 8 月 20 日，国民党左派领袖廖仲恺遇刺身亡，周恩来意识到了情报保卫工作的重要性。1925 年 11 月，共产国际在广东开办特工训练班。1926 年 9 月 25 日，党中央派陈赓等前往苏联学习特工工作。“四·一二”反革命政变后，党中央在武汉成立中央军事部。为了不使中央重蹈在上海的覆辙，由周恩来提议，在中央军事部设立一个以情报工作为着重点的“特务工作科”。此后，我党的情报工作在第二次国内革命战争时期、抗日战争时期和解放战争时期都发挥了重大作用。

在这场没有硝烟的斗争中，我国的一些经济学家尽管没有“龙潭三杰”那样辉煌那样响亮，但他们的红色情报工作非常出彩，是隐蔽战线的无名英雄。他们默默无闻、丹心素裹的背后，却是一幕幕惊心动魄、鲜活生动的历史传奇。

（一）南汉宸——在华北地区建立地下情报网

说到杨虎城、傅作义与共产党的关系，南汉宸（1895—1967）是不能回避的人物。作为新中国金融事业的奠基人，南汉宸还有鲜为人知的身份——豫皖党隐蔽战线的卓越领导者、杨虎城主政陕西的得力助手、和平解决西安事变的参与者、晋察绥抗日统一战线的推动者。可以说，南汉宸的这些身份在许多重要的历史事件中发挥了重要作用。南汉宸曾任中共中央特科平津地区分支机构负责人、中共北方局联络局负责人、中共中央统战部副部长等，在华北地区建立了地下情报网，为党中央的战略决策提供情报，并从事惩治叛徒、审查干部、营救被捕同志、打入敌人内部策反和组织武装暴动等大量工作。

1923 年，南汉宸抵津，重新投入到反封建斗争之中。1926 年 9 月，冯玉祥考察苏联回国，奉行亲苏政策，在国民联军总部成立了以共产党人刘伯坚（1921 年与周恩来等发起组织中国少年共产党，1922 年转为中国共产党党员）为副部长的总政治部，各军也成立了政治工作委员会，南汉宸担任第三军政治工作委员会委员长。1927 年 6 月，南汉宸到潼关找到刘伯坚，一起交换了对大革命失败和北方时局的看法，刘伯坚嘱咐他一定要想办法继续留在西北军中工作。之后，南汉宸按照刘的指示随鹿钟麟（西北军著名将领，国民党二级上将，是冯玉祥的主要助手，曾将末代皇帝溥仪驱逐出宫）到达河南开封，任河南省政府秘书主任。党内受河南省负责人任作民领导。此时，党的工作处于隐蔽战线，环境非常险恶，但南汉宸在隐蔽战线上仍干得有声有色。不久，为加强对皖北工作的领导，中共河南省委决定让南汉宸带一批共产党员去皖北开展工作。南汉宸接到通知后，直往皖北。他首先向地方党组织传达了党的“八七”会议精神，然后决定将工作重点转向在当地驻军杨虎城部发展力量。杨虎城成立革命军事干部学校，任命南汉宸为校长。1928 年春，为隐蔽力量，南汉宸和魏野畴等分头行动发动武装暴动，不料有人告密，起义虽于 4 月 8 日如期举行，但由于敌我力量悬殊，激战两日，最终失败，魏野畴等中共党员壮烈牺牲。1928 年 10 月，山东军阀韩复榘接任河南省主席，由鹿钟麟举荐，南汉宸作了信阳县长。他利用合法身份多次掩护革命同志转移。1930 年，杨虎城任陕西省政府主席，南汉宸被委任为陕西省政府秘书长。南汉宸根据杨虎城的命令，释放了一大批政治犯，包括潘自力等共产党员。1931

年春，刘志丹被捕。南汉宸力劝杨虎城排除阻力，下令放人，并请陕西名士杜斌丞从中斡旋，最后把刘志丹营救出来。1932 年夏，国民党行政院电告杨虎城：南汉宸是共产党员。但杨虎城与共产党关系亲近，知道共产党的主张，加之夫人谢葆真、警卫团长张汉民，都是秘密共产党员，于是建议南汉宸夫妇东渡日本避难。1933 年夏，察哈尔民众抗日同盟军在张家口成立，南汉宸在日本收到吉鸿昌的电报，邀他回国共商抗日大计。但他回来时，抗日同盟军已经失败。南汉宸暂留天津在西北军中从事上层统战工作。红军长征初到陕北不久，中央派汪锋携毛泽东的亲笔信到西安见杨。杨虎城不知真假，遂派人到天津找南汉宸询问。正巧南汉宸、王世英要去陕北向党中央汇报白区工作，遂同崔孟博一起到了西安。王世英见到杨虎城，证明了汪锋是自己的同志。王、汪同杨虎城经过商谈，在南汉宸早先提出的 6 项建议的基础上，商订了 4 个合作原则。这些原则由王世英带给东征前线的毛泽东、周恩来，得到了中央领导的认同。从此，红军和西北军的合作序幕正式开启。

1936 年 12 月 12 日，张学良、杨虎城发动西安事变，震惊中外。中共代表团到达西安后，周恩来征得杨虎城同意，决定调南汉宸协助代表团工作。南汉宸根据周恩来指示，在杨虎城的十七路军总部处理十七路军和西安绥靖公署的公务，他和王炳南一起成为杨虎城处理复杂局面的左右手，对稳定十七路军的思想发挥了很大的作用。也可以说，经过南汉宸、王世英、汪锋等人工作，杨虎城从而成为第一个接受我党抗日民族统一战线政策的国民党高级将领。

傅作义与南汉宸都是山西人，关系比较深。南汉宸又是毛泽东与傅作义的秘密信使。在华北和绥远危机之际，中国共产党积极支持傅作义将军抗日，1936 年 8 月，中央派南汉宸到归绥（今呼和浩特市），将毛泽东的亲笔信交给傅作义。信中指出："保卫绥远，保卫西北，保卫华北，先生之责，亦红军及全国人民之责也！”1937 年底，傅作义部移防晋西北柳林镇，和八路军 120 师贺龙部隔河相望，双方往来不断，并同王若飞、南汉宸等结为知友。后来傅部移驻河曲，还邀请程子华、南汉宸等举行会谈和聚餐，交流抗战经验。南汉宸与傅作义的友谊为 1949 年傅将军率部和平起义奠定了“信任”基础。傅作义让傅冬菊替他致电毛泽东说：“我已认识到过去以蒋介石为中心统一国家、复兴民族和随蒋戡乱是完全错误的，决计将所属的约 60 万军队、200 架飞机交毛泽东指挥，以达救国救民之目的，请求派南汉宸来北平商谈和平事宜。”这封电报足以看出南汉宸在傅作义心中的分量。当时作为傅作义副手的国民党将领邓宝珊单独约傅作义在“全聚德”吃饭时，邓宝珊取出南汉宸的信，傅作义阅后首肯心折。

（二）陈翰笙——佐尔格的主要助手

理查德·佐尔格（1895—1944）是第二次世界大战中最富有传奇色彩的人物——“20 世纪间谍巨星”。他 1919 年加入德国共产党。1924 年来到苏联，1925 年加入苏联共产党。不久，苏军情报部部长别尔津招用佐尔格，在接受严格的特种训练后，佐尔格加入红军总司令部四局（负责军事情报工作），此后他终生服务于这一部门。后来，佐尔格回到德国加入了纳粹党，并在报社找到一份工作。“纳粹党和记者”的身份很好地掩藏了佐尔格的间谍活动。而这位“世界间谍史上最了不起的谍报人员”却是经济学家陈翰笙的亲密战友。

1930 年，佐尔格来到上海建立情报网——“拉姆扎小组”，任务是收集国民党政府武装力量的资料，观察最高指挥部的人事变化，同时奉共产国际之命想方设法支持红军。佐尔格到上海后，通过史沫特莱认识了陈翰笙。陈翰笙协助佐尔格在中国迅速地开展了工作，陪同佐尔格前往西安、广州等地发展情报组织。陈翰笙那时化名王如卿，伪装身份是新加坡商人。很快，陈翰笙成了“拉姆扎小组”之中国组的第二号人物——佐尔格在中国开展工作的最主要助手。以至于后来佐尔格在东京被捕后写的经历中，对陈翰笙的工作还是推崇有加。他说："在上海，我主要是和王（即陈翰笙）一起工作，只有在例外的情况才找其他成员。王把各种不同来源的资料和情报带来，我们便一道讨论。如果交来的情报和资料有必须加以说明或是补充报告的，便由他和我一起同提供者谈。我有关于情报收集的指令和要求则通过他转达。"1931 和 1932 年整整 2 年，佐尔格的中国小组每周总有一个下午在上海的霞飞路（现淮海中路）1676 号一位叫鲁特·维尔纳（共产国际功勋女间谍）的德国女士家中开会。据维尔纳女士在她晚年所著《谍海忆旧》中回忆，当时来开会的几个人中总有佐尔格和陈翰笙。

佐尔格的中国小组取得了极大的成功。他们的情报不仅给了苏联红军总参谋部，同时还给了中国共产党的红军。1932 年夏，佐尔格小组搞到了国民党对鄂豫皖根据地围剿的军事计划，包括部队集结日期、攻击方向、兵力、战略战术，陈翰笙把情报迅速交给宋庆龄（也有学者考证认为佐尔格小组通过潘汉年把情报传递给红四方面军）。红四方面军得到这一重要情报后立即进行了转移，避开了国民党军队的致命打击。总指挥徐向前率领这支部队进入了陕西和四川边界，创建川陕苏区。1933 年秋，佐尔格前往日本，次年陈翰笙也抵达日本，他们建立了"拉姆扎小组"的东京小组。陈翰笙负责在满铁株式会社中收集情报。同时，他还以经济学者的身份在东洋文库研究经济，以英文写下了两本重要的学术著作——《中国地主与农民》《工业资本与中国农民》。陈翰笙在 1935 年与共产国际远东情报局负责人华尔顿接头未成，遂从日本逃回上海，在史沫特莱和路易·艾黎的掩护下从上海吴淞口上船亡命苏联。

实际上，陈翰笙的情报生涯很早。1925 年经李大钊介绍，陈翰笙加入了国民党，并领到一个党证，但从来没有开过会。1926 年 8 月，陈翰笙又去找李大钊，李大钊将陈翰笙带到苏联大使馆，与苏联驻华大使加拉罕相识。加拉罕希望陈翰笙为共产国际做情报工作，从此，陈翰笙开始了地下工作。正是因较早从事情报的经历，为他后来在美国太平洋学会发挥更大作用准备了基础。1935 年，美国太平洋学会要求太平洋学会苏联分会推荐一位学者去美国和欧文·拉铁摩尔一起编辑英文的《太平洋事务》季刊。苏联分会派不出人，在和当时中国驻第三国际领导商量后，决定派陈翰笙前往美国。拉铁摩尔与陈翰笙关系极好，他曾说："我在中国会员里最亲密的朋友是陈翰笙和冀朝鼎，陈翰笙是中国太平洋关系学会书记处成员，1933 年我在班夫太平洋关系学会会议上首次见到他。我们马上觉得彼此意气相投。他是个非常有趣而聪颖的人。"拉铁摩尔对中国的看法是受陈翰笙的影响而形成的。这样，当拉铁摩尔担任蒋介石的顾问后，他反映的情况就可能直接影响罗斯福的对华政策。受陈翰笙影响的还有一位是 1941 年罗斯福派往中国的特使——劳克林·柯里，他无论是前往中国还是离开中国，陈翰笙都要同他进行长时间的面谈。罗斯福对宋子文、蒋夫人和蒋介石日益失去信任是从劳克林·柯里（和陈翰笙的影响）开始的。这样，陈翰笙通过拉铁摩尔这一蒋介石顾问和柯里这一罗斯福总统助理，加上太平洋学会的各种出版物等舆论宣传，陈翰笙实际上对美国的对华外交政策产生了很大的影响。

1943 年 3 月，为躲避国民党当局的逮捕，昆明突然飞来一架英国军用飞机，把陈翰笙接到印度新德里，进英国情报部设在那里的远东情报局工作。陈翰笙的这一段经历更是鲜为人知。

（三）王学文——中央特科成员

王学文有 10 年的情报生涯，与佐尔格有过合作。

在抗日战争中，中共地下工作者曾成功地渗透到日本高层和日本情报机构，直到 1942 年"中共谍报团"案发，才知道中共的情报工作如此厉害，竟然渗透到日本首相身边……

“中共谍报团”案是苏联情报人员佐尔格等在东京被捕后牵连到上海中共情报组的案件。1941 年 10 月，佐尔格、尾崎秀实等在东京被捕后，上海的中共情报组中西功、西里龙夫等受到牵连被捕。这些中共党员是一个隐藏在日本情报机构内的中共情报小组成员，属于中共上海情报科领导。中共党员能够打入日本的情报机构，是因为中共中央特科成员王学文在 1930 年代初担任上海同文书院教授期间，发展了中西功、西里龙夫、手岛博俊、白井行幸等一批同文书院的日本学生加入中国共产党。同文书院由日本外务省创办，初衷是为了培养精通中文的日本间谍，没想到同文书院里却有一批学生成为具有共产主义信念、国际主义精神的中共党员。这都归功于王学文的精心“策划”。

1930 年，王学文与宋庆龄、鲁迅、潘汉年等发起组织中国自由运动大同盟，并担任执行委员。左翼作家联盟成立时，他也是发起人之一。随后他还参与了中国社会科学家联盟、中国社会科学研究会的创立，并担任研究会的第一任党团书记。1932 年冬，王学文任中央文委书记。在这期间，他发表了大量文章，分析中国大陆经济，研究台湾和香港经济，剖析 1929 年至 1933 年资本主义世界经济危机。1933 年后，他在上海坚持了复杂而艰巨的隐蔽斗争，为积蓄发展革命力量，壮大党的统一战线，做出了重要贡献。

东亚同文书院是日本在 1901 年创立于上海的以进行“中国学”研究为专务的高等间谍学府。书院只招收日本学生，大部分毕业生都留在了中国，进入日本在华的军政外交机构、工商企业以及各地的伪政权。历届学生对中国进行的长达四十余年实地调查，内容涉及地理、工业、商业、社会、经济、政治等多方面，成果均作为当时日本对华决策的重要依据。1930 年 3 月，书院的一批日本进步青年学生，请王学文为他们举办政治经济学讲座。王学文通过讲座，对日本学生进行马克思主义启蒙教育，帮助他们树立共产主义人生观，走上革命的道路。很快，中西功就对马列主义产生了浓厚的兴趣，并与西里龙夫等一起建立了同中国团结斗争的组织——“日（本）支（那）战斗同盟”。中西功、西里龙夫后来均被王学文发展为中共特科成员，以他们为核心的红色间谍网迅速形成。中西功利用为日军特务部做情报分析的条件，自由进入绝密资料室并外出调查，通过地下电台向延安发出一系列重要情报，如日、蒋、汪三方关系变化，日军占领武汉后已决定停止战略攻势，对蒋介石的诱和进展，以及日军在华兵力调配及“扫荡”打算等。中西功还在上海建立了一个“特别调查班”，其中包括大量中共情报人员。在随后的革命斗争岁月里，他们同中国人民携手并进，在中共中央特科或上海情报科领导下的隐蔽战线，或以日本记者，或以日军顾问的身份收集大量政治、军事情报，为中国人民的抗日战争和世界反法西斯斗争的胜利做出了不可磨灭的特殊贡献。作为历史的佐证，中西功著有《在中国革命的风暴中》、西里龙夫著有《在革命的上海——一个日籍中共党员的记录》等回忆录。

西里龙夫回忆道：“……领导核心是王学文。”“王学文是河上肇的弟子，说一口流利的日语。起初我并不知道他是中共江苏省委委员。他是一位卓越的理论家，尤其熟悉经济问题，我从他身上学到了许多东西。他是我最尊敬的人物之一。我与他的联系一直没有断过。他在抗日战争时从延安，在革命胜利后从北京，经常给我带来口信。介绍我加入中国共产党的也是王学文。”“王学文还对地下斗争的方式包括技术上的一些细节问题给予我们具体指导。这样，我们便开始做在华日本人的工作，尤其是做对日本军队的工作。”西里龙夫的话，道出了王学文在情报战线上的卓越才能。

王学文的另一亮点就是把沈安娜发展为特科成员。沈安娜曾在国民党内部担任中央党部高级速记员，在蒋介石以及各种高官要员出席的会议上做速记，与丈夫华明之相互配合，潜伏长达 14 年，是蒋介石身边红色女间谍，被人称作“按住蒋介石脉搏的人”。1934 年 11 月，浙江省政府招收速记员。王学文知道后，认为这是千载难逢的机会，便让华明之以及沈安娜的姐姐姐夫对其进行启发教育。沈安娜谨记党组织嘱托，独自一人去了杭州，刻苦学习，以每分钟 200 字的记录速度和一手好毛笔字被正式录用，成为议事科唯一的一名女速记员。1935 年 1 月，经王学文批准，沈安娜成为我党隐蔽战线“中央特科”一员，走上革命道路，为我党搜集了大量的军事战略情报，从未暴露。

（四）徐雪寒——潘汉年的得力助手

1933 年 5 月，走出国民党监狱的徐雪寒去南昌投奔表妹夫王新衡，王新衡是军统特务，徐雪寒利用这一关系及其姐夫（蒋介石副卫侍长）等亲戚关系，为中共获取不少重要情报。这是徐雪寒情报工作的开始。

1935 年 8 月，徐雪寒受党委托，承办新知书店，任经理、总经理等职。新知书店在编辑出版图书的同时，还担负地下党活动机构运行等政治和经济的功能任务。从此，作为出版家的徐雪寒，充分利用书店开展地下工作。1937 年 12 月，中共中央在汉口设立长江局，建立中国出版社，完全委托新知书店办理。1940 年夏，徐雪寒作为新知书店负责人，和生活书店的徐伯昕、读书出版社的黄洛峰到红岩咀 13 号八路军办事处接受任务。根据中共中央决策和周恩来指示，3 家书店携带纸型、书籍和资金分两路赴太行和延安等地开设华北书店。1940 年冬，周恩来交给徐雪寒一项特殊任务。从新知书店挑选一批能做买卖的可靠的党员干部，到江西、福建、浙江一带开设四五个灰色书店、文具店等，隐蔽待命，准备必要时作为掩护和交通站之用。1940 年初至皖南事变前，新知与生活、读书这 3 家书店在各地的分店陆续遭遇查封。徐雪寒采取分散经营策略，从桂林撤退，从事地下工作，向根据地输送书籍、药品、医疗器材及至军用物资。1943 年 3 月，徐雪寒辗转到达苏北根据地，协助潘汉年工作。这段时间，潘汉年与徐雪寒形影不离，潘汉年多次委派徐雪寒去南京接关系，大约每20天左右，交通员去上海取回资料，由徐雪寒负责审阅，经过分析、研究、提炼和归纳后，拟成若干份报中央或通报所属各师的电文，由潘汉年审阅后提请华中局领导签发。潘汉年系统的情报工作为党获取重要战略情报，多次得到中央的表扬。

著名的红色女特工朱枫是徐雪寒曾经的属下，是徐雪寒介绍她入党并调遣她做贸易，为隐蔽战线管理经济事务。徐雪寒在回忆朱枫时这样说："她将变卖家产所得，向新知书店投入了一笔数额较大的资金。说投资，这是门面话，实则是对党的出版事业的无偿捐献。对于资金十分窘迫的书店来说，实在是雪中送炭。大大鼓舞了我们在艰苦生活中坚守岗位工作的士气。""她有交际能力，轮到在门市部站柜台时，逢到官方检查人员，能应付自如，对进步读者，能很好照顾，千方百计满足他们对书籍的要求……这些都大大增加了党组织对她的理解和期望。""朱枫不仅要搞好经济工作，还要负责秘密联系和掩护一些党的领导同志以及保护他们的安全。那时候我和陈明同志要去香港，时而回根据地，时而来上海，朱枫对我们的安全照顾得非常细心和周到。"徐雪寒的回忆，使地下情报工作的危险性、复杂性跃然纸上。

潘汉年领导的对日情报战，堪称世界情报战史的辉煌篇章。徐雪寒为此付出了很多心血。晚年的徐雪寒在与他的儿子徐淮谈到情报工作时，徐淮说："地下工作可以做，情报工作要是我，绝不做！不然出了事，谁能为我证明？"是啊，没有人能为徐雪寒证明。即便如此，假如历史重演，徐雪寒还会坚持做情报战线的无名英雄。

（五）冀朝鼎——最成功的战略潜伏者

冀朝鼎与上述4个人不同，他是直接打入国民党决策层的"卧底"。国民党元老陈立夫在回忆录——《成败之鉴》中说："冀朝鼎祸国阴谋之得逞。"

1963 年 8 月，冀朝鼎逝世后的公祭仪式由周恩来、陈毅、李先念等担任主祭。这种规格显然超出惯例。原本只安排的一般追悼会，报告送到正在外地出差的周恩来。周恩来批示：第一，在治丧委员会中加入他和邓颖超的名字；第二，他要亲自参加追悼会；第三，追悼会要在首都剧场举行。周恩来作为冀朝鼎在 1949 年以前唯一的上级，也只有周恩来真正了解冀朝鼎的“战略性”作用。

悼词中的“尤其在秘密工作时期中，他能出淤泥而不染”这句话，是周总理在审稿时亲自加上的。这既是党和人民对冀朝鼎同志的崇高评价，也反映冀朝鼎的背后有一段鲜为人知的“潜伏”生涯。

1927 年春，冀朝鼎作为美国反帝大同盟和中国留学生“中山学会”的代表，前往布鲁塞尔参加世界反帝大同盟等组织召开的第一次大会。经与会的中共代表介绍，他毅然加入了中国共产党。作为美共中央中国局的创始人，冀朝鼎参加了最初的领导工作。嗣后，冀朝鼎参加了共产国际中共代表团的工作，结识了周恩来并使他很快成为周恩来的翻译。他后又回到美国继续攻读经济学，获得哥伦比亚大学的经济学博士学位。

或许是组织授意，抑或是处心积虑，冀朝鼎结识了美国财政部货币研究室的柯弗兰，并发展他加入了美国共产党。柯弗兰又将冀朝鼎介绍给美国财政部的经济学家，其中包括罗斯福的助手居里和美国财政部长摩根索的助手白劳德。美国太平洋学会《太平洋事务》季刊的负责人拉铁摩尔是研究中亚问题著作等身的学术权威，第二次世界大战期间被罗斯福总统推荐给蒋介石做私人顾问。拉铁摩尔与冀朝鼎关系极好，他曾说中国会员里最亲密的朋友是陈翰笙和冀朝鼎。

1939 年，著名银行家、中国近代旅游业创始人陈光甫（1881—1976）要物色得力助手，在美国财政部工作的美共关系人把当时已享有盛誉的冀朝鼎介绍给陈光甫。宋子文、孔祥熙访美期间，陈光甫把冀朝鼎介绍给宋孔二人。鉴于冀朝鼎与孔祥熙同是山西人，他的父亲冀贡泉还曾是孔祥熙的老师，冀朝鼎自然而然博得了孔祥熙的厚爱。1941 年太平洋战争爆发，中美贸易中断。陈光甫与冀朝鼎回国。借此机会，冀朝鼎被中共秘密派到国民政府从事经济工作，开始了他一生中最为精彩的“潜伏”生涯。

冀朝鼎借助已担任美国驻华使馆商务参赞的爱德华的帮助和孔祥熙的赏识，他经常出入孔府，成为宋霭龄的座上宾。此时，蒋介石正迫切需要一位了解资本主义的经济专家，以随时顾问左右。于是，经过孔氏夫妇推荐，冀朝鼎得以谒见蒋介石，被任命为用美国提供的外汇来稳定国民政府货币的“平准基金委员会”秘书长。由于孔祥熙的推动和美方的认可，冀朝鼎最终主导了拥有 1 亿美元基金的平准基金会。1944 年，孔祥熙任命冀朝鼎为中央银行外汇管理委员会主任，并带他参加了创立国际货币基金组织和世界银行的会议。由于法币与外汇具有密切的关联，冀朝鼎开始对国民政府的货币政策具有相当重要的发言权，逐渐成为国民党政府决策层的主要经济智囊。

1946 年，内战爆发。周恩来在撤回延安前通过邓颖超给冀朝鼎留了一封书信。信上说：“本拟留书给你，以临行匆忙未果。特代草数行以寄意。兹际时局严重，国运益艰，尤需兄大展才能之时，深望能作更多贡献。”正是因为与周恩来单线联系，并受其指示的冀朝鼎趁机向宋子文、孔祥熙建议，以金圆券替代法币，整顿金融市场，使货币重归统一。宋孔大喜，自以为良策，决心采纳这位著名经济学博士的建议。事发不到 1 年，国民党政权迅速崩溃。当然其原因主要是军事战略失败，但金融市场的破坏加速了这种灭亡，则是不争的事实。

1948 年，冀朝鼎受山西同乡傅作义邀请，担任华北“剿总”司令部经济处处长。周恩来获悉后，于 1948 年 12 月 3 日致电潘汉年，指示可请冀朝鼎应傅之邀北上任“华北经委会”副主任，以便做傅的工作，“动摇傅之抵抗决心”，并影响华北产业界人士乃至某些外资代表“坚留华北”“反对南迁”“尽一切努力保全华北经济系统中的各种生产设备、科学器材及专门人才，以利我军入城后的接收。”因此，冀朝鼎此行也是专门受周恩来派遣，意在与其父冀贡泉一起策反傅作义。因为冀贡泉和傅作义私人关系很好，傅就是在冀贡泉的住处同中共秘密谈判决定起义的。

北平刚解放，他还没来得及换装，穿着国民党呢子军装，坐着美军吉普车出门，结果被解放军抓住，以为他是漏网的国军高官。情况汇报到负责北平地下工作的中共北平市委书记刘仁那里，他立刻让放人。从此，冀朝鼎的共产党身份才正式曝光。“这让国民党大吃一惊，美国人大吃一惊，我们自己的同志也大吃一惊。”

在国民党内，冀朝鼎是孔祥熙的亲信，在政经学术各界都有不少熟人和朋友，如宋子文、翁文灏、胡适、蒋廷黼、陈光甫、贝祖贻、席德懋等都有交往，同许多达官贵人，过从甚密。他是我党在国民党内部钻得很深、接触很广的人。可以说，冀朝鼎先后利用担任国民政府外汇管理委员会主任、中央银行经济研究处处长等合法身份，费尽心机为中共中央提供了许多重要经济战略情报。冀朝鼎的“战略潜伏”意义和作用正在于此。

冀朝鼎“潜伏”的精彩之处就是他“出污泥而不染”，忠不避危，全身而退。

人们常说“土八路”，实际“土八路”还有许多高级知识分子，其中不少还有“留洋”经历。以上经济学家把情报工作做得如此出色，能成功渗透到日本高层和国民党决策层，“土”是做不到的。他们的智慧和“留洋”经历，融入到情报工作中，处处洋溢着“洋”的气息。这五个人虽然都从事情报工作，彼此之间或多或少总有关系：南汉宸和冀朝鼎都参与策反了傅作义，冀朝鼎和陈翰笙又都在美国太平洋学会共事，陈翰笙和王学文与佐尔格有过合作，王学文和徐雪寒分别与潘汉年做过情报工作。这个微妙关系，其背后的故事更是鲜为人知。我们无从探究他们“潜伏”的心路历程，也自然无法揭秘那段为民族解放而从容淡定的情报生涯。

战争的硝烟可以散尽，但情报战线的较量从未停止。作为经济学家，他们有超常的分析能力和洞察能力，对情报的甄选及价值豁然确斯。另一方面，他们深知经济在战争中的重要作用，无论是战略性情报还是策反重要人才，都显示出与众不同的高超手段。

十三　影响中国发展的经济学家

前不久，有人提出“经济学家越来越没有用”，认为“经济学家是一群被过度信赖但名不副实的名利之徒”，他们继而说“经济学家预测对房价了吗？预测对金融危机了吗？互联网的兴起与经济学家有关系吗？……”记得2007年著名经济学家吴敬琏参加一个论坛活动时说，“我知道我说这个话一定要挨骂，中国的电力能源价格偏低，涨价是必然的。”经济学家在承担责难的同时，还要承担民意的压力。“经济学家挨骂”的现象折射出经济学家群体所面临的负面影响日趋严重。

那么，对经济学家的影响该如何评价呢？谈这个问题需要弄清楚“经济学家”这个概念。

有的认为，经济学家是指从事经济学理论研究及其应用工作的人，其衡量标准是有没有自己的经济学范式与原创理论。我个人认为，经济学家就是经济理论家。由于经济理论涉及的范围比较广，学科体系也在不断扩展，新的分支学科不断出现，因此，“经济学家”这个概念必须有一定的包容性，是一个动态的概念。比如，会计学家、审计学家完全可以纳入到“经济学家”的范畴。比如，经济史学家、经济管理学家也可以称之为经济学家。对于一些边缘学科、交叉学科，比如从事经济社会学的理论家，可以是社会学家，也可以是经济学家；再比如，从事经济地理学的理论家，可以是地理学家，也可以是经济学家。但是，对于从事经济预测理论的，我认为他们只能是“预测家”，不算是经济学家。因为“预测”是无边际的，有“赌”的成分，难以预料的东西很多。这与“经济学”所探讨的“规律性”是完全不同的。因此综合考虑，经济学家就是指在经济学理论（包括部分涉及经济学的边缘及交叉学科）中有一定造诣、有原创理论的人。

对于那些自封的“经济学家”则不是我们所收录和研究的对象。

影响是指以间接或无形的方式来作用或改变。从经济学家的职业看，经济学家对中国发展的影响主要体现在学术成果——可能影响高层决策、可能影响经济社会政策、可能影响人们对经济发展的预期及经济生活。而“影响力”如何，还得具体看学术平台、学术职务、学术研究领域、社会历史背景、经济环境形势等。所以，分析研究经济学家对中国发展的影响，困难多，学术成果不经过10年或更长时间的实践检验，“影响”难以判断。从诺贝尔经济学奖看，为什么获奖人几乎总是年龄比较大的，这方面的考量是毫无疑问的。

我记得广东经济出版社在2009年出版过由吴敬琏、厉以宁、张卓元等主编的《影响新中国经济建设的100位经济学家》（全套8册），该书在北京召开了论证（编辑）委员会会议，邀请了北京、上海、天津等地的经济学家作为推荐人，在全国范围内推出真正有影响力的百位经济学家，经过充分讨论并投票，最终确定了“影响新中国经济建设”的百位经济学家入选名单。从这套书的内容看，对入编的经济学家只是收录几篇学术代表作品和个人自传。（该书改叫“影响新中国经济建设的100位经济学家作品选”可能更恰当）当然，所收录的代表作品肯定是有影响的，但具体这百位经济学家对新中国经济建设的“影响”体现在哪些方面，该书没有解读，自然没有“答案”。这也许正是评价经济学家对中国发展影响的“困难”所在。

从我国改革开放的发展历程看，经济学家发挥了应有的作用。有人认为，中国经济学家在改革发展中的功过是大概应该是“七三开”，即有功者占70%，有过者占30%。从经济学家在对改革本身建言献策看，这是有一定道理的。有一位香港的经济学家“郎某某”，10多年前通过媒体刮起“顾郎之争”的旋风，“影响力”随即在内地“爆发”，之后经常为股民推荐股票，近年又为某些企业“站台”，这位“最敢说真话的经济学家”“被围堵”，出场费颇高，十足的明星派头。这样以“预测”为主业的“经济学家”（包括有些所谓的“首席经济学家”）充其量不过是“经济分析师”“经济预测师”，他们并不是严格意义上的经济学家。

经济学家搞“预测”是有悖于他们的学术理想。夏斌曾经说过，“经济学人应该是良心的守望者，知识的守望者，不能趋炎附势，不能人云亦云，更不能见风使舵。如果经常是今天否定自己的昨天，今年否定自己的去年，不断地打自己的耳光，这样的经济学人是没有出息的。”而有的经济学家作“预测”的背后是政府工作的需要。在20世纪80年代，经济建设成为国家的中心任务，GDP（国内生产点值）增长多少，影响增长的因素有哪些，产业政策如何选择等等，从中央到地方，都要问计于经济学家，特别是每5年要搞一次自上而下的“规划”，“预测”是必选题。严格地说，政府的经济预测是实际工作的需要，是给老百姓的一个预期希望。经济学家为政府提供“预测”服务仅仅是“职务”行为（实际是政府行为），不能说是“职业”行为。而媒体也没有考虑其他，经常在新闻宣传中以“著名经济学家某某预测明年GDP增长10%”为题吸引读者眼球。也难怪中化集团公司董事长宁高宁在“2017亚洲金融论坛”说，“经济学家对中国经济预测基本全错。”长此以往，老百姓都认为经济学家是专业搞“预测”的，把对经济学家的“预测”转化为经济趋势的“预期”。这其实是一个误区。

经济学家不是做“预测”的，不是预测经济增长率的，更不是预测股市的，而是分析研究经济规律的。至于互联网的兴起，这是科技领域的新事物，经济学家又怎么左右“互联网”？难道让经济学家都得精通门门学科？像于光远这样“跨学科探索的宗师”都做不到门门精通，又怎么能扯到“互联网的兴起与经济学家有关系吗”，如此生拉硬扯不是有点滑稽吗？从这个事情可以看出，人们对经济学家对社会经济的影响，在认识上有失偏颇，至少是不全面的。从近几十年宏观经济理论的发展总结看，没有哪个经济学家能建立提前预判未来的经济模型。

从改革开放的大环境看，影响中国发展的经济学家主要是党和政府的智库机构和高校学术机构的学者。孙冶方、薛暮桥、于光远、厉以宁、吴敬琏等对中国发展的影响，除了学术方面的，还有职务方面的（包括人大代表、政协委员）。他们影响的途径：一是高层咨询、参与有关报告（讲话）的起草；二是政策制定前的研讨交流；三是学术精英的培养。影响途径深刻“影响”着结果，比如杜润生，他基于长期对农村问题的关注，对农村经济的思考及分析，“家庭联产承包责任制”得到了中央高层的认同。这个学术影响是完全可以肯定的。但是，如果杜润生不是“中央农村政策研究室”主任，“影响”是不是打“折扣”？我认为，学术影响与职务影响都是构成经济学家“影响”的双重主体，特别是为高层决策提供智囊服务的经济学家，他们的前瞻性、战略性的学术成果，是发挥“影响”的决定性因素。当然，我们不能否认学术影响是起主导作用的。杜润生领衔的农村改革研究领域常常聚集了一大批国内优秀的学者（特别是青年学者）共同参与，形成对于全国农村改革研究的辐射力和引导力，这就是领军人物和一般孤军奋战的学者最大的区别所在。当然，杜润生是一个杰出的学术组织者和领导者，有超强的学术组织能力，加上宽厚待人，在学术界人脉极广。他以宽阔的胸怀把各种各样的青年人才聚集在自己身边，他带领的“九号院”团队在全国一直居于农村改革的核心地位，人格魅力也是构成杜润生“影响”的一个方面。

另一方面，评价经济学家的学术影响，必须结合多方面的因素加以综合考虑，特别是学术思想贡献。学术贡献是学术影响的核心，要把学术贡献放在中国经济与社会文化的发展环境中加以分析，看其所创新理论的指导意义，看其所创新理论的适用价值与借鉴价值，看其所创新理论是否被决策层采纳。就我国实际情况看，评价经济学家的影响需要从三个方面考虑：一是从战略层面评价。从我国改革开放初期实施的沿海发展战略到 21 世纪的西部大开发战略，从“一带一路”倡议到雄安新区发展战略，这些高层战略都有经济学家的学术思想和理论智慧，他们对“战略”层面的影响都是客观存在的。二是从国家出台的政策层面评价。从 20 世纪 80 年代的一系列“一号文件”到党的十八大以来出台的关于全面深化经济体制改革的政策看，经济学家的影响特别突出。比如“稳中求进”的改革思路，张卓元、戴园晨等经济学家的学术观点就起了很大作用。三是从微观层面和百姓生活层面评价。这是老百姓能看得见摸得着的“影响”，从农业税的取消到“二孩政策”的全面实施，从扩大企业自主权到鼓励企业创新，从劳动力市场的建立到互联网金融的发展，从最低工资标准到社会养老保险政策的全覆盖，经济学家的影响都应该给予肯定。

（一）影响中国国防建设的经济学家

新中国的国防建设经过 70 多年的发展，人民解放军已经由单一军种的军队发展成为诸军兵种合成的强大军队，建立起完整的国防科技和国防工业体系。经济建设是解决包括国防和军队建设问题在内国家建设所有问题的基础，国防和军队建设是经济发展和国家安全的保障。但加强国防和军队建设，必须首先加强国家经济建设。从这个意义上说，中国的国防建设与发展，与部分经济学家的学术贡献密不可分。比如，注重国防建设与经济建设的协调发展、在国防经济建设中逐步引入市场机制、实施军民融合发展战略等等，这些具有中国特色的国防建设经验，其背后都有经济学家的学术主张和学术智慧。当然，他们对国防建设的影响，有的是直接，有的是间接的，而且主要是在改革开放以后。

宦乡（1909—1989）是“文化大革命”结束后10多年里国内外公认的国际问题专家，也是新中国对外学术交流的开拓者和领军人物。在推动改革开放，特别是对判断世界形势和调整外交政策的拨乱反正上，宦乡和以他为首的国际问题研究团队曾经做出了一定的贡献，对中央领导起到了一定智囊的作用。宦乡作为外交家，也是一位著名的经济学家。他深谙国防、外交、经济的内在关系，以经济学家的学术智慧和外交家的视野，对国防建设提出了不少有重大意义的政策建议。1986年3月，宦乡在谈到未来国际环境和我国的国防建设时指出，我国国防建设的总目标是，“到21世纪初期，也就是用25—35年的时间，把我国的国防实力、经济实力，发展到能够支持我国对世界‘大三角’真正起作用，对亚洲事务有一定的行动自由和决定性发言权的水平。……从而使我国成为具有抑制战争、维护世界和平的综合国力的全球性强国。”宦乡还就国防建设的任务、国防力量的特征、发展道路的选择提出自己的看法。宦乡的这些学术思想，对推动当时的国防建设，其影响是突出的。

吕政（1945—）的研究领域主要集中在工业发展理论和企业经济理论方面，在工业经济发展、工业结构调整、工业对外开放、国企改革及国防工业等领域取得了一系列有独到见解的成果。吕政在解放军总后勤部系统从事军需工业生产技术管理和企业技术革新方面的调查研究工作达8年，对国防工业经济有了较深认识——“军事工业是我国工业体系的重要组成部分，高度发达的军事工业是国防现代化的物质技术基础。历史告诉我们，落后就要挨打。经济上去了，国防现代化自然就能实现的观点是不全面的。国防现代化的前提是经济的发展，但有了钱仍然买不来国防现代化，因为先进的武器装备人家不卖给你。因此在发展经济的同时，丝毫也不能放松国防科技工业的发展。”因此，吕政的重要职责是关注和研究军事工业，发表的《对我国军事工业管理体制改革的初步探讨》《国防工业的发展及其现代化》《论国防工业向市场经济的转变》等文章都是有影响的。

库桂生（1946—）长期从事国防经济学教研工作，是新中国国防经济理论开拓者之一。在国防经济学基本理论、国防经济学说史、中国国防经济史等方面均有建树，并始终站在学科发展的前沿。库桂生主编或合作的专著多部，为国家机关和军委总部撰写大量咨询报告。他和宋振铎著的《国防经济学概论》（湖南人民出版社 1986 年版）作为新中国第一部正式出版的国防经济学专著，在国防经济学界产生重大影响。他主编的《国民经济动员》是新中国第一部专门研究经济动员的理论著作，对我国国防建设有重要的指导意义。

顾建一（1953—）作为国防经济学科带头人，他的学术成果丰富。他对国防建设的影响主要体现在曾先后参加了军队资源战略统筹、军费预算制度改革、军队预算改革、军队保障社会化改革、军队联合保障制度改革等重大专题研究，同时参与了不少涉及国防建设的重要立法研究工作。

武希志（1953—）主要从事国防经济和国防动员研究，多次承担国家和军队重大课题研究，在学术及实践上做出了突出贡献。他主持的《经济结构调整与国防经济发展》《国防和军队建设走军民结合寓军于民道路研究》等重点课题，对“军民结合”进行理论创新，提出了国防和军队建设要实行军民融合式发展。他主编的《国防建设资源配置制度研究》是从制度方面研究国防建设资源配置的力作，提出国防建设资源配置是国防和军队建设的重要抓手，必须以国防和军队科学发展牵引资源的科学配置发展、统筹国防建设资源与民用资源，调整国防建设资源配置结构，促进新的国防产业形成和发展，将国防建设资源配置在效能最大的战略能力、关键领域和战略方向。

姜鲁鸣（1955—）在军民融合发展、国防费经济学、中国国防经济史、现代国防经济理论等研究领域不断探索，取得的学术成果都是对国防建设有重大指导意义的。姜鲁鸣最先把西方国防经济学说引入研究，带领团队翻译了《国防经济学手册》第一、二卷，为国内第一部系统介绍当代西方国防经济学原理以及前沿问题的译著。他主编的《现代国防经济学导论》是国内第一本运用现代经济学方法和工具阐释国防经济原理的专著，并在学界引发了一场“中国国防经济学转型”问题的大讨论。他从史学视角研究国防经济，撰写的《中国国防经济历史形态》成为中国国防经济史学产生的标志性著作。姜鲁鸣还在国防和军队建设尤其是军民融合发展上，深入进行调查研究，若干咨询报告得到高层批示。

樊恭嵩（1955—）的主要研究方向是国防经济、军事后勤和宏观财务管理。他以宽阔的学术视野和战略眼光，撰写的《国防费概论》《大国防》《军人消费经济学》《国防人口论》等著作具有填补学科空白的价值。《空军作战经济保障概论》是樊恭嵩主编的一部代表性著作，该书针对空军作战需要，提出了战区经济建设与经济保障的构想及作战财力保障的对策性措施。这部著作的影响在于，根据我国未来空军作战的使命探索作战的经济保障问题，贴近实战，突出针对性，对指导战区经济建设意义重大。

陈炳福（1964—）最主要的学术贡献是军费经济理论。他在国内首次提出适度防务负担理论，提倡国防支出适度滞后的原则，普遍被决策层和研究者接受；在我国较早介绍和运用现代国防经济理论和方法，推动中国国防经济研究框架和方法的创新；运用现代国防经济学研究方法，对中国国防支出的经济效应进行了系统研究。陈炳福的这些理论研究成果先后被美国国防部、兰德公司等著名机构，美国、英国、日本等国家或地区学者，以及国内学者广泛引用或转载。

杜人淮（1964—）对国防建设的影响主要体现在国防工业和军民融合两个方面。他在国内最早系统研究并发表了民营企业进入国防工业领域参与装备科研生产和维修的研究成果，国内最早对国防工业运行中的政府与市场问题进行了系统研究，系统总结了我国国防工业在促进中国区域经济协调发展的历史进程中扮演的极其重要角色，研究分析了如何进一步发挥国防工业助力区域发展战略，以及发挥国防工业促进区域经济协调发展功能需把握的关键点。杜人淮还围绕军民融合发展的许多重大理论问题开展了系统研究，推出了大量的精品力作，他认为中国特色军民融合式发展既具有军民融合的一般特征，也具有鲜明的中国特色。中国特色军民融合式发展需借助一定的形式来实现，概括起来讲主要有军民共用共享、军民相互转化、军民功能互嵌和军民优化组合等形式。

陈波（1971—）长期致力于国防经济理论与现实问题的研究，在国防经济学基本理论、前沿方法、国防经费、国防工业等传统研究领域和经济与安全、冲突经济、战略资源、投资安全审查等前沿研究领域都取得了突出的研究成果，提出的一系列有价值的理论观点，对国防建设产生很大学术影响。特别是他面向国防和军队重大战略需求，积极提供重大决策咨询建议，努力为国防建设和军民融合国家战略服务。陈波主持研究的《关于统筹经济建设和国防军工建设》研究报告所提出的关于通过投、融资促进军民融合深度发展的有关措施被写入国家“十二五”统筹经济建设和国防建设规划；他承担的《国民经济动员经费保障问题研究》，对国防经费中国民经济动员经费的特点、事权划分、转移支付、支出责任等问题进行了深入的理论与实践研究，所提建议和意见被国家经济动员办公室、财政部国防司写入《中央财政补助地方国民经济战备动员经费支出管理暂行办法》。

当然，影响国防建设的经济学家还有郝万禄、游光荣、吴少华、陈晓和、朱庆林等人。

（二）影响中国农村经济的经济学家

从我国农村经济发展的历史看，经济学家或多或少影响着农村经济。从

1978 年开始的农村经济改革看，一批经济学家的重要作用非常明显。他们立足中国农村实际，致力探索改变农村贫穷落后的经济理论。从中央历年出台的农村政策看，总有经济学家的“影子”，他们提出的联产承包责任制、农业产业化、农村土地制度建设、新农村建设等一系列的理论观点与政策主张，始终伴随着中国农村现代化的发展进程。

从理论贡献和农村实际效果看，杜润生（1913—2015）是影响中国农村经济的第一人。在杜润生影响下，一批经济学家参与了农村经济改革的实践与理论创新。

1982 年春，国家农委撤销，成立了中央农村政策研究室和国务院农村发展研究中心，杜润生任主任，吴象（1922—）任副主任。吴象在杜润生的领导下工作了 10 多年。1995 年他们又“落户”于农业部离休。吴象曾经协助万里在安徽推动改革，后协助杜润生制定五个“一号文件”，先后出版了《阳光道与独木桥》《昔阳到凤阳》《中国农村改革实录》等著述，不遗余力地推进中国农村改革，为我国农村改革做出过有益的贡献。

王贵宸（1929—）是涉及包产到户理论的先行研究者之一。1977 年 5 月，王贵宸转入中国社科院农经所工作，先后任副所长、所长，出版了具有较强影响力的《中国农村经济改革新论》等著作。1979 年 5 月，王贵宸与魏道南合作写出了《联系产量的生产责任制是一种好办法》，文章说：联系产量责任制是目前农村人民公社生产队实行的一项生产责任制度的具体办法，其特点是把生产责任制与劳动的最终成果联系起来，更适应农业生产的特点，有较大的优越性。文章表示，联系产量的责任制，既可以联系产量到组，也可以联系产量到人——实际上认为可以包产到户。这篇文章在《农业经济问题》创刊号上发表，后来获得了 1984 年度孙冶方经济科学奖。他还写了《论包产到户》《专业承包联产计酬制的几个问题》《论专业承包联产责任制》等文章。1982—1983 年，王贵宸又与人合写了《农业生产责任制的建立和发展》一书，比较系统全面地总结了以家庭经营为主要形式的联产承包制。王贵宸的这些探索，对促进农村改革起了积极作用。

王耕今（1911—2007）曾任中国农村发展问题研究组临时领导小组顾问，为后来在农村改革中做出重要贡献的一批年轻人集聚在农村发展所内，形成强有力的研究智库，做了许多实际工作。1980—1985 年，作为中国农业经济学会会刊《农业经济问题》的总编辑，王耕今组织了家庭联产承包责任制、农业结构调整等一系列重大理论问题的探讨，使《农业经济问题》成为当时农业经济理论拨乱反正和宣传农村经济改革的主要阵地。他的这些努力，对农村改革起了一定的推动作用。王耕今组织编写的《乡村三十年》，真实记录了新中国成立以来安徽省凤阳县农村 30 多年社会经济发展变化，被学术界誉为了解我国农村发展的一部重要的参考书。此外，他还研究农业生态经济问题，为推动生态经济研究做出了贡献。

詹武（1921—2014）于 1978—1987 年在农业经济研究所、国务院经济研究中心和国家体改委担任领导工作。他一边辛勤工作，一边勤奋笔耕，《完整地执行农林牧副渔并举的方针》《中国农业的现代化道路》等文章对中央领导层决策产生了较大影响。

王叔云（1923—2002）在农经学界首先提出建立社会主义农业宏观经济管理学的问题。王叔云认为，农业经济作为部门经济之一，属于国民经济的一个重要组成部分，是宏观经济的一个重要层次，有必要相应建立农业宏观经济学和农业宏观经济管理学。对农业现代化问题，王叔云认为，农业现代化指的是当代农业生产力发展状况和已经达到的水平，是一个农业生产能力大小、高低、先进或落后的标志，是一个属于生产力的范畴。衡量我国农业现代化的主要标准，仍然是农业劳动生产率。只要在提高劳动生产率的同时为剩余劳动力安排出路，把两方面的工作结合起来进行，就能走出一条符合我国国情的农业现代化的新路。王叔云关于农村经济发展的其他问题，都有独到见解。

周诚（1927—2014）一直从事农业经济与土地经济的教学与研究工作，是中国农业经济学术领域中的资深学者、中国土地经济学术界的主要代表人物之一。周诚撰写的《农业扩大再生产》《按客观规律办农业》《社会主义农业经济管理问题》《关于农业规模经营的几个问题》等论著曾在学术界引起较大的反响。他是我国第 1 本和第 2 本社会主义农业经济学的主要编写者之一，对该课程的教学和学科建设做出了开拓性的贡献。

夏振坤（1928—）致力于农业和农村经济研究，围绕农村现代化转型问题阐述中国社会主义的现代化道路，花费了大量的心血。他在《中国农业发展模式探讨》《绿色革命之路》等论著中提出的“三维农业”理论、“农工商一体化”“城乡交融发展”等观点，对中国农业现代化实践有重要的参考价值。

牛若峰（1928—2015）是农业技术经济学奠基人之一。他一贯坚持理论联系实际，从 20 世纪 80 年代初研究农业技术经济到 20 世纪 90 年代研究农业产业化经营，研究揭示了国家工业进程中中国经济偏斜循环与农业曲折发展的周期规律性，开创了中国农业产业化经营理论，为促进农业经济管理学科发展做出了重要贡献。牛若峰多次参加中央政策研究室、国务院研究室、农业部和原国务院农村发展研究中心关于农业改革与发展政策的讨论，对我国农村经济改革与发展做出自己的贡献。

严瑞珍（1929—）长期致力于农村经济研究，所主持的“中国农产品剪刀差研究”“反贫困中的市场与政府行为”“转轨时期中国农民行为与政府行为轨迹”等大型研究项目，成果丰富，影响广泛。他首次提出把剪刀差划分为比价和比值剪刀差，并采用把工农业劳动力折合为标准劳动力的方法来计算剪刀差；首次提出了工农业互相支持、协调发展是处理我国工农业关系的唯一正确的方针，而不是所谓的“先以农补工，然后工业反哺农业”等。同时，他把中国农村改革的声音传向世界农业经济学界，对中国农村经济的影响颇深。

陈吉元（1934—2003）在乡镇企业、农村工业化与城市化、农业产业化、农村劳动力转移、农村金融、农民收入、粮食问题、邓小平农业思想等问题上，都进行了深入研究。陈吉元常年深入贫困农村地区进行深入细致的调查研究工作，写出了许多具有理论水平及实际价值的论文和研究报告，对党和政府制定有关农村发展的一系列政策起到了重要的作用。

张晓山（1947—）的主要研究领域是农村组织与制度及合作经济理论与实践。除了一系列论文和专著外，他主编的《新中国农村 60 年的发展与变迁》是集中社科院农村发展研究所全所之力撰写的一本全景式论文集，在研究农村改革的国内学术理论界广有影响。

陈锡文（1950—）长期从事农村经济理论和政策研究，一直是中国制定农村政策的参与者之一，参与起草了自 20 世纪 80 年代中期以来的大部分关于农业和农村政策的中央文件以及国家“十一五”规划编撰的组织、协调和起草工作。由于陈锡文在我国农业与农村政策研究及决策领域做出了杰出贡献，加之长期供职的中央农村工作领导小组是中共中央领导农村工作、农业经济的议事协调机构，使得陈锡文在农村、农业经济工作领域等重大问题的决策上有相当大的影响力。

温铁军（1951—）长期关注农村，研究农村。他的“三农”情结和责任感，写出的《世纪之交的“三农”问题》《“三农”问题的认识误区》《当“三农”遭遇 WTO》《半个世纪农村制度的变迁》等研究成果自然影响了农村政策的走向。

朱玲（1951—）注重对农村贫困群体、农民工、妇女和少数民族的生存和发展状况进行追踪调查，研究了农村经济改革对农户经济安全的影响、减贫政策、农村居民和农民工养老保障等课题，是影响农村发展的女性经济学家。

杜鹰（1952—）长期从事农村改革和发展的政策、理论研究、参与政策制定。他从 1989 年开始参与农村改革试验区组织协调工作，研究领域涉及粮食购销体制改革、农村土地制度建设、金融、财税体制改革、农村基层经济组织建设、小城镇发展、扶贫、农业产业化经营等。鉴于他曾任国家发展和改革委员会副主任等职务，他对农村经济的学术影响非同寻常。

柯炳生（1955—）主要从事农业市场政策与农产品国际贸易、农业市场与价格政策、粮食问题和农民收入问题等课题的研究，较早提出了中国乡镇企业发展的区域差异性和实行劳动力从农业向非农业转移、农村人口向城市转移的问题，参与了农业部等部门组织的农村经济调查和农业价格政策改革建议工作，中国农业大学校长的身份，更增添了他在农村经济领域的影响。

马晓河（1955—）是农业农村改革推动者之一，也是新时期主张改革需要顶层设计的知名专家。马晓河在 21 世纪初提出应在全国普遍实行免除农业税政策，指出农村公共物品与城市公共物品具有同一属性，农村公共物品的供给应由以农民为主转向以政府为主，这些都对农村发展产生了积极作用。

蔡昉（1956—）从 20 世纪 80 年代以来中国农村经济的热点入手，通过把最现实的问题与一系列发展经济学的主题联系起来；或者说从具体的问题研究起，逐渐形成自己对农业和农村的经济学理解，是他从事经济研究的基本脉络。他情系三农，却竭力反对农业保护政策。他写的《比较优势与农业发展政策》《中国农业的转折点》逐渐成为学界共识，对农村经济的影响比较大。

韩俊（1963—）长期从事农业、农村、农民问题研究，著有《调查中国农村》《中国县乡财政与农民负担问题研究》《中国新农村建设调查》《我国食物生产能力与供求平衡战略研究》等。他参加过党中央、国务院一些文件的起草工作。他现任中央农村工作领导小组办公室主任、中央财经领导小组办公室副主任，是经济学界不多的“60后”经济学家，是目前影响农村经济的高层人物之一。

除了以上20位经济学家外，还有一些经济学家对农村经济产生了比较大的影响：何廉（1895—1975）是我国最早重视农业经济研究的经济学家，张心一（1897—1992）是我国农业统计学的奠基人，陈翰笙（1897—2004）进行了20世纪30年代的农村经济调查，黄松龄（1898—1972）强调农林牧副渔结合、多种经营、全面发展的思想，都对中国农村发展和农村经济学有重要的学术贡献。另外，乔启明（1897—1970）、董时进（1900—1984）、张锡昌（1902—1980）、方显廷（1903—1958）、姜君辰（1904—1985）、韩德章（1905—1988）、钱俊瑞（1908—1985）等对农村经济研究都有相当高的学术造诣。

从纵向看，何廉、陈翰笙、方显廷、董时进等对新中国成立前的农村经济有一定影响，黄松龄、张心一、乔启明、姜君辰等对20世纪50—60年代的农村经济有影响，杜润生、吴象、王贵宸、陈吉元等对1978年后的农村改革起了中流砥柱的影响作用，陈锡文、杜鹰、张晓山、蔡昉等则深刻影响了21世纪以来的农村发展。这些农村经济学家为了了解农村，掌握农民心声，他们跋山涉水，丈量大地，足绘地图，农村调研的传统从20世纪30年代一直延续到今天。农村巨变的背后有经济学家调研的足迹，他们的理论观点伴随着调研足迹传向农村的每一个角落，对农村经济的影响产生了潜移默化的作用。

（三）影响中国工业经济的经济学家

近年来，以创新驱动发展战略和制造强国战略引领工业发展，以改革攻坚的非凡决心和笃行致远的战略定力推动我国工业转型升级，工业生产保持了中高速增长，新兴产业增长较快，传统产业加快转型升级，为实现国民经济保持中高速增长、迈向中高端水平发挥了重要的支撑作用。今天的中国已经成为世界上唯一一个具备完善工业体系的国家。尽管转型升级的任务还很艰巨，中国“智造”、中国装备的道路还比较长，中国品牌的国际竞争力还比较弱，但中国审时度势，以供给侧改革为中心，加速产业结构调整，工业经济前景一片光明。为实现中国的新型工业化，中国经济学家（尤其是工业经济学家）为此付出了很多努力，他们在工业经济发展的历史辉煌中做出了卓越的理论贡献。

最早研究中国工业问题的是民国 4 大经济学家中除马寅初外的 3 人是，刘大钧（1891—1962）、何廉（1895—1975）和方显廷（1903—1958）。刘大钧是中国研究工业化的先驱，何廉、方显廷在 20 世纪 20 年代末开始研究工业化。可惜的是，由于历史背景和国内经济还处于小农经济的条件，他们对中国工业经济的影响都不大。但在中国经济学历史上，却留下重要的一笔。

新中国成立后，由于特定的国际环境和工业基础的极端薄弱，我国学习苏联的赶超型经济发展战略，决定优先发展重工业，并以第一个“五年计划”为标志，开始了传统的社会主义工业化道路探索。虽然在很短的时间里形成了独立的、较为完整的工业体系，使工业成为国民经济的主导产业，但“重工业重、轻工业轻”的矛盾始终难以解决。这个阶段由于学习或照搬苏联的模式，经济学家对工业经济的影响微乎其微。

改革开放后，特别是农村第一步改革成功后，工业领域的改革开始起步，经济学家的影响随之凸显。其中影响最大的是中国社会科学院工业经济研究所的经济学家群体，主要包括：马洪（1920—2007）、蒋一苇（1920—1993）、周叔莲（1929—2018）、汪海波（1930—）、吴家骏（1932—）、陈佳贵（1944—2013）等。国务院发展研究中心的孙尚清（1930—1996）、刘世锦（1955—）等对工业经济的影响也比较大。

马洪对中国工业改革和发展的贡献，体现在经济管理、经济改革、经济结构、经济发展战略以及工业经济、企业管理等多种学科领域进行的开创性研究，无论是政策贡献还是理论贡献，马洪都是发挥重要作用的无可替代的经济学家。

蒋一苇长期从事经济理论和政策研究，他撰著的《企业本位论》曾在全国产生很大影响，其实践意义在于为中国经济体制改革的方向和重点提供了更重要的理论依据和政策思路，即经济体制改革不仅仅是政府的简政放权和让利，而应当把增强企业活力，使企业成为自主经营、自负盈亏的商品生产者和经营者作为经济体制改革的中心环节。蒋一苇的"职工主体论""经济民主论"等学术努力，对深化国有企业改革起到了重要的推动作用。他的许多建议被采纳并付诸实施，为我国企业改革和管理理论的发展做出了突出贡献，受到了企业界的普遍欢迎和高度评价。

周叔莲也是影响工业改革的重要人物。周叔莲主要从事中国产业结构、工业发展战略以及经济体制改革等问题的调查研究，最早提出了中国应优先发展轻工业的发展战略，从理论上论证了国有企业有必要也有可能实行自负盈亏，对中国工业发展战略的一系列重要问题提出了建议。周叔莲用 30 多年时间潜心思考和研究中国国有企业改革，洞开工业经济理论的天窗，是中国新时期 30 余年国有企业改革的重要见证者和理论推手之一。

汪海波的工业经济思想主要体现在《中国工业经济问题研究》《工业经济效益问题探索》《工业经济学》《中国工业经济效益问题研究》等著作中。他依据对世界各国工业化道路历史经验的总结提出了中国工业化道路的一般内容，并依据我国现阶段的具体条件，对中国新型工业化道路的特征做了全面的概括，并对其客观必然性做了系统分析。汪海波主编的《新中国工业经济史》（1986 年）和撰写的《中国现代产业经济史》（2006 年），是填补学科空白的力作。在中国现代产业经济史的研究方面，汪海波构筑了一个新的框架：一是用基本经济制度（或经济体制）作为首要标准，用生产力作为第二标准，划分了新中国成立以来产业经济发展的历史时期；二是以历史方法为主并结合逻辑方法，安排了每篇的章节结构；三是把定性分析和定量分析结合起来，既有详尽的史实叙述，又有系统的统计资料；四是力图在真实再现新中国建立以来，产业经济历史过程的基础上，做画龙点睛的经验总结。

吴家骏的研究领域一直很集中，他用半个多世纪的时间，致力于工业经济和企业管理理论与实际问题研究。1978 年 9 月 9 日，吴家骏和马洪一起用“马中骏”的笔名在光明日报发表了《充分发挥企业的主动性》一文，强调“解决经济管理体制问题，应当把充分发挥企业的主动性作为基本的出发点”“要承认企业在客观上所具有的独立性，赋予企业一定的自主权”。这是一篇较早触及企业性质、地位和自主权的文章，对推进企业改革产生了一定的影响。党的十一届三中全会前夕，吴家骏参加高层访日团考察日本企业，向中央反映了大量第一手材料，对改革开放有重要的参考价值，他和马洪、孙尚清合著的《访日归来的思索》一书被誉为“改革开放初期工业领域和科学管理领域的开山之作”。1980 年，吴家骏在《红旗》杂志等刊物发表了《探索我国企业管理现代化的道路》《论管理科学的发展和现代管理的特点》等文章，强调“实现管理现代化，必须从中国的实际出发，走我们自己的道路”。这些学术思想对促进中国企业管理的现代化，都有许多进步意义。

戎文佐（1925—2003）于 1979 年至 1981 年通过联合调查研究，针对农业、轻工业、重工业比例严重失调、城乡劳动就业困难重重与技术引进缺乏外汇等三个问题，先后给党中央、国务院及中央财经领导小组上书，提出一系列建议并全部得到采纳。戎文佐这位“经济学界的独臂将军”的工业经济方面的著作不少，比如《轻工业与国家工业化》《轻工业经济问题研究》《中国轻工业跨世纪发展战略》等著作，对轻工业的发展影响很大。

陈清泰（1939—）长期担任我国大型企业的领导工作，在国家经贸委时又长期主管企业改革与发展工作，到国务院发展研究中心后主要负责产业发展与企业改革的政策研究工作。他主持过多项企业改革、经济结构调整、政府职能转变、振兴东北老工业基地、汽车产业发展政策等方面的重大课题研究工作，参与了中央和国务院许多重大政策和重要文件的制订和起草工作。陈清泰在汽车工业领域影响较大。

陈佳贵在企业管理、产业经济领域都有建树，最早提出要取消国家对企业下达指令性计划，强调企业的日常活动要通过充分运用市场机制来调节，而企业一定要树立经营思想，按照市场进行生产经营，企业要具有总的战略观念。他提出企业生命周期，并对大型企业的经营与发展、中国外向型企业集团的发展、企业管理理论的新进展进行了深入系统的研究。陈佳贵和他的研究团队经过构造科学的指标体系和评价方法，给出了中国工业化进入工业化中期后半阶段的结论，这在社会上产生了很大影响。这些学术思想主要体现在《现代企业管理理论与实践的新发展》《中国国有企业改革与发展研究》《中国工业现代化问题研究》《工业大国国情与工业强国战略》等著作中。

邓荣霖（1937—）主要是从事工业经济和企业管理教学和研究工作，研究领域是工业经济学、现代企业经营管理学、公司理论与实务、国际企业管理、中国企业发展与改革、中外企业制度比较。邓荣霖认为，公司是大型企业的主要形式，在国民经济发展中起骨干作用，在科技进步中起主导作用。1984 年 9 月和 1986 年 12 月，邓荣霖参加公司法起草工作及研讨，坚持不懈地建议尽快制定并实施公司法，以规范我国公司法律形式和公司经营行为。他为中国企业建立现代制度提出许多宝贵的意见和建议，为国有企业改制和民营企业建制研究做出了重要贡献。

多年来，吕政（1945—）在工业经济发展、工业结构调整、工业对外开放、国有企业改革以及国防工业等领域进行了卓越研究，发表了一系列有独到见解的研究成果。吕政说："不扎根于中国这片热土，没有在中国从事实际工作的经验，就难以成为一名合格的中国经济学家。"正因如此，他对我国几百家国有大中型工业企业、民营企业以及各地的经济技术开发区做过实地考察，直接得到工业企业发展、改革和运行的第一手材料，掀起"世界工厂"大讨论，在经济理论界、社会上产生了广泛影响。

金碚（1950—）长期从事工业经济学研究，他主持编写的《中国工业发展报告》持续出版10多年，产生重大影响。他主编完成国内第一部以市场经济为背景的《新编工业经济学》，具有重要的学科建设意义。他研究国有企业改革的理论和实践，深刻阐述了国企的特殊性质、在国民经济中的特殊地位和作用、主要优缺点和历史使命，提出了"国有企业是特殊企业"的代表性理论主张，在政府管理部门和国有企业中产生了很大影响。他撰写的《产业组织经济学》《中国工业化经济分析》等专著和教科书成为高校广泛使用的教材和参考书。说到《新编工业经济学》金碚非常感慨："当中国进入工业化的加速增长时期，工业经济正展示其极大地改变着整个社会和国家面貌的巨大能量，发展工业成为几乎所有地区的发展战略重点的时候，而且就在探索如何走新型工业化道路正在成为21世纪我国经济社会发展最重大课题的时候，工业经济学却表现式微，面对红红火火的工业经济发展的现实世界，工业经济学却似乎给人以退避三舍的印象。这是我国经济学界的一个遗憾。"从中可以看出他对"工业经济学"的不断追求。

刘世锦（1955—）长期致力于经济理论和政策问题研究，主要涉及企业改革、产业发展与政策等领域，著作有《后来居上：中国工业发展新时期展望》《现代企业制度》《企业改革中的资产重组：理论分析与案例研究》等。他的一些学术观点在经济界产生较大影响，部分观点和建议被决策层所重视。

袁宝华（1916 — 2019）是我国现代企业管理学创始人和奠基人之一。他多年担任我国工业主管部门和国民经济综合部门的主要负责人，就力主企业改革、扩大企业自主权，组织制订方案，进行试点，并总结推广了企业承包经营责任制。袁宝华在推行经济体制改革、强化企业管理等方面所作出的突出贡献，在中国工业经济方面有着重大的影响力。

马洪（1920—2007）长期从事经济管理和研究工作，在经济改革、经济结构、经济发展战略、工业管理和企业管理等研究方面有丰富的成果。孙尚清（1930—1996）是我国经济结构研究领域的开创者和奠基人，这方面成果颇丰。不过，我认为马洪和孙尚清的影响，更多体现在经济研究的组织领导方面。从这个意义上看，他们对中国工业经济的影响也是应该肯定的。

此外，陈淮（1952—）在工业化理论、产业结构理论方面，郭克莎（1955—）、盛洪（1954—）、臧旭恒（1953—）、马晓河（1955—）等学者在产业结构与产业政策方面，陈乃醒（1945—）、陈全生（1950—）等学者在工业经济和企业管理方面，都有一定的影响。

（四）影响中国财政建设的经济学家

中国财政体制经历了计划经济时期的高度集中、统收统支，也经历了改革开放后的“分灶吃饭”、各类“包干制”，最终在 1994 年建立分税制财政管理体制。从收入体系和支出结构的演变到财政管理的演变，再到财政宏观调控的演变，中国的财政建设与发展，与广大经济学家的辛勤耕耘和孜孜探索密不可分，他们对财政建设都有直接或间接的影响。这里，我仅从狭义的角度谈一谈影响中国财政建设的经济学家，即那些致力研究财政科学的财政学家。

许毅（1917—2010）在财经工作一线的领导岗位上不断思考财政经济问题。他在认真学习马克思主义经济学经典著作的同时，与王琢等同志一起，参加了由孙冶方、薛暮桥、于光远等组织的“经济问题双周座谈会”。许毅认为比例、平衡关系永远是国民经济管理中的核心问题，是经济学研究的重大课题。据此，许毅开始把比例和平衡关系作为他建立财政经济学体系的核心内容，在从事财经管理实务的过程中，逐步形成了自己关于国民经济管理的理论观点。十一届三中全会前夕，许毅恢复原职，任财政部党组成员。在财政部党组的大力支持下，他全力投入了重组全国科研队伍的工作，提出要把财政基础理论的研究与对经济规律体系、经济管理体系、经济杠杆体系的研究紧密结合起来，他成为财政科研战线的“司令”。改革开放初期，他与陈宝森一起在有关院校的协助下，编写了《财政学》一书，这本书专门探索了财政分配与社会经济结构的关系，把积累和消费这对基本矛盾作为主线，为财政学建立起了一个不同于收、支、平、营传统研究体系的全新的社会主义财政学体系。1993年，许毅发出建立“广义财政学”的倡议，编写了《走向新世纪：中国财政经济理论丛书》，从国民经济宏观管理，经济结构转轨时期的财政政策，国民经济活动的各个主要方面与财政分配的内在关系等方面，作了比较系统和深入的研究，为广义财政学理论的进一步发展奠定了坚实的基础。许毅以其崇高声望和卓越成就，被公认为中国革命从艰难曲折走向胜利的征途中成长起来的马克思主义财经理论家，成为指引学界后人不断开拓创新的一面旗帜。

邓子基（1923—2020）是中国财政学界主流学派“国家分配论”主要代表人物之一，是我国社会主义财政学的奠基人和开拓者之一。1962年，邓子基发表《略论财政本质》一文，文章全面系统地论证了“国家分配论”，并提出“财政的本质是以国家为主体的分配关系”这一观点，初步确立了他“国家分配论”代表人物的地位。现在，“国家分配论”成为我国传统财政理论的主要流派之一。在我国现行的“财政学”教材中，基本沿用这一理论，并被学界广泛认可。邓子基说，国家分配论的核心在于分析与探讨财政活动的本质，国家分配论能说明财政是什么。他说，明确财政的概念是财政基础理论的重要前提，概念是人们认识的阶梯，概念不清，误解了别人的观点，争来争去就不会有结果。随着时代的变化，邓子基把“国家分配论”和“公共财政论”巧妙融合起来，从中提炼理论，为中国财政的改革发展探索新的方法论。他提出的国家两种身份理论、财政四要素论、财政四职能论、财政平衡论、财政货币松紧搭配论等理论观点和政策主张，多为政府部门所采纳，在财政、税收、国有资本管理等方面发挥了巨大作用。

王亘坚（1923—2018）长期从事财政税收方面的教学、科研工作，成果丰硕，还培养了一大批财税专业人才。王亘坚是我国经济杠杆学科的奠基人，财政理论界价值分配论的创立者，并成为该学派代表，在我国财税学界享有很高声望。他揭示了财政运动五大规律，最早提出税收“三性”（即强制性、无偿性、固定性）的科学论断，被财税学界普遍肯定。20 世纪 90 年代，他又提出依法、强制、无偿、定量的“税收四性论”，获得肯定。他发现并系统地阐述了物质利益规律，提出国家宏观调控理论体系新构想，创设税收科学新的学科体系，将原来的《国家税收》改为《税收学》《中国税制》《税务管理》。王亘坚的学术思想对财政建设影响很深。

何振一（1931—）主要从事财政与财务学的研究与教学工作。他提出以责权利统一原则建设企业经济核算制度的理论与方法体系，并开创财政分配客观数量界限研究之先河。何振一提出财政职能范围随生产力发展和经济运行模式及社会制度变迁而不断变化的理论新说明，提出与前人不同的财政效果评价的新指标体系，都在学界产生影响。他构建的以《社会共同需要论》理论为主线，财政关系定性分析与定量分析相结合的中国特色财政学科新体系，被财政学界称之为“社会共同需要论”新的理论流派创始人。在应用理论研究方面有 10 多项成果得到国家主要领导人和有关部门领导人的肯定并在宏观决策中采纳或做主要参考。

贾康（1954—）在财政税收与国民经济的理论、政策研究领域造诣颇深，多次参加国家经济政策制订的研究工作和主持或参加国内外多项课题，多次被中央领导邀请座谈经济工作。2001 年，贾康出任财政部财政科学研究所所长，是该所成立以来最年轻的所长。期间，他完成了大量有价值的研究报告，涉及宏观经济政策、国民收入分配关系的调整、财税改革方向、预算外资金的宏观管理、振兴财政的战略性思路、国有资产管理体系和国有企业的改革发展等多个方面，这些学术成果产生了广泛的社会影响，受到国务院有关方面和财政部领导的重视与肯定及学术界的高度评价。特别是分税制改革、供给侧改革，贾康的学术影响达到了一个新高度。作为全国政协委员，他都会在全国“两会”上就财政经济问题提出看法，影响范围较广。

高培勇（1959—）是我国公共财政建设及其理论体系的主要倡导者，是财政领域具有重要影响的著名经济学家。他深入探索宏观财税理论及政策，系统构建“公共财政”理论框架及指标体系，引领我国的财政政策调整，对财政建设的影响是广泛的。高培勇还多次为中央高层集体学习作专题讲解，其财政经济思想丰富。对于中国特色财政学的认识，他站在国家治理的高度大胆预测，建立在科学认识现代财政运行规律基础上的中国特色财政学，不仅将推动中国财政改革发展进程、提高国家治理现代化水平，而且将引领世界财政学的创新发展。

陈宝森（1924—）、刘溶沧（1942—2002）、平新乔（1954—）、刘小川（1956—）、邹恒甫（1962—）等经济学家对财政问题也有深入的研究。当然，他们的研究领域不限于财政政策，有的研究重点也不一定是财政，因此他们的学术影响和政策影响可能略显不足。

（五）影响中国金融发展的经济学家

从1949年新中国成立到1978年改革开放前，新中国金融业逐步成长并不断发展壮大，为巩固新生的人民政权、支持国家经济建设做出了重要贡献。从1979年起，我国开始从机构体制上打破人民银行“大一统”的格局，金融业获得快速发展。习近平总书记在全国金融工作会议上强调，党的十八大以来，我国金融改革发展取得新的重大成就，金融业保持快速发展，金融产品日益丰富，金融服务普惠性增强，金融改革有序推进，金融体系不断完善，人民币国际化和金融双向开放取得新进展。

金融业辉煌的背后，是经济学家群体的默默奉献。从新中国金融发展历程和演变过程看，南汉宸（1895—1967）的影响无疑是巨大的。他是新中国金融事业的奠基者之一，是新中国金融业的拓荒人，是人民币的总策划人。1947年7月，中央决定成立华北财经办事处，统一领导解放区的财经工作，董必武任主任，南汉宸、薛暮桥等等为副主任。董必武责成南汉宸负责开始着手筹建全国统一的国家银行，以在适当的时机统一解放区的货币。不久，中央批准华北财经办事处筹建中央银行。随后，中国人民银行筹备处宣告成立，南汉宸任筹备处主任。1948年12月1日，中国人民银行在石家庄正式宣告成立，南汉宸出任中国人民银行第一任总经理。从此，解放区开始统一使用人民银行发行的人民币。1949年10月19日，中央人民政府任命南汉宸为中国人民银行行长。为探索新中国的金融工作，他请来国内著名经济学家、金融家冀朝鼎博士，让他做银行研究处处长；让冀朝鼎、詹武等著名专家去接管上海金融机构和南京国民党政府有关银行方面的档案与图书资料。南汉宸还请千家驹、沈志远等经济学家到银行当顾问；请陈岱孙教授等人筹建中国金融学会。一时间，中国人民银行成为经济学界的人才重镇。南汉宸在主持中国人民银行工作期间，主要进行了三方面的工作：一是把各根据地银行都统一为人民银行，发行统一的货币。二是接收国民党官僚资本的金融资产，对民族资本银行、钱庄接管并加以改造。三是保持原中国银行的编制和名称，先行改造。这位被毛主席称为“会做无米之炊的巧媳妇”，为开创新中国的金融事业，呕心沥血，殚精竭虑，筹建中国人民银行、发行首套人民币，在货币和金融建设上有着多种建树，为新中国金融进一步发展打下了坚实基础。

在这段时期，南汉宸、薛暮桥、冀朝鼎、詹武等经济学家对金融工作的影响比较大。但经济学家对金融发展的真正影响，还是改革开放后。从融资方式的改变到金融结构不断优化，从金融产品创新到防控金融风险等，处处都有经济学家的理论观点和政策主张。

陈彪如（1910—2003）在国际货币体系、人民币汇率、改革人民币汇率制度等方面所做的系统研究，对国家经济建设和金融体制改革产生了重要影响。陈彪如20世纪60年代着手国际金融的研究，20世纪80年代初成立了世界经济研究室，建立硕士研究生点，接着又建立世界经济博士研究生点，在全国招收了第一批国际金融博士生。他带领一批青年教师和博士生率先开展国际金融研究，创立了国际金融学科体系。1988年出版《国际金融概论》，荣获国家优秀教材一等奖。以后又陆续出版《国际货币体系》《国际金融市场》《国际经济学》等专著，为中国金融体系建设、为上海国际金融中心建设出谋划策，做出了杰出贡献。陈彪如的国际金融理论体系，在理论分析深度和结构体系方面都有突破。著名经济学家厉以宁评价说：“陈彪如先生是我国国际金融学科的著名学者和创始人，是国内系统提出上海金融中心建设基本框架的第一人，更是国内外公认的中国国际金融教育的启蒙者。”

钱荣堃（1917—2003）于1953年担任南开大学金融系教授兼主任，成为苏联计划经济和苏联货币流通与信用方面的专家。“文化大革命”结束后，钱荣堃把大量的精力和时间放在南开大学经济研究所、金融系、经济学院的领导工作上。1979年在南开开办了全国第一个国际金融硕士研究生点，后来到1983年又在南开开办了全国第一个国际金融博士生点，1985年南开金融系开始招收国际金融专业的大学本科生。南开国际金融专业对我国的国际金融专业发展起了相当大的作用。钱荣堃还组织南开大学金融系为全国金融专业的师生编写了不少教科书和专著。

王传纶（1922—2012）是新中国财政金融学科的重要奠基人，是新中国金融领域“科研资政”的主要推动者与参与者。他曾参与缔造新中国金融学科，成功填补了新中国金融理论诸多空白，极大推动了新中国金融改革实践。在20世纪50年代初至1978年长达20余年动荡不安的环境中，王传纶教授虽遭受不公平待遇并历经冲击，仍尽力做好教学与研究工作。1976年秋，王传纶应邀参与组织中国银行的研究工作。他整理了大量国际经济金融的最新研究成果及业务资料，为该行开辟了崭新的研究领域，培养了一支年青的研究队伍，为国际金融研究所的成立发挥了奠基性作用。20世纪80年代后半叶，王传纶先后撰写的一系列“结合国际经验的探讨”论文，在比较分析的框架下，深入研究了我国银行体系、资本市场、汇率机制、利用外资和宏观调控等金融改革与发展问题，在学术界和决策领域产生了重要影响。

杨培新（1922—2016）是一个把反通货膨胀作为终生使命的人，一直战斗在反通胀的前沿阵地上。他在新中国成立后任中国人民银行行长南汉宸的秘书，主要起草文件，主编《中国金融》。1978年后，杨培新任中国人民银行总行金融研究所副所长，他研究的重点是银行体制改革。他撰写的《关于改革银行体制的建议》，向党中央反映。1978 年杨培新察觉到了银行改革的迫切需要，撰写了《银行改革是经济改革的重要组成部分》一文。他在这篇文章中提出银行改革的焦点，就是要打破银行不得发放基本建设贷款的旧规定，应当让银行一方面大量吸收社会资金，一方面要认真发放基本建设性质的贷款。1981 年，杨培新在总结两年来发放中短期贷款的经验和收获的基础上，写出了《论银行中短期设备贷款》一文，进一步阐明了中短期贷款对于促进经济体制和银行体制改革的意义和作用。他参与创办了中国人民银行研究生部（现清华大学五道口金融学院前身），同时兼任中国人民大学、中央财经大学等多所大学教授，培养了大量金融专门人才。他为推动我国金融、经济领域的理论研究、经济金融体制改革、金融教育和人才培养做出了卓越贡献。

甘培根（1925—2006）对我国金融发展的影响主要有两方面：一是推动金融体制改革，二是创建中国人民银行研究生部。20 世纪 80 年代，我国整个金融体系的改革落后于社会主义市场经济的发展，曾一度造成了银行资金短缺、金融秩序混乱的情况。作为从事了几十年金融工作的“老金融”，甘培根与几位志同道合的同事一起，根据金融方面的客观规律，提出一些改革金融体制的建议。随着改革的步步推进，中央逐步加快了金融体制改革的步伐，这中间甘培根不遗余力地做了很多理论宣传和推动工作。为了促进我国专业银行向商业银行转变，甘培根与人合编了《外国银行制度与业务》一书，在国内第一次系统地介绍了商业银行的理论、业务范围，为我国专业银行向商业银行转变做了舆论准备。1981 年甘培根受命创建“五道口”——中国人民银行总行研究生部，并很快就在中国高等金融学教育中独树一帜。“五道口”的金融教学注重国际化，重在培养金融实干家。“五道口”从此蜚声海内外，被誉为“中国银行家的摇篮”“中国的哈佛商学院”。

黄达（1925— ）是“中国金融第一人”，是“中国货币理论研究及开拓者”和“中国金融学奠基人”。他的贡献一是在金融理论方面，二是在金融教育方面。黄达致力银行货币、金融学研究60余年，对新中国金融学科的创建作出了卓越贡献。他最著名和最典型的理论是《财政金融综合平衡论》，这个影响是很大的。黄达对金融教育的影响更大，因为新中国成立后每一次金融教材的编写，都有黄达的辛勤耕耘。他是新中国金融学教材与课程体系的主要奠基者与引领者、新中国“大金融”学科体系的主要设计者、新中国金融教育事业的主要开拓者、新中国金融理论的积极实践者与金融决策的积极参与者。从这一点看，黄达的贡献在国内金融界无人比拟。

周升业（1929—2015）是新中国金融学科体系的主要建设者，是新中国货币金融理论的先行者。他长期坚持“从实践中找问题、从理论中求答案”的科学研究方法，开辟了从货币角度分析信贷收支差额的新视角，提出了信用膨胀的新概念，确立了银行资金与市场资金互动、互补、相互消长的新观点，构建了金融效率分析的基本理论框架。他多次承担了国家“七五”“八五”“九五”等重点科研项目，为各级党政领导机关和专业部门提供了诸多颇具实践性的咨询建议和报告，为我国金融事业的理论研究和改革实践做出了积极贡献。他积极推动金融学科教材建设，是新中国第一部金融学教材《货币信用学》的主要执笔人，他参与编写全国大专院校经济管理类核心课程教材《货币银行学》，为新中国金融学科的创立和发展付出了大量心血。

刘鸿儒（1930— ）曾经担任中国人民银行副行长、中国证监会第一任主席。这样的行政职务已经足以影响中国金融发展的许多方面。中国金融改革分为银行改革、金融市场和市场化机构的建立、央行的宏观调控。这三方面都是刘鸿儒最先进行阐释和实践的。他作为中国金融改革的策划者和实践者，是新中国证券市场的开拓者之一，其身影遍及商业银行、中央银行、证券市场等多个重要金融改革领域，特别是他亲自筹建中国证券监管体制，完成了中国股票市场从试点到全国推开，建立证券交易所，加强证券法制建设和推动大型国企海外上市的历史重任。在他担任中国人民银行副行长期间，还为“五道口”的学生授课，桃李遍布中国金融行业。

萧灼基（1933—2017）在推动证券市场发展中，探索适合中国特色的理论，提出有价值的决策参考。他发表了大量有关证券市场的文章和谈话，主编了权威性的《中国证券全书》，为资本市场的发展奠定了有力的基础，被业内人士誉为“最贴近市场的经济学家”。他对股市的真知灼见，推动了中国证券市场的建设和完善，使海内外许多金融证券专家叹服。

白钦先（1939—）长期从事经济金融学理论教学、教材建设和研究生培养教育工作，特别是在“金融体制比较说”“政策性金融说”“金融资源学说与可持续发展战略”和“金融结构金融功能演进与金融发展说”等四大领域具有原始创新性贡献。他在《比较银行学》中，首次提出并确立了“各国金融体制”是比较银行学这门学科的研究对象，奠定了这一学科的基本理论体系，扩展了金融学的研究领域与视角，填补了国内外这一研究领域的空白。他提出中国政策性金融业务与商业性金融业务分离分立的主张，对中国政策性金融的建立与发展产生了重要影响。

吴晓灵（1947—）曾经担任中国人民银行原副行长、国家外管局原局长。她创造性地提出我国金融业发展的思路与设想，积极稳妥推进金融业各项改革，为我国金融改革与发展做出了重要贡献。她是人民币汇率改革的拥护者，是小额信贷的推动者，开创多项金融稳定制度。由于她做了大量艰苦细致的工作，使得她在我国经济金融界享有较高的威信。

周小川（1948—）曾任中国证监会主席，2002 年 12 月任中国人民银行行长，迄今已经 14 年，是担任中国央行行长时间最长的。他长期在金融领域工作，是最典型的学者型高级官员。无论是学术主张，还是执掌央行，周小川对中国金融发展的影响都是巨大的。

李扬（1951—）从 1994 年开始重点研究货币、银行、金融市场、财税等问题，发表大量文章。可以说，李扬的声音一直响在金融研究的最前沿。从断言“人民币不可能大幅升值”到揭示“投资高增长是中国面临的长期问题”，再到厉喝“银行不能变成当铺”。李扬以他的专业知识和一腔热情时刻关注中国经济的发展。

夏斌（1951—）在金融领域的影响有目共睹。他能发起成立北京当代经济学基金会并成功举办高端活动，他担任中国首席经济学家论坛主席，这就是影响力的最好佐证。夏斌的主要研究方向为宏观经济政策、货币政策、金融监管和中国资本市场发展。2001 年，他的《货币供应量已不宜作为我国货币政策唯一中介目标》一文在央行内部引发了争论，在决策层、学术界也引起了广泛反响，对其后人民银行货币政策操作水平的不断提高意义深远。

马君潞（1954—2014）围绕国际货币制度、国际金融合作和中国金融体制改革与创新问题，发表了大量颇具影响力的研究成果；他长期坚持在教学一线，注重学生金融学理念和经济学思维的培养，造就了一大批优秀的金融专业人才，桃李满天下。他是金融学科学术带头人之一，在我国金融学界和金融业界具有重要影响。

谢平（1955—）对中国金融发展的影响，是他首先提出了“互联网金融”概念。此后，互联网金融发展非常迅猛，改变了人们的生活。客观地看，谢平在互联网金融理论的开创性研究，使中国金融发展走上创新之路，对国际金融的影响也是巨大的。

孙祁祥（1956—）是保险学领域公认的学术带头人。她主持的数十项国家级、省部级课题，以及出版发表的专著和论文，在国内政、产、学界产生了十分重要的影响。

易纲（1958—）也是一位学者型官员。他在20世纪90年代对货币、银行和金融市场研究成果不少。1991年提出货币化的理论模型，1992年的中国货币供给机制，1993年的中国货币需求函数，1994年的金融改革研究等等，这些研究成果都在金融领域有相当大的影响。

吴晓求（1959—）是我国经济学界在资本市场研究领域最有影响力的专家之一。他对中国资本市场所进行的深入系统的研究以及其持有的“资本市场核心论”的观点，对我国金融学科理论的发展，起到了重要的推动作用。他将西方资本市场理论应用于中国实际，是中国资本市场理论的开拓者之一。他提出的现代金融体系中资本市场核心地位的思想、中国资本市场发展的三阶段理论、中国资本市场未来十年的构想和预测、货币市场和资本市场的关系以及中国金融结构变动趋势等理论奠定了中国资本市场理论的基本框架，树立了中国资本市场中的若干基本理念，开创了这一研究领域的新篇章。在进行大量学术研究的同时，他为了中国资本市场的健康可持续发展而大声呼吁，受到了各界的高度赞赏。

除以上经济学家外，还有一批经济学家对中国金融发展产生了一定影响。他们是：陈观烈（1920—2000）、林继肯（1930—）、秦池江（1936—）、曹凤岐（1945—）、贺强（1952—）、曹远征（1954—）、王广谦（1955—）、何小锋（1955—）、王国刚（1955—）、金雪军（1958—）、贺力平（1958—）、易宪容（1958—）、陈志武（1962—）等。

应该注意到，还有几位“60后”经济学家，他们的学术后劲更为强劲，对中国金融发展的影响力正在增强。比如，陈雨露（1966—）的研究方向为开放经济下的金融理论与政策、国际资本市场，巴曙松（1969—）的研究方向为金融机构风险管理与金融市场监管，赵锡军（1963—）的研究方向为国际金融、证券投资、金融监管等。他们对中国改革以来的金融发展历程有较多的亲身体验，关注的金融领域也更多，研究的视野也自然更宽阔。有了这样的基础和金融岗位的锻炼，相信这些金融学术大咖在未来会有更丰硕的研究成果，对中国金融发展的影响会更深刻，推动中国金融发展得更健康。

（六）影响中国区域发展的经济学家

党的十八大以来，中国区域经济出现了许多新变化，区域经济协调联动步伐提速，京津冀协同发展、长江经济带、长三角一体化发展等战略全面实施，与既有的“西部开发、东北振兴、中部崛起、东部率先”四大板块共同构成了当前中国区域经济发展的新格局。加之迅速发展的高铁网络使得区域经济空间格局正在发生重大变化。一系列区域发展的新成就，与区域经济学科的发展密切相关。或者说，区域经济学的发展，在理论上有力地支撑了区域发展实践。这些成就的取得，是中国已经成长起来一大批致力区域经济研究的学术群体，包括从事经济地理研究的专家学者，他们是影响中国区域发展的经济学家，准确地说，他们是区域经济学家。

我国的区域经济学从 20 世纪 80 年代起步，到 20 世纪 90 年代后迎来区域经济学的春天，研究机构和人才队伍如雨后春笋，每年出版的学术论著非常可观。这些学术成果紧密联系区域发展实际，重视实证研究和数量分析，革新研究方法，主题内容非常契合我国区域发展形势，并出现社会科学学者与自然科学学者跨学科融合交流探索的全新趋势。应该说，人才和学科的发展，使得区域经济学在应用经济学的二级学科中异军突起，学术研究已经可以支撑区域发展的科学决策，人才队伍与智库建设可以从容服务区域发展的多样化需求。

但实际上，我国有几位老一辈经济学家在 20 世纪 40 年代就曾涉猎区域经济的研究探索：方显廷（1903—1958）对西南工业区位地位的认识以及对战后工业区位的关注，陈振汉（1912—2008）的《美国棉纺织工业的区位：1880-1910》，陈翰笙（1897—2004）的《印度和巴基斯坦经济区域》。尽管那时没有“区域经济”概念，他们囿于西方留学的实际，研究的区域问题也主要涉及国外的区域经济问题。

根据现有的资料，我认为，冀朝鼎（1903—1963）可能是我国研究区域经济最早的经济学家。冀朝鼎用英文写作并发表于 1936 年的《中国历史上的基本经济区与水利事业的发展》（该书的中译本于 1981 年由中国社会科学出版社出版）一书是区域经济研究的滥觞，它开创了中国区域经济史研究的先河。这部著作在西方经济界深孚盛名，一直被西方学者当作研究中国经济的权威读物。从这个角度看，《中国历史上的基本经济区与水利事业的发展》奠定了我国区域经济史学研究的基础，冀朝鼎是我国当之无愧的区域经济研究先驱。

鲍觉民（1909—1994）和孙敬之（1909—1983）都是著名的经济地理学家。他们长期从事经济地理的研究与教学，为我国培养了一批区域经济人才。

对我国区域发展影响最大的经济学家应该是杜润生（1913—2015）。农村是中国最大的区域，没有农村经济的变革就没有今天的区域发展成就。杜润生在改革开放初期参与领导农村改革实践中，就提出“创造适合不同地区生产水平的经济形式”。这可以视为杜润生区域经济思想的发端。他虽然主要从事宏观经济研究，但他在考察全国不同区域的农村经济发展工作中，也会使他不断地思考区域经济问题，比如西部经济问题、城市经济问题、山区发展问题、城乡一体化发展等。杜润生虽然没有系统探讨区域经济理论，却在积极推动区域经济的发展实践。他的农村经济思想都是在有关区域的农村实践中认识并形成的，其中包含了许多区域经济思想，这对中国区域发展的影响是长期的。

刘再兴（1926—1999）是中国区域经济学的创始人之一。他一直致力于区域经济学和经济地理学领域的学术研究，是最早招收区域经济（经济地理）专业的硕士生和博士生的导师之一，在我国区域经济学界有着巨大的影响。

林凌（1926—2018）是我国区域经济的最早研究者之一，是我国城市经济理论研究的开拓者和推动者之一。他以研究我国东西部经济关系主线，着眼于我国区域战略布局的全局。在发表具有广泛影响的论文《东西部差距扩大的成因及改革对策》之后，接着发表了《中国东南沿海经济起飞的道路》专著，对中央提出西部大开放战略起了积极的促进作用。他提出的城市经济中心论、城市经济商品化和城市开放、双轨推进的中国城市化道路等理论观点，直接指导了城市改革的实践。林凌在区域经济研究与实践推动方面结合得比较密切，其影响是全国性的。

胡序威（1928—）主要研究方向为经济地理与区域规划，著作有《区域与城市研究》《中国沿海城镇密集地区空间集聚与扩散研究》等。胡序威从事区域经济地理、区域规划和城市发展研究数十年，主持完成的主要研究成果曾多次获国家奖励，在区域经济界有相当高的学术威望。

陈栋生（1935—2016）是我国区域经济学界的一面旗帜。他从 20 世纪 50 年代中期开始就从事生产力布局和区域经济理论研究，深入实际调查研究，对现实经济问题有实感，与各个部门、各个地区建立密切关系，对我国区域经济学研究和发展做出过开拓性贡献，取得了全国学界公认的成就。1985 年，他率先提出了东中西“三个地带”划分的理论和发展思路，完成了《“七五”和后十年（1990-2000 年）中国生产力布局战略研究报告》，该报告的部分内容写进“七五”计划纲要。20 世纪 80 年代，他对工业布局和环境保护进行了系统研究，发表了多部专著，这些理论成果对区域战略、区域规划、区域政策的制订起到了指导作用。他较早对中部崛起、东北振兴、长江经济带、京津冀协同发展等国家重大战略做过专门的研究，提出了许多有预见性、创新性的学术观点和政策主张。作为我国区域经济学的主要奠基人和开创者，陈栋生的贡献是巨大的，特别是发起建立中国区域经济学会，他独领风骚，影响空前。

陆大道（1940—）是著名经济地理学家，长期从事经济地理学和国土开发、区域发展问题研究。他组织了对我国工业布局和工业地理学的学术总结，初步建立了我国工业地理学的理论体系。陆大道于 20 世纪 80 年代首次提出关于长江流域“T”字形的发展战略，即由沿海为一个战略轴线，沿江为主轴线形成的整体空间格局。他提出的“点—轴系统”理论，被写入《全国国土整体规划纲要（草案）》，并被国家“八五”和“九五”计划所采纳，不仅影响中国宏观经济布局，更是获得学术界广泛引用和推崇。陆大道对我国区域发展、地区差距和大区域可持续发展进行的大量实证性和理论研究，对我国区域发展的影响是非凡的。

周一星（1941—）是最早从事中国城镇化和城市体系研究的学者之一。他在推动城市地理学发展和我国城市规划研究与实践方面做出了突出贡献，学术思想和学术成果在国内外影响广泛。周一星的主要研究领域有城镇化、城市体系、城市体系规划、城市发展和城乡规划、都市区和都市连绵区等，发表论著 200 余篇（部），多次获得教育部科技进步奖等。

李善同（1944—）主要从事中国中长期发展战略与预测，区域经济和区域政策、产业政策等方面的研究，发表过不少区域经济方面文章与论著。

金碚（1950—）的学术影响主要是工业经济领域，他是竞争力经济学和报业经济学的开创者，在工业经济学方面贡献颇多。同时，金碚长期在中国社科院工业经济研究所工作，站位高，视野宽，又受陈栋生的学术影响，他在区域经济方面的研究也取得很高成就，亮点不断。近年来，金碚担任中国区域经济学会理事长，为中国区域经济学的发展和区域实践做了大量工作，影响与日俱增。

胡鞍钢（1953—）系统地从事中国国情研究，是这一新领域的主要开拓者之一。区域发展是国情研究的主要问题。他的若干区域经济研究成果对中国区域发展有着重要影响。

王建（1954—）是改革开放以来对我国区域发展有过重大影响的经济学家。“沿海地区经济发展战略”是我国 20 世纪 80 年代末实施的区域战略，而王建发表于 1988 年 1 月 5 日《经济日报》的《选择正确的长期发展战略——关于“国际大循环”经济发展战略的构想》，为“沿海地区经济发展战略”的确立提供了依据，为中国从重工业优先的赶超战略过渡到发挥比较优势的出口导向战略贡献了智慧。“国际大循环”经济发展战略是区域发展的重大理论创新，为中国改革开放以来的对外贸易战略和产业政策制定发挥了理论指导意义。

肖金成（1955—）长期在国家发展和改革委员会国土开发与地区经济研究所从事区域经济的应用研究。他的区域经济研究能够直接为国家发改委决策参考，影响也是突出的。

宁吉喆（1956—）是一名学者型官员，主要研究领域包括：区域经济规划和投融资政策，国民经济和社会发展规划与产业政策、资源环境政策。由于他是国家发改委“老人”，又兼任国家统计局局长，对区域经济非常熟悉，对区域发展的影响是不言而喻的。

范恒山（1957—）的学术研究领域广泛，尤其是在经济改革与发展理论研究方面造诣很深，主持或参与了一系列重要文稿的撰写，提出了许多重要政策建议。在担任国家发展改革委地区经济司司长、国家促进中部地区崛起办公室副主任后，主要组织协调区域经济方面的工作。担任国家发改委副秘书长以来，他对区域经济的研究倾注了更多精力，特别是发起成立“中国区域经济 50 人论坛”，邀请长期从事区域发展理论、政策研究和实践工作的具有较大影响的专家和中青年新锐，打造了一个研讨中国区域经济理论、政策和实践的高端学术平台。范恒山身处国家发改委，既是区域经济发展的政策研究者，也是区域经济的实际决策参与者，在这样的平台，他能带领一批区域经济学者深化区域发展理论研究，提出促进区域协调发展建议，推动国家区域发展战略的贯彻实施，影响力是不容置疑的。

王一鸣（1959—）在国家发改委宏观经济研究院工作多年，现任国务院发展研究中心副主任。他长期从事宏观经济问题和区域经济研究，主持完成《我国区域能源协调发展若干重大问题研究》《中国区域经济政策研究》等课题，对我国区域发展有着很大影响。

杨开忠（1962—）长期致力经济地理学、区域与城市经济学研究，多项重要研究成果为国家和地方中长期决策采纳，其中有关中国区域发展研究成果为我国区域发展政策 20 世纪 90 年代以来转向新的阶段提供科学依据。有关中关村科技园区发展战略规划，为国务院和北京市做出加快中关村科技园区建设的决定提供了重要的基础。

张可云（1964—）的主要研究方向是区域经济政策、区域经济合作、区域发展与规划、区域经济理论等。他既是区域经济学领域最年轻的领军人物之一，也是区域经济学界的“老人”——早在 1989 年就与周起业、刘再兴、祝诚合作完成了《区域经济学》（中国人民大学出版社 1989 年出版）。他的《区域经济政策》（商务印书馆 2005 年版）、《区域大战与区域经济关系》（民主与建设出版社 2001 年版）、《区域经济政策—理论基础与欧盟国家实践》（中国轻工业出版社 2001 年版）等都是高质量的学术成果。

就“地区发展战略”这个课题看，于光远（1915—2013）、马洪（1920—2007）和汪海波（1930—）也是有重要贡献的人物。特别是于光远提出地区经济发展战略中的两个维度，即全国战略中的地区战略和地区战略中的地区战略，产生了重要影响。国土经济学、灾害经济学与区域经济学有一定的关联，于光远作为国土经济学和灾害经济学的倡导者和创始人，他的学术思想也对学界影响深远。

除以上经济学家外，董辅礽（1927—2004）、厉以宁（1930—）、魏心镇、胡兆量（1933—）、谷源洋（1935—）、陈佳贵（1944—2013）、宋晓梧（1947—）、李晓西（1949—）、李国璋（1944—）、钟朋荣（1954—）、陈秀山（1954—2016）、白永秀（1955—）、喻新安（1955—）、田秋生（1955—）、蔡昉（1956—）、史晋川（1957—）、樊杰（1961—）等也对区域经济有造诣，对区域发展均有一定的影响。

最后需要提一下费孝通（1910—2005），他不是经济学家，但他的《江村经济》是影响几代人的学术名著。这位著名社会学家提出的"苏南模式"和"温州模式"在20世纪80年代备受重视，对区域发展的影响很大。

（七）影响中国统计事业的经济学家

改革开放以来，中国统计事业取得的巨大发展，统计系统完整统一，统计队伍和谐团结，管理手段科学高效，方法制度科学合理，数据质量真实可信，已经形成与中国特色社会主义市场经济相适应的、符合科学发展要求的统计调查体系。

国家统计局是国务院直属机构，主管全国统计和国民经济核算工作，拟定统计工作法规、统计改革和统计现代化建设规划以及国家统计调查计划，组织领导和监督检查各地区、各部门的统计和国民经济核算工作，监督检查统计法律法规的实施。从中国统计走过的不平凡历程看，从理论贡献到统计工作，部分经济学家对统计事业的贡献非常突出。

在国家统计局担任过局长的历任领导几乎都是经济学家，他们对统计事业的影响体现在两方面：一是行政职务影响，二是统计学术影响。薛暮桥（1904—2005）是首任统计局局长，他就是在这个岗位上，开创了新中国的统计事业。追根溯源，薛暮桥的统计生涯从20世纪30年代开始，他在以陈翰笙为首的“中国农村经济研究会”从事农村经济调查。他们运用了概括调查和抽样调查相结合的方法，每调查一个省，先作概况调查，把全省分为经济发展程度不同的几个地区，从每个地区中选出一二个有代表性的县，再从这些县里选择其中几个村进行全面调查。在无锡、保定和番禺的调查，对每个县都调查了1000多户，对省的调查则更为广泛。由于调查点具有代表性，而对每个点的调查十分具体细致，因而能够全面深入地揭示中国农村经济的复杂情况。建国初期，薛暮桥被任命为第一任局长。为加强国家统计局，他陆续从各地区调进了一批主要干部，从队伍建设、技术流程开始，从无到有开创了统计工作的局面，为国家统计体系的建立奠定下扎实的基础。他倡导制订了我国过渡时期统计工作的基本方针和基本任务，并开展相应的统计工作，建立科学的统计核算制度和报表制度，运用多种调查统计方法。他十分重视统计资料整理，大力提倡统计分析。20世纪60年代后，薛暮桥把工作重点转到计划、物价和经济问题方面，但他一直关心统计工作，他反复强调“社会主义国家统计工作的重要性是任何资本主义国家所无法比拟的”。薛暮桥马克思主义的立场、观点和方法，积极探索符合中国国情的社会主义统计之路，形成了比较系统的统计思想，对中国统计理论和实践产生了深远影响。

孙冶方（1908—1983）不仅是我国著名的经济学家，同时也是我国著名的统计学家和统计工作领导者，参与创建新中国的统计核算体系。他的统计思想，是他整个经济思想的重要组成部分。他提出社会主义统计建设的发展方向，其核心思想就是保障统计数字的客观性、准确性和科学性，充分发挥统计为社会主义现代化建设服务和监督的作用。围绕着这个核心，孙冶方对加强统计工作，改进统计工作提出过许多卓越的见解。他在患病垂危的时刻，还关怀统计体制的改革，向中央提出“统计要独立”的建议。孙冶方提出改革统计管理体制，实行集中统一，保障统计工作的独立性；提出完善统计法规，建议制订《统计法》；提出统计工作重点放在统计报表、普查、抽样调查方面；提出既要重视物质财富的统计，更要重视效益与劳动效率统计，注重生产和积累、消费的比例关系；提出利润指标作为计划中心指标；建议在宪法上明确统计的监督职能，强调统计的监督作用；提出重视数理统计工作应用，搞统计一定要用数理统计。孙冶方的统计思想对我国统计工作的理论和实践具有重要的指导作用。

王思华（1904—1978）早在新中国成立前就开始为党做起了统计工作。抗战胜利后，王思华受党的派遣进入东北，1947 年底以后任东北统计局局长，负责东北地区《计划经济》月刊编辑部工作。他在东北任统计局长期间，在缺乏统计工作经验和资料，条件又比较困难的情况下，首先开始建立了集中统一的东北全区的规模统计工作，并通过对哈尔滨市工商业的调查，研究了资本主义在东北的发展情况，组织整理了新中国成立前东北地区的经济资料，编印了《伪满时东北经济统计资料》。他还十分重视人才的培养和理论建设，在他的组织领导下，从北京、上海等地招聘了一批知识分子，从事统计工作。在他的建议下，东北人民大学开设了统计专修科，后又举办了专职统计干部轮训班，他亲自讲课多次。他主编出版的《新统计学概论》《工业统计学教程》《社会经济统计辞典》《论人口调查》等统计丛书，后来都成为全国统计干部的学习材料。他还根据在东北从事工作所积累的经验，写了《三年来东北统计工作总结》，这些措施和资料为提高我国统计工作的准确性、及时性打下了良好的基础。1950 年东北成立统计局，王思华任局长。1951 年，在全国财经统计会上，王思华积极建议成立中央统计局，统一领导全国统计工作。1952 年王思华被任命为新成立的国家统计局副局长，主管全国工业统计工作。在这一时期，他和薛暮桥、孙冶方等一起为社会主义统计建设，更好地发挥统计工作的作用做出了贡献。他认为，“统计是一种全面性、业务性很强的专业工作，统计工作者首先要学习计划、熟悉计划是怎样制定的。其次是统计指标、统计范围、计算方法、计算价格都要认真学习”；并强调提出：“学习马列主义、毛泽东思想要最后落实到业务上”。1961 年，王思华接任国家统计局局长，他向党中央、国务院提出建议，建立国家集中统一的统计系统，对国民经济的发展进行统计观察和统计监督，建议得到刘少奇、周恩来重视。此后，中国统计工作走上规范道路，在全国建立起强有力的集中统一的统计系统。王思华对统计事业的影响很大。

张心一（1897—1992）是我国农业统计学的奠基人。他在南京金陵大学农学院教书时，深感缺乏农业统计资料之苦，便立志开展全国的农业调查统计工作。1929 年，南京国民政府立法院设立统计处，他应邀担任农业统计科长后，就想方设法搞全国性的农业普查。为此，他找到了一个聘请农情报告员的办法，在全国 23 个省、600 多个县内聘请了 1700 多名农情报告员，建立起“农情报告”制度。他根据这些报告表，结合各县的人口、土地、面积等数据估算出各省和全国的农业生产情况进行经济预测，从而建立起我国近代史上第一次有系统较科学的农业统计工作。张心一还利用这些资料对一些专门问题进行研究，写成了专题论文，如《中国人口的估计》，首次估计当时中国人口为 4.5 亿人，得到了社会公认。他在 1933 年出版的《中国农业概况》一书，以较翔实的数据和图表反映出全国 25 个省的农业基本情况，受到国内外学者高度评价。美国著名地理学家葛德石认为这本书在当时“不但是最新的，可能也是最好的农业估计数值”。他在这一时期的著述，直到现在仍然被认为是研究近代中国农业经济史的珍贵资料。张心一从事的农业调查统计，开创了我国近代农业统计工作的先河，受到国内外学者的重视。

戴世光（1908—1999）是我国20世纪最杰出的统计学家之一。他的一生，既是近代中国统计科学发展的缩影，又是一部新中国统计学教育发展史。1979年，《中国统计》刊发戴世光的论文《积极发展科学统计学为我国早日实现四个现代化服务》，立即在统计学界产生震动，并由此引起统计学界长达10年的争鸣。在这篇论文中，戴世光批判了统计学界长期以来受“苏联统计学”的禁锢而忽视作为“通用方法论科学”——数理统计学的状况，提出辩证唯物主义乃是统计科学应用的理论基础。这篇论文被认为是冲破了长期以来无人敢涉足的禁区，重新肯定了数理统计的地位，对我国数理统计学乃至整个统计学的发展，对中国探索建立大统计学学科起到很大的促进作用。20世纪80年代，戴世光又陆续发表了一系列学术文章和专业著述，逐步建立起社会主义市场经济实践的最初理论基础。特别是1980年《国民收入统计方法论》和《国民收入经济核算理论的发展——综合性生产抑或限制性生产》两篇文章，为我国国民经济核算与国际接轨作出了重要贡献。从1953年到中国人民大学任教，直至1999年逝世，戴世光辛勤耕耘了近半个世纪，培养了众多优秀的统计学人才。

杨坚白（1911—2004）于1951年至1954年秋在东北统计局工作，历任东北统计局秘书长、副局长；1954年调国家统计局，主持国民收入计算和综合平衡工作。他首创新中国的国民收入和国民经济综合平衡研究，全面完整论述了社会主义宏观经济理论；主张加强统计监督，并在不同场合多次强调统计监督的重要性。改革开放后，在杨坚白发表的论著中，有相当一部分与统计相关。国民收入和综合平衡统计，一直是杨坚白研究的主要领域。早年，他就提出既然在社会主义下还存在着商品生产，所以整个国民收入及其一切要素，不管它具有什么样的形式，都要借价值加以计量并用货币表现出来。1983年后，他的《社会主义社会国民收入的若干理论问题》《国民经济综合平衡的理论和方法论问题》《中国国民收入实证分析》等著作，杨坚白构建了一套关于国民收入和综合平衡的理论体系。

李成瑞（1921—2017）曾任国家统计局局长，主要著作有《财政、信贷与国民经济的综合平衡》《中国人口问题研究》《中国人口地图集》《中国分类（地区）模型生命》《社会经济统计学原理教程》等。李成瑞对统计事业的影响，主要体现在他可持续发展统计问题、中国社会主义现代化指标体系问题以及我国新统计体系问题所做的探索。

钱伯海（1928—2004）是我国统计界著名学者，中国国民经济核算领域的权威及学术带头人。首创的国民经济核算的平衡原则被广泛应用。他直接创建和主持创建的《国民经济学》《企业经济学》《国民经济统计学》《企业经济统计学》，得到了理论界和实际部门的重视和确认。他为我国统计学、经济学的发展和统计人才的培养做出了卓越的贡献。

贺铿（1942—）长期在高等学校从事教学和科研工作，无论是在高校还是政府工作部门都关注和大力推进中国统计事业的发展，是中国大统计学思想的提出者和倡导者。在校工作的 12 年中，正值统计学科和统计专业处于转轨时期，他力主改革，做了许多开创性工作，如拓宽统计学的研究方向，将单一的经济统计学方向扩展为社会经济统计、数理统计、国民经济核算理论、经济计量分析和统计核算自动化五个方向。“统计学是一门方法论科学，社会经济统计对于认识社会经济问题有效，但离不开抽样调查等数理统计的方法；反之，数理统计在研究社会现象、自然现象时，也需要面对指标如何设置、口径如何设定等社会经济统计的方法和内容。”贺铿的统计思想影响较广。

曾五一（1953—）的研究领域是国民经济核算、经济统计理论与方法、经济数量分析。他坚持在经济统计领域长期耕耘，厚积薄发，取得了丰硕的成果，是全国最具学术影响的经济统计学者之一。曾五一注重理论联系实际开展研究，许多成果直接为改进与完善我国的政府统计工作提供了参考。

（八）影响中国经济学教育的经济学家

厉以宁先生说，20 世纪 50 年代在北京大学读书，经济史课程和经济学说史课程分量都很重，而且都是著名教授授课，经济学说史一课为他们打下了扎实的经济学基础。对厉先生影响大的是陈岱孙、陈振汉等教授。可以说，以陈岱孙为代表的经济学家深深影响了北大的经济学教育，并形成今天北大经济学教育的文化底蕴。那么，影响中国经济学教育的经济学家有哪些人？

从我国 100 多年的经济学教育历史看，有“教育家”之称的经济学家大概几十位，他们是学术大师，也是我把他们视作“影响中国经济学教育的杰出人物”。其中影响最大，或者说具有里程碑历史作用的，我认为有 20 位。

马寅初（1882—1982）于 1916 年任国立北京大学经济系教授兼系主任，就开始了他的经济学教育实践。那时，马寅初 34 岁。在北大期间，马寅初先后开设了多门实用的经济学课程，如货币学、银行学、财政学、保险学、交易理论、汇兑论等，具有很强的实用性，因此受到学生们的普遍欢迎。此后，他曾经担任北大第一任教务长、上海商科大学（现上海财经大学）第一任教务主任，还先后在北京交通大学经管学院、浙江财务学校、南京国立中央大学、陆军大学、上海交通大学、重庆大学商学院、上海私立中华工商专科学校、浙江大学任教，新中国成立后出任北京大学校长，为北大的建设发展倾注了大量心血。他热爱教育事业，热爱青年，提出应以全面发展的观点去教育青年学生，不仅要使他们有丰富的科学知识，而且要使他们有高尚的思想，强健的体魄和初步的办事能力。马寅初毕生从事经济学的教学与研究工作，是经济学教育战线上最早的著名教授。

陈豹隐（1886—1960）对中国经济学教育的贡献主要体现在：第一，1919年受聘北大法学院教授兼政治系主任，开设了《马克思主义经济学概论》课程，担任了北大马克思学说研究会《资本论》导师，与李大钊一起形成了讲授马克思主义课程的早期学术派别。第二，他于1924年出版了中国最早的自著财政学教科书《财政学总论》，后翻译了《资本论》的首个中译本。第三，他在黄埔军校时，与恽代英同为政治讲师，所任讲题为"最近世界经济状况"。第四，1932年初，他被北平大学聘为北平大学法商学院教授兼政治系主任，与李达、许德珩、沈志远等合作，研究改革马克思主义经济学的教学工作。第五，抗日战争胜利后，陈豹隐拒绝了到南京的教学聘请，继续留在重庆，并于1946年初，在重庆创办西南学院，兼任川北大学商学院院长，常年在西南学院讲授经济学。1947年初，他受聘为重庆大学商学院院长，讲授经济学。1952年秋，全国高等学校院系调整，陈豹隐随重庆大学商学院调入四川财经学院（现西南财经大学）。他的一生，是从事经济学教学的一生，是开创马克思主义经济学在中国传播的重要人物。

何廉（1895—1975）学成回国就到南开大学，从事经济学（包括财政学、统计学和公司理财学）的教学，每周共12节课。1927年，经何廉提议设立的南开大学社会经济委员会（经济研究所的前身）正式成立，他被任命为主任导师兼任财政学和统计学教授。1931年南开大学经济学院正式成立，何廉任院长。何廉上任后励精图治，积极推进经济学教学"中国化"，主张"教学与研究相辅而行"，率先倡导开展中国社会经济的研究，带领并组织研究人员研究中国物价统计，编制并公开发表各类物价和生活指数，受到国内外研究机构的高度重视。他"以中国历史、中国社会为学术背景，以解决中国问题为教育目标"，突出强调结合中国实际研究中国国情。为了实现教学改革的目标，何廉通过各种途径收集整理了大量现实资料，用于教科书的编写，以使课程适于中国的大学。在编写中国化的教材上，何廉率先进行了有益的探索和开创性的尝试。在课程设置上，何廉反对过分专业化，强调学生必须打好基础。该院 1935 年招收了第一批研究生 10 名，至新中国成立前夕共招收了 11 届，一批批德才兼备的经济学高级人才从这里成长，足迹遍及全国乃至世界各地。何廉在经济学教育史上留下了不可磨灭的贡献。

赵乃抟（1897—1986）于 1930 年归国应聘为北京大学经济系研究教授，后历任经济学系主任、北京大学研究院社会科学研究部主任、校务委员会委员，长沙临时大学及西南联合大学教授、经济系主任，北京大学财务委员会委员。抗日战争胜利后，继续任北京大学经济系教授、系主任至 1949 年夏。此后，他辞去北京大学经济学系主任职务，专任教授。他在北京大学担任经济学系教授达 55 年，坚持在学术岗位上，孜孜不倦地从事经济科学的教学工作和学术研究工作。他是一位学贯中西、治学严谨、锲而不舍、诲人不倦、老当益壮的学者。他早已桃李满天下，学术著作也早已传播到海内外。他毕生从事教育工作，为国家培养了大批人才，像千家驹、陈振汉、胡代光、易梦虹、赵靖、闵庆全、厉以宁、巫宁耕、张友仁等成为国内外知名的经济学家。

陈岱孙（1900—1997）1928 年起任清华大学经济系教授和系主任，次年起又兼任清华大学法学院院长，抗日战争期间历任西南联合大学经济系教授、系主任、商学系主任，1952 年任中央财经学院（现中央财经大学）第一副院长，1953 年以后任北京大学教授、经济系主任等职，从事经济学教育七十年，为中国的经济学教育事业做出的贡献是相当大的。他学术上极端严格，上课没有一句废话，做事也是雷厉风行，不打半点折扣，不管遇到什么难题也总能不声不响地圆满解决。著名经济学家张友仁回忆说，陈岱孙讲课非常认真，一丝不苟，听了他的讲课，再读原版的教科书就好理解了。以《反杜林论》课程的教学为例，陈岱孙首先要查阅原文、弄清原意，科学地加以讲解，绝不依靠通行的中译本。反之，在讲课之前，要将有关的中译本的主要错误，一一指出，加以更正。陈岱孙的谆谆教导和严格要求，为张友仁的西方经济学打下了扎实基础。陈岱孙教书治学皆以正直为先，始终强调对西方经济学不能“述而不批”，认为对西方经济学的盲目崇拜是危险的，在资产阶级经济学说史的研究中，最忌简单化的做法。对经济学教育，他认为应将专才和通才教育结合起来，主张实行基础理论和应用科学的恰当结合，坚持培养经济科学人才要加强基础理论、基本知识和基本技能的全面训练。陈岱孙在学术上特别自律，讲义一遍又一遍地给学生讲，边讲边改，即使讲了好多年都还不甚满意。陈岱孙曾说：“得天下英才而教育之，一乐也。”他还说，“我这辈子只做了一件事，教书”。身教重于言教，陈岱老的道德文章令一代代学生对其人品有高山仰望之感。

王亚南（1901—1969）在经济学教育方面有突出的成就。著名经济学家于光远说，王亚南“一是翻译《资本论》和以此为武器研究中国；二是为厦门大学的事业做出了巨大的贡献”。这是对王亚南教育成就的高度评价。王亚南从近代教育发展趋势和中国实际出发，提出现代教育要以科学教育与民主教育为核心，主张社会科学与自然科学的教育并重；他从科学研究的本性和功能出发，主张大学要充分重视科学研究，要创造自由研究的科学风气；他根据矛盾的普遍性和特殊性原理，提出要认清校情，发挥优势，办有特色的大学的教育指导思想。他十分重视人才的发现、培养，强调要给人以适合发挥才能的环境。他唯才是举，改变了陈景润的命运。王亚南是新中国成立后厦门大学第一任校长。他在大学执教30多年，积累了丰富的教学经验和办学经验．对教育有深刻的理解。尤其对现代教育的本质和功能，对如何办好综合性大学、如何培养和使用人才以及如何治学，有许多精辟的见解。王亚南的教育思想贯穿着马克思主义的认识论与方法论，是我国教育理论的一份宝贵遗产。

胡寄窗（1903—1993）在 1938 年获英国伦敦大学经济科学硕士学位后回国，历任四川大学、华西大学、东北大学教授，兼任北京大学、北京师范大学教授。1949 年后，历任之江大学财经学院国际贸易系主任、院长，浙江财经学院院长，上海财经学院、上海社会科学院、江西大学教授。他长期从事经济学科的教学工作，教育、影响和培养了一代又一代有用之才，在教学育人思想和实践方面均有建树。他在教学科研中加强中外经济思想的互相结合和交融，拓宽研究领域，将现在的中外经济思想（学说）两个研究方向完全融合起来，培养出高质量的中外兼通的“通才型”学术人才。这在我国学科建设、博士点设置以及学位研究生培养方面均属创举。胡寄窗把教学看得比生命还要重，即使接近耄耋之年，还继续举办全国教师进修研讨班，坚持每周 3 天半的教学课程，并耐心细致地指导后学之辈，从未缺过一次课。他在晚年经常为本科生举行专题学术报告，对大学生在思想上、学业上进行指导。由于胡寄窗教授为我国教育文化事业做出的巨大贡献，他光荣地被评为全国优秀教师（1989 年）。

1946 年，从哈佛毕业的张培刚（1913—2011）回到武汉大学任教。后人回忆，这位年纪轻轻的先生讲课，会身着笔挺西服，打领带，操一口流利英语。他没有讲义，少有板书，往往是旁征博引，“想到哪里讲到哪里”，好比讲边际效益时，便会用“三个烧饼最解饱”做比喻，讲到一半后，连走廊里都挤满了人。1998 年，原华中理工大学经济系申请了博士点，研究领域是发展经济学、西方经济学、农业经济学和工商管理学，张培刚以 85 岁高龄出任博导，成为当时全国最高龄的博士生导师。张培刚始终没有离开教育战线，他为中国经济学教育事业呕心沥血，勤勤恳恳 70 余载。他在教学中非常注重言传身教、师风垂范，培养了一大批优秀的经济学人才，遍及海内外，他们中的很多人已成为中国经济学界的中流砥柱。张培刚的经济学教育贡献，就是这些成长起众多的经济学人：早年的董辅礽、李京文、何炼成、曾启贤、万典武等著名的经济学家，改革开放后的徐滇庆、张军扩、张燕生、李佐军、巴曙松等一代学者。他们或身居国家经济决策中枢，或就任国家经济智囊部门，或身处高端学术机构，他们的学术主张经常被纳入国策。

宋涛（1914—2011）是有远见卓识、胸怀开阔的教育家，他的经历是同陕北公学、华北联合大学、华北大学和中国人民大学紧密联系在一起的。他坚持以马克思主义为指导，紧密联系中国社会主义建设的实践，广泛借鉴国外经济学发展的优秀成果，积极探索经济学教育和人才培养模式，为把中国人民大学经济学科建设成“人民满意，世界一流”的学科、全国重要的马克思主义经济学教学和研究基地发挥了关键性的作用。他长期从事马克思主义政治经济学的教学和研究工作，为新中国培养了一代又一代建设者和经济学人才，为马克思主义政治经济学的宣传、普及和发展以及学科建设做出了开拓性贡献。更让人称道的是，为鼓励后学和教学创新，宋涛将 10 多年的稿费全部捐献出来，建立了宋涛奖学金和奖教金。著名经济学家卫兴华回忆说，宋涛常讲要培养经济学的拔尖人才，要出中国经济学的“梅兰芳”。他一贯主张搞政治经济学要有多学科的经济知识基础，如经济思想史、中外经济史等，他主张教经济学的教师，既要深入掌握马克思主义政治经济学，也要掌握经济的分析方法，如统计学和数学等，还应懂点自然科学的知识。宋涛对经济学教育的影响是具有里程碑作用的。

滕维藻（1917—2008）在担任南开大学校长期间，求才若渴，大力培养和延揽人才，培养了一大批学术和教学骨干。他以教育家的远见卓识，提出主动适应社会发展需要，加强基础、着重提高、发挥优势、补充短线的办学方针，对学校的学科建设、特别是南开大学文理并重、比翼齐飞学科特色的形成做出了重要贡献。他从国外校友中邀请了一批国际上享有盛名的学术大师、学者挂帅南开，以一种全新的理念和办学模式，在一些传统和新兴学科建立了教学与研究机构，建立和提升南开在这些学科领域的学术优势。他邀请世界银行著名经济学家杨叔进博士出任国际经济研究所的所长，使世界经济的研究一直走在全国前列；他邀请著名的交通经济学家、教育家、前联合国总部高级经济专家桑恒康博士回母校创建交通经济研究所，出任第一任所长，使该所的运输经济成为教育部直属院校中唯一一个硕士点；他邀请美国天普大学段开龄教授来南开，架起我校与国际精算教育连接的桥梁，开创中国精算教育的先河。

宋则行（1917—2003）从 1952 年起，转入高等学校从事经济理论教育和研究工作。先后在东北计统学院、东北财经学院、辽宁大学任副教授、教授、教研室主任、经济系副主任、主任，辽宁大学副校长，校文科学术委员会主席、学位委员会主席、辽宁大学经济研究所所长等职。他在半个多世纪的教育生涯中，尤其在学校的院系调整、专业改造、“211 工程”建设、学科发展、人才与师资队伍培养等方面，为辽宁大学的发展和建设做出了卓越贡献，为国家和社会培养了大批高素质的专业人才为教育培养人才。他特别重视培养和教育学生怎样做人，培养和教育学生热爱党、热爱社会主义。他始终把培养具有高素质的经济理论和经济管理人才作为自己的神圣职责。在教学中，他着力使学生打下坚实的理论功底，注意培养学生独立研究问题的能力。在半个多世纪的教育生涯中，他以诲人不倦的精神为国家和社会培养了大批政治上优秀、业务上精湛的经济理论和管理人才。

陶大镛（1918—2010）一生热爱教育，终生从事教育工作。1984 年 12 月 15 日，他和启功等学者联名，正式提出设立“教师节”。陶大镛从教生涯比较早，他未做助教直接担任讲师，27 岁即任正教授，他创下的这项纪录一度传为佳话。1942 年，刚从中央大学毕业不久的陶大镛因战乱流落广东坪石镇，结识了中山大学经济系主任王亚南。因为相同的学术旨趣和深厚的理论功底，陶大镛被王亚南破格提拔为讲师，在中山大学讲授经济学。此后 3 年间，他先后任教于广西大学、重庆交通大学、四川大学，1945 年即升任教授，人称“老教授里的少壮派”。1954 年，北师大成立不久的政治教育系，急需一个学贯中西而又富有声望的学术带头人，留洋归来的陶大镛自然成了不二人选。1979 年，北师大组建政治经济学系、哲学系和马列主义研究所。陶大镛接受了任务，建起了全国高等师范院校中第一个经济系，这对于我国师范院校学科建设的完善意义深远。对博士生严把质量关，决不批量化生产，这是陶大镛育人的一大特点。严格的学术训练，使他培养的每位博士生都成了学术中坚。

蒋学模（1918—2008）主编的《政治经济学》教材，先后修订 10 几个版本，发行达 2000 万册。这套长盛不衰的教材，不仅培训了改革开放时期最初的实践者和后继的决策者，也是中国特色社会主义理论不断演进的一个缩影。一本教材影响了几代人，很多学者攀着它迈入了经济学的门槛。这是蒋学模在经济学教育领域的巨大贡献，是马克思主义经济学在中国传播的第一人。蒋学模主编的《政治经济学》的内容和观点，始终处于“进化”过程中。早在 20 世纪 70 年代末，他就提出“社会主义生产是公有制基础上的商品生产，必然同时受计划调节和市场调节”；进入 21 世纪，股份制改革、科学发展观又纳入了他的视野。随着改革的深入，蒋学模的《政治经济学》每两年更新改版，坚持忙于经济学理论的创新，做到了经济学教育的与时俱进。

王传纶（1922—2012）到中国人民大学以后就一直做教学工作，是新中国金融教育事业的主要践行者与引领者，也是新中国金融领域“科研资政”的主要推动者与参与者。他一生不离讲台，始终坚守在新中国财政金融教育事业的第一线，全身心投入到教学工作中，在讲课总是旁征博引、娓娓道来，认真负责，具有高度责任心，一心扑在教学上，是公认最负责、最认真、最严谨、最博学的教授之一。他指导学生循循善诱、不厌其烦，实践了“传道、授业、解惑”的优良古训。在他的言传身教之下，他的多位弟子走上了重要的工作岗位，在各条战线上为新中国的财政金融事业贡献着自己的力量。

林少宫（1922—2009）回国后到武汉华中科技大学任教。从教 50 多年，桃李遍天下，学生中不乏田国强等已经成为享誉中外的著名学者。林少宫培养研究生，注重掌握经济学基本理论，强化经济学数理基础训练，重视学术交流和教育国际化，理论和实际相结合，成就了华中培养了一批能跻身国际学术舞台的经济学者的“传奇”，这就是林少宫为经济学教育做出的贡献。他作为国内应用数理统计和计量经济学方面的杰出人物，也是现代经济学最早的传授者。

邓子基（1923—2020）最大的贡献在于，托起了财政学这个学科，培养了一大批为国家管钱或者研究如何管钱的人才。1972 年秋，在邓子基的大力呼吁与推动下，厦门大学开始复办曾被取消的财政金融专业。他主编的《财政与信贷》，对财政金融学和财政知识的传播起到了巨大作用。同时，邓子基作为经济学院的主要创办人之一，先后建立了财政学与货币银行学两个硕士点、博士点和财政学国家重点学科点，并支持、帮助建立了厦门大学工商管理中心和经济学博士后科研流动站。邓子基还在全国最早办大学助教班、研究生班、国际税收班和国际会计班，这一经验为当时国家教委推广。邓子基从 1984 年开始招收第一届博士生，他已经培养了一百多名博士。为了资助更多学子，邓子基还于 2007 年发起建立了“福建省邓子基教育基金会”，并在厦门大学设立了邓子基奖教、奖学金。

黄达（1925—）是一位教育家，是新中国金融学教材与课程体系的主要奠基者与引领者。他作为教师、学者、领导者，与中国人民大学 65 年的历史，与中国人民大学对中国教育和经济社会发展做出的贡献，始终相伴相随。他始终把不脱离教学第一线作为自己必须遵守的准则。黄达编写的《社会主义财政金融问题》

《财政信贷综合平衡导论》《货币银行学》《金融学》等教材影响很大，特别是《金融学》这部中国金融学科发展中又一本具有里程碑意义的教科书，是黄达花费数年心血研究界定的宽口径“金融”为范畴，与现代金融业的迅猛发展同步，充分吸收国内外金融理论研究的最新成果，代表了同期中国金融学科基础理论教学的最高水平。

谷书堂（1925—2016）是一位杰出的政治经济学教育家。他在从事繁忙的教学和科学研究的同时，还担任南开大学经济学院的党务和行政管理工作，先后任南开大学经济系系主任助理、系副主任、党支部书记，经济研究所常务副所长、所长，经济学院院长。他始终是一边做管理工作，一边又亲自组织教学研究队伍，亲自主编教材，亲自为学生授课，传授知识，释疑解惑。谷书堂认为，从推动中国经济学的整体发展来说，花费更多时间培养学生，能够做出更大的贡献。他的教育思想是开放性的，重视引进国外的专家学者，广聘国际人才，加强与国际学术界的交流，促成南开北美精算考试中心落户南开，为我国培养出首批精算师，促进了中国精算业的发展。他全力扩展经济学院的学科体系，使其由原来的一系一所，发展成为几乎包括了全部经济与管理的专业学科，在不长的时间里，迅速建设了管理学、金融保险学、国际经济与贸易学、会计学、旅游学、价格学、数量经济、城市经济学、产业经济学、交通经济等新兴应用学科，使当时南开的经济学学科总体水平站到全国最前列。谷书堂对经济学教学事业倾注了大量心血，贡献多，影响深。

刘诗白（1925—）是优秀的教育家和忠诚的教育工作者。作为“经济学界的西南王”，他从教数十载，成就卓著。作为经济学研究的领军者、学生健康成长的指导者、教育改革创新的实践者和良好社会风气的引领者，刘诗白心系高校学科建设，努力提携年轻后辈，为经济学教育事业和西南财经大学的发展，呕心沥血，为国家经济学学科建设和人才培养做出了重要贡献。

卫兴华（1925—2019）是经济学界唯一获得“人民教育家”国家荣誉称号的经济学家，他长期从事《资本论》研究，为马克思主义政治经济学中国化做出重要贡献，主编的《政治经济学原理》教材是全国影响力和发行量最大的教材之一。他提出的商品经济论、生产力多要素论等，在经济学界影响广泛。他治学严谨，不跟风、不盲从，不做“风派理论家”。他坚持把教书和育人结合起来，既教授知识，也传递信仰，是经济学界影响重大的教育家。

何炼成（1928—）一生未离开过西北大学的讲坛，从事经济学教学 60 多年，把自己的知识和才华毫无保留地献给了西北大学的学子们。他在担任西北大学经管学院院长 20 多年，始终坚持在教学第一线，先后讲授过 7 门课程，受业学生逾万人，尤其是为中国培养了一批基础扎实、勇于创新的杰出中青年经济学家。如张维迎、魏杰、刘世锦、邹东涛，均出自他的门下。正因为这么多经济学家出自西北大学，所以有人把西北大学经济管理学院誉为“青年经济学家的摇篮”，把他誉为“经济学界的西北王”。

以上 20 位经济学家是德厚流光的大师，是推动经济学教育改革发展的风云人物。此外，樊弘（1900—1988）、漆琪生（1904—1986）、季陶达（1904—1989）、袁孟超（1905—1991）、王赣愚（1906—1997）、杨敬年（1908—2016）、陈振汉（1912—2008）、周守正（1914—2006）、易梦虹（1916—1991）、朱景尧（1916—2013）、吴大琨（1916—2007）、李崇淮（1916—2008）、钱荣堃（1917—2003）、闵庆全（1918—2011）、胡代光（1919—2012）、宋承先（1921—1999）、高鸿业（1921—2007）、赵靖（1922—2007）、王叔云（1923—2002）、甘培根（1925—2006）、钱伯海（1928—2004）等人对经济学教育事业的贡献也比较大。他们积累的许多教育经验，特别

是在教育方法、学习方法、培养方法，并由此形成的教育思想值得我们学习。他们守得一身清风傲骨，为我国经济学理论创新提供了巨大的支持，他们的贡献将永远被人民铭记。

总体看，除了在国家机关、经济管理部门及智囊智库机构工作的经济学家外，绝大多数经济学家都在高校任教或有过任教的经历。有的虽然不在高校，也有为数不少的经济学家欣然担任“兼职教授”“客座教授”“特聘教授”。这种风气应该鼓励，但不能徒有虚名。

（九）影响中国改革开放的经济学家

中国改革开放走过了40多年。改革从农村起步，逐步推向经济与社会发展的方方面面，经济持续快速健康发展，科技创新能力不断增强，人民生活水平显著改善，绿色发展与可持续发展成为转型升级的主旋律，中国经济取得了举世瞩目的巨大成就。在这场影响世界的中国改革进程中，一大批经济学家为此做出了不可磨灭的贡献。

改革开放是实践，经济理论都是在实践中不断总结提升的。中国经济学家群体以他们敏锐的洞察能力，在观察中国经济的实践中，成功创立了“中国社会主义市场经济理论体系”及相关学术理论，有力指导了经济发展实践。笔者结合经济发展的实践、40多年的经济生活变迁和自身感受，拟对做出重大理论贡献、并对改革产生重大影响的部分经济学家作简要盘点。由于改革以来诞生的经济学家比较多，笔者遴选了40位贡献突出的经济学家，故将他们称为“影响中国改革开放的经济学家”。

提到农村改革，人们自然会不约而同地想到杜润生（1913—2015）。杜润生的贡献主要是创立“家庭联产承包制”理论。2008年的首届中国经济理论创新奖，148位中国知名经济学者通过投票得出了一个结论：改革开放以来对中国现实影响最大的原创经济理论，是农村家庭联产承包责任制理论，杜润生及其麾下的中国农村发展研究组被视为此理论的主要贡献人。这是对杜润生改革贡献的权威认定，自然也可以认定杜润生是影响中国改革的最重要的学术人物之一。作为经济学家和当时高层的重要智囊，他主持起草并推动五个“一号文件”的出台，在实践上不仅使中国解决了粮食短缺问题、温饱问题，而且为此后的更深层的改革和开放开辟了新的可能。

说到对经济改革的影响，笔者认为孙冶方（1908—1983）、薛暮桥（1904—2005）和于光远（1915—2013）都是贡献突出的经济学家，因为他们探索社会主义政治经济学理论贯穿了从建国初期到改革开放的整个过程，是这个领域起核心作用的经济学家，他们的理论影响最大。因为如果没有对改革前30年的反思，对后来的改革认识可能还会停滞。孙冶方是最早倡导改革传统经济体制的，他的《社会主义经济论》是社会主义政治经济学发展中一次大胆的尝试和探索，使他成为创建社会主义经济学新体系的积极探索者。遗憾的是由于孙冶方在改革初期即离世，他对改革实践的影响打了一定折扣。不过，以他命名的“孙冶方经济科学奖”是中国经济学界的“奥斯卡”，又从一定意义上折射出“孙冶方”的改革影响力不可小觑。薛暮桥的理论贡献主要体现在《中国社会主义经济问题研究》一书中。由于这本著作是经济体制改革的启蒙教材，对推动经济体制的市场取向改革起了重要的促进作用。于光远对改革的影响可能更大一些，是因为涉及改革开放中的许多重大理论问题都是由他率先或较早提出的。当然，卓炯（1908—1987）等经济学家也是有理论贡献的。

从探索改革初期的实践看，童大林（1918—2010）、蒋一苇（1920—1993）、马洪（1920—2007）、杨培新（1922—2016）、刘国光（1923—）、董辅礽（1927—2004）、杨启先（1927—）、高尚全（1929—）和王梦奎（1938—）

都注重改革的总体研究，他们的探索相对比较全面一点，也更注意改革的实践。童大林是最早从事经济体制改革理论探索的经济学家之一。他在担任国家经济体制改革委员会副主任时，积极组织、领导拟订全国经济体制改革的总体设计方案，筹划和指导全国经济体制改革工作，为促进我国经济体制改革、确立和发展中国社会主义市场经济做出了积极的贡献。童大林以理论上和实践上的勇气，在改革中影响是有目共睹的。蒋一苇的“企业本位论”奠定了他对改革的影响。蒋一苇自改革初期就一直活跃于改革理论的前沿探索，他的一系列观点，对我国经济体制改革的进展发挥了重要作用。同时蒋一苇深入重庆等城市，积极投身于改革的实践，许多建议被采纳并付诸实施，为我国企业改革和管理理论的发展做出了突出贡献。马洪长期从事经济理论研究及政策研究和决策咨询工作，在经济改革、经济结构、经济发展战略、工业管理和企业管理等研究方面有丰富的成果，是在新中国建设以及改革开放伟大实践中成长起来的经济学家。他从中国国情出发，倡导和推动中国市场取向改革，探索有中国特色的发展道路，贡献比较突出。杨培新在 20 世纪 80 年代提出“包死基数，确保上缴，超包全留，歉收自负”的十六字改革方针，“使企业与国家之间的关系，由传统的行政隶属关系转变为以赢利为核心内容的经济契约关系，他的承包制理论也成为中国 20 世纪 80 年代国有企业改革的一剂灵丹妙药。”“杨承包”由此声名鹊起。同时，他对金融领域的改革影响也相当大。刘国光对国有企业改革、效率与公平、改革方向等领域的研究比较多，他对社会主义市场经济中计划与市场关系的探索付出的努力最多，为我国社会主义市场经济改革方向和目标模式的形成做出了前瞻性贡献。董辅礽在改革初期率先提出“经济体制改革的实质是改革全民所有制的国家所有制形式”，提出“政企分开”等观点，从理论和实践上为推动我国经济改革与发展做出了开拓性的贡献。他坚持所有制改革是中国经济改革的关键，提出社会主义市场经济是公有制为主导的多种所有制的混合经济，认为社会主义市场经济是社会公平和市场效率的结合，发展资本市场等。作为中国市场经济理论的奠基者之一，他也是改革实践的积极推动者。杨启先在社会主义市场经济发展与体制建设、宏观经济管理和国有企业改革的理论研究方面，学术成就显著。特别是对国企改革的重点和难点等，他都有较全面的了解和认识。作为国企改革的见证人和推动者，杨启先的影响是广泛的。高尚全长期致力经济体制改革及宏观经济的理论、政策方针与方案的研究工作，是我国研究经济体制改革的主流经济学家之一。他多次参加党中央、国务院重要政策和体制文件的起草工作。到目前为止，他依然时常游走于海内外各种论坛，不遗余力地为中国改革鼓与呼。可以说，高尚全一辈子从事改革研究，他对改革影响是深远的。王梦奎先后担任国务院研究室主任和国务院发展研究中心主任，从 20 世纪 90 年代中期开始几乎年年主持政府工作报告起草，对中国经济的发展和政策的制定起到了重要作用。

从对改革实践的影响看，袁宝华（1916—2019）、方生（1925—2002）、晓亮（1928—2012）、周叔莲（1929—2018）、厉以宁（1930—）、吴敬琏（1930—）、刘鸿儒（1930—）、张卓元（1933—）、萧灼基（1933—2017）和周小川（1948—）的影响力更显得相对“专”一点（当然也不乏总体上影响），对构建社会主义市场经济体制发挥了重要作用。袁宝华在担任我国工业主管部门和国民经济综合部门的主要负责人时，就力主企业改革、扩大企业自主权并进行试点，总结推广了企业承包经营责任制，在中国工业经济方面有着重大的影响力。方生是一直活跃在中国经济学界的改革意识强烈的经济学家，其论著尤其是关于对外开放的问题的精辟论述，频频见诸报刊，闻名海内外。他在 1991 年发表于《人民日报》的《对外开放和利用资本主义》一文，在海内外引起强烈反响，影响大，贡献大，被理论界誉为“方开放”。晓亮长期倡导合作经济，积极主张发展民营经济，有“民营经济之父”之称。他的《寄希望于民营》等著作，都是发展民营经济的一系列创新观点。他在许多重要媒体发表的理论观点，为促进我国民营经济发展发挥了不容忽视的积极作用。周叔莲是影响工业改革的一位经济学家，始终站在理论探索的最前沿，堪称中国改革开放时代的“急先锋”。周叔莲最早提出了中国应优先发展轻工业的发展战略，从理论上论证了国有企业有必要也有可能实行自负盈亏，对中国工业发展战略的一系列重要问题提出了建议。他用 30 多年时间潜心思考和研究中国国有企业改革，洞开工业经济理论的天窗，是中国新时期 30 余年国有企业改革的重要见证者和理论推手之一。厉以宁在改革开放初期即论证倡导我国股份制改革，主持《证券法》和《证券投资基金法》起草工作。他提出的股份制理论成为中国推进资本市场建设和国企改革的重要理论支撑，这是他对中国经济改革最大的贡献。中国 40 年改革开放的征程中，“厉股份”的影响是响当当的。吴敬琏对中国经济学的理论发展和经济与社会政策制定做出了多方面的贡献，特别是推动市场取向改革，提出适时转变到整体改革战略、国有经济调整与国企改革，倡导以法治为基础的现代市场经济，都对改革产生了积极影响。刘鸿儒的影响主要体现在金融改革领域。他作为中国从社会主义计划经济逐步向社会主义市场经济体制转型的一个见证者和中国金融体制改革从封闭、单一化走向开放、多元化道路的一个设计者、参与者和领导者，刘鸿儒为中国金融改革做出了历史性贡献。张卓元积极参与中国体制改革理论问题的研究，是“稳健改革派”的代表人物。他较早提出社会主义经济中应引入竞争机制、价格改革的目标模式是实现从行政定价体制到市场定价体制的过渡等观点，主张价格改革“走小步，不停步”，为改革贡献了若干理论智慧。萧灼基在中国经济发展战略、经济体制改革、产权制度、金融证券、涉外经济等研究领域，发表了一系列创新观点，为改革开放做出了前瞻性的理论贡献。他是中国较早从事证券市场理论研究的学者之一，对中国证券市场的研究鞭辟入里，对股市的真知灼见令众多海内外学者叹服，被誉为“萧股市”。萧灼基对中国证券市场的建设和完善起到了重要作用。周小川长期在金融领域工作，是最典型的学者型高级官员。无论是学术主张，还是执掌央行，主导与“人民币”相关的各项金融改革，周小川对中国金融改革的影响都是巨大的。

下面提到的经济学家都是新中国成立后出生的。他们学历高，海外留学或学术考察带来的视野更宽，对改革的思考都有更深层次的内涵，特别是对完善社会主义市场经济体制方面，他们的理论影响也体现在不同的领域。

陈锡文（1950—）一直是中国制定农村改革政策的参与者之一。由于陈锡文在我国农业与农村政策研究及决策领域的杰出贡献，加之长期供职的中央农村工作领导小组，使得陈锡文在农村、农业经济工作领域等重大问题的决策上有相当大的影响力。周其仁（1950—）通过一篇篇论文和调查报告、媒体专栏，对中国的电信改革、医疗改革、城镇化、农村土地确权与流转、货币政策与汇率、国企改革等，都有重要建言，是始终通过学术研究推进中国改革进程的经济学家。金碚（1950—）长期从事工业经济研究，他主持编写的《中国工业发展报告》持续出版十多年，产生重大影响。他研究国有企业改革的理论和实践，深刻阐述了国企的特殊性质、在国民经济中的特殊地位和作用、主要优缺点和历史使命，提出了“国有企业是特殊企业”的代表性理论主张，在政府管理部门和国有企业中产生了很大影响。李扬（1951—）一直站在金融研究的最前沿，他的《中国金融改革研究》等著作相当有影响。从断言“人民币不可能大幅升值”到“银行不能变成当铺”，李扬以他的专业知识和一腔热情时刻关注中国经济的发展。林毅夫（1952—）主要研究发展经济学、农业经济学、制度经济学，最有影响的是过渡经济理论。由于他学术成就突出，担任的各种社会职务比较多，从政策到公众层面，林毅夫的影响力都非常高。刘鹤（1952—）是一位学者型官员，他的许多改革思路付诸实践，对中国经济改革都会产生极其重要的影响。魏杰（1952—）、樊纲（1953—）和刘伟（1957—）是享誉国内的经济学家，他们与钟朋荣构成了4位年轻的京城少壮派经济学家。实际上，4位年轻的京城少壮派经济学家的称号可以印证他们对改革的影响。从21世纪以来的学术影响力看，魏杰、樊纲和刘伟的影响继续上升。魏杰在研究中国企业方面站在全球化的高度，为人们揭示了中国法人治理结构、企业产权制度、企业发展战略、企业的管理制度、企业文化问题的更深、更新的最前沿信息。樊纲则在宏观经济学、制度经济学和过渡经济学方面取得若干学术成就，常有学术亮点引起媒体关注。刘伟的学术贡献是多方面的，加上他又担任著名高校的校长，他对经济改革的影响还是强劲的。华生（1953—）是影响我国经济改革进程的价格双轨制、国资体制、股权分置改革的主要提出和推动者之一。为了推动中国证券市场改革，他提出股权分置改革和整体上市改革思路，在实践中取得成功，使他成为对中国证券市场最有影响的经济学家之一。谢平（1955—）是"中国互联网金融之父"。2012年4月，谢平首次提出"互联网金融"概念，就受到各界的广泛关注。此后，互联网金融发展非常迅猛，对企业和百姓生活都产生不可估量的影响。客观地看，谢平在互联网金融理论的开创性研究，使中国金融发展走上创新之路，对国际金融的影响也是巨大的。钱颖一（1956—）的研究领域包括比较经济学、制度经济学、转轨经济学、中国经济等方面，但他影响最著名的是在转轨经济中作用于政府和企业激励机制的研究。钱颖一担任着很多社会职务，加上他的学术影响，他对今后改革的影响还会继续。蔡昉（1956—）长期从事人口问题的研究，在人口经济方面建树颇丰。近年来随着改革的深化，人口问题出现了迫切需要解决的难题，蔡昉的学术影响力迅速上升，也将对改革产生一定的影响。郭树清（1956—）在改革初期发表过不少“改革思路”方面文章，整体改革思路清晰。之后他走上从政之路，在实践中继续他的“改革思路”。随着他又回归金融领域，他对金融改革的影响会逐步显现。范恒山（1957—）是 21 世纪以来对改革有一定影响力的经济学家。他长期在国家发展改革委任职，主要组织协调区域经济工作，对区域经济的研究倾注了更多精力，为区域发展和改革提出了若干政策建议。张维迎（1959—）在媒体常有改革的新观点，他的《理性思考中国改革》一文对改革的争论产生重要影响。张维迎的拥趸不少，对改革都会产生一定促进作用。李稻葵（1963—）长期关注经济改革与发展的研究，学术成果丰富。李稻葵对近年来改革中出现的问题都有过精彩的言论，是“60 后”经济学家中最有影响力的。

以上仅从改革实践的角度盘点了影响改革的 40 位经济学家（难免挂一漏万），其中 15 位已经永远离开了我们。这些经济学家的影响主要体现在对改革政策、改革理论、改革实践等方面，改革能够也今天的成就，离不开他们艰辛探索的理论智慧和改革方案，他们卓越功勋应该给予肯定，也应该给予总结宣传。实践是理论之源。改革已经进入全面深化的新阶段，实践呼唤理论。我们相信，会有越来越多的经济学家投身改革研究，他们在中国改革的伟大实践中定会留下更加光辉的足迹。

十四　经济学界的成功“跨界”者

创造社会科学界最长寿记录的是著名语言学家周有光先生，活了112岁。周有光是一位令人尊敬的学术大师。他不仅是语言学家，还是经济学家。50岁之前，周有光担任复旦大学教授，在金融学方面有不少建树，已经是名副其实的经济学家。1955年，年近50岁的他去参与文字改革会议后便改行语文。也正是由于参加制订汉语拼音方案、参与设计、推广汉语拼音体系，周有光被不少人尊称为“汉语拼音之父”。可以说，周有光是“半路出家”，从经济学成功“跨界”语言学，做到了“一生有光”，是取得极高学术成就的典范人物。

学术界的“跨界”者都是多学科的“高人”，凤毛麟角。经济学界还有一位真正“半路出家”的成功者——成思危。成思危生前还担任《经济学家周报》总顾问，他的前半生一直从事化学工业，官至化工部副部长。20世纪80年代初，成思危赴美国加利福尼亚大学洛杉矶分校管理研究院学习管理，并将风险投资理念带回国内，成为后来享誉国内外的“中国风险投资之父”。

成思危的“跨界”难度之大，我们可以想象：一是“半路出家”，本身需要付出更多的劳动；二是从工程技术领域到经济学领域，跳跃得有点不可思议。但他们都在经济学领域取得了学术成功。

实际上，经济学界还有几位杰出的“跨界”者。

顾准作为经济学家，是中国社会主义市场经济理论第一人。作为历史学家，他留给我们这个时代丰厚的史学遗产，主要体现在如何看待马克思主义史学理论、如何看待西方文明、如何看待中国传统文化三个问题上。顾准坚持实事求是的学风，深刻批判了目的论、一元论与线性思维及其教条化的历史神学，科学地揭示了历史发展的非逻辑性。他坚持独立研究，不以权威的结论为依据，敢于怀疑，善于思索，尊重史实，坚持实事求是。顾准的史学思想的可贵之处在于，坚持历史唯物主义的科学精神，善于进行历史的比较研究，善于进行科学的理解分析，善于探索解答时代课题的不同方式。

陈豹隐是我国最早的经济学家之一。他曾任广州黄埔军校教官与农民运动讲习所教员、武汉《中央日报》总编辑等。大革命失败后流亡日本，从事理论著述、文学创作和翻译工作，为中文《资本论》最早译者。1956 年，陈豹隐被评为一级教授，与陈岱孙成为当时全国仅有的两名经济学一级教授。陈豹隐“跨界”了经济学、哲学、政治学、法学和文学领域。作为哲学家的陈豹隐，热衷方法论之学。1919 年他即在《新青年》第 6 卷第 5 号（即著名的“马克思研究”专号）上发表了《马克思的唯物史观与贞操问题》，1928 年翻译出版了爱里渥德的《科学的宇宙观》，1932 年进一步出版专著《社会科学研究方法论》，并撰写了《马克思哲学的基础和在一般社会科学上的地位》等多篇论文。作为政治学家的陈豹隐，早在留日时即热心国内政治事务，发表了《欧洲大国联邦论》《对德外交之公正批评》《抱影庐陈言》等文。1925 年他挑起了著名的“联俄与仇俄”之争，徐志摩、巴金等名流纷纷卷入。专著《新政治学》和《现代国际政治讲话》则是他政治学思想的集大成。作为法学家的陈豹隐，早年先后发表了《国宪论衡》《护法与弄法之法理学的意义》《法律与民意及政治》等文。作为文学家的陈豹隐，被柳亚子在《新文坛杂咏》中誉为新文坛十大将之一，他先后创作了戏剧集《齐东恨》《恋爱舞台》和小说集《酱色的心》及大量单篇小说、诗歌和文论。期间，他还引发了著名的“有律现代诗”和“新写实主义”之争。他兼作文言诗和白话诗，诗歌创作贯穿于他的一生。

于光远被称为“百科全书式的学者”，说明于老“跨界”得范围更广。于老说过：“我的大学生涯是在清华大学物理系度过的，可见我一开始并没有想当一名社会科学家的意识。但是，在参加革命的过程中，因为认识到革命不仅需要科学的知识，而且需要马克思主义的指导，于是我在保持对自然科学兴趣的同时，又逐渐对社会科学发生了兴趣。通过对马克思主义著作的学习和对社会科学理论的钻研，自然而然地又成为一名社会科学工作者。我的学术兴趣和研究经历展现了我在学术研究方面的一个特点，即兼跨了自然科学和社会科学两个领域，但研究兴趣在不同时期又各有侧重。”著名经济学家赵人伟在《经济研究》2013 年 12 期撰文评价于光远是“跨学科探索的宗师”。“于光远不仅提倡跨学科的交流，而且自身还从事跨学科的研究。在社会科学界，他的自然科学基础和素养是非常突出的。在社会科学领域，他耕耘最多的是政治经济学；他从事的自然辩证法研究，可以说是横跨自然科学和社会科学两大领域的哲学研究。”于老的“跨界”，使得他在哲学、经济学、教育学、社会学、政治学……和其研究领域的广泛度一样，于光远在这其中的影响都极为深远。于光远无愧于“跨学科探索的宗师”，这样的“跨界”或许是空前绝后的。

李泊溪从 1956 年至 1980 年一直从事石油化学工业设计，1980 年后才调到国务院发展研究中心，致力于技术经济、数量经济、发展战略与政策研究工作，创造性地把数量经济方法、系统工程理论和思想以及现代科学方法应用于国家发展战略、产业政策、地区发展与企业发展的研究中，为宏观经济发展战略和政策研究工作做出了重大贡献。她是“跨界”的成功女性。

任玉岭长期从事工业技术科学研究工作，特别是在生物科技方面贡献突出。他从事经济研究是 20 世纪 90 年代后，也是“半路出家”的以敢讲真话著称的知名学者。

王则柯教授原来从事数学专业，改革开放促使他思索如何把数学专业和经济实际联系起来。他了解到拓扑学在国外的数理经济学研究中有了很好的应用，便萌生了去外国学习的想法。1981 年，他终于得以前往美国普林斯顿大学，主攻数理经济学并取得不少学术成果。

李善同是北京大学数学系的硕士研究生，她于 1985 年参加由邹至庄主持、福特基金会资助的宏观经济研讨班后走上经济学研究道路的。

陈波中央财经大学国防经济与管理研究院院长，大学学的是生物学，1997 年考取武汉大学，转行成了经济学研究生，后又考到国防大学攻读国防经济学博士。

成思危、于光远、李泊溪、任玉岭、王则柯、李善同和陈波都是学理工科的。正因为理工科在逻辑性、系统性和方法论方面是非常扎实的，特别是学了很多数理化，经历了严格的逻辑训练，所以，他们的"跨界"研究都取得比较大的学术成就。可以说，"跨界"是思维的交流，是文化的交流，是学科的融合，是学术人生的视野与智慧的思想裂变。经济学界需要更多的"跨界"者，这对学科的创新发展，获得"杂交"优势，都是有益的。

十五　淡然·坦然·超然

——十位百岁经济学家的人生境界

时代在进步，环境在优化，生活在改善，医疗水平在提高，社会对老年人的关心，使我国百岁老人日益增多。从生物学和医学的角度分析，人类的健康和寿命涉及的因素很多。由此联想，根据有关书刊文献，我收集整理了400多名经济学家（含已去世）的资料，发现我国经济学家群体中百岁以上的有十位：马寅初（1882—1982）、陈翰笙（1897—2004）、薛暮桥（1904—2005）、秦柳方（1906—2007）、骆耕漠（1908—2008）、杜润生（1913—2015）、杨敬年（1908—2016）、周有光（1906—2017）（周有光也是一位经济学家，担任过复旦大学经济学教授，1955年后，他专职从事语言文字研究，是汉语拼音创始人之一）、袁宝华（1916—2019）和张薰华（1921—2021）。

东南大学的周勤教授在《经济学家茶座》2012年第2辑发表过题为《经济学家为什么长寿？》的文章。文章对诺贝尔经济学奖获得者的年龄进行分析统计后得出如下结论：已经去世的诺奖获得者的平均寿命是84.77岁，经济学家寿命中最差的情况是，有不到20%的概率会在80岁前“挂掉”。他在文章中说：“长寿与经济学家的境界关系密切，什么是经济学家的境界？‘至善’，追求一个最优境界，‘大学之道，在明明德，在亲民，在止至善’，至善的关键是至，就是追求。”张文台同志曾经说过：“人生的目标应该向治学有方、事业有成、为人有德、养生有道、立言传经的目标努力。”（见张文台著《讲堂文思录》，中央文献出版社2009年11月第1版第351页）我想，这也可以作为长寿经济学家群体的境界表现。

分析他们百年的人生境界，需要大概了解他们的人生经历。

马寅初先生1916年至1927年在北京大学任教，先后担任经济系教授、系主任和教务长。抗日战争爆发不久，马寅初受聘于重庆大学，并任商学院院长。抗战胜利后，马寅初担任重庆大学教授，后又到上海担任中华职业学校教授，上海工商专科学校教授。1948年底赴京，参加新中国的筹建。1949年8月出任浙江大学校长。1952年5月被任命为北京大学校长。在1957年3月召开的最高国务院会议上，马寅初就“控制人口”问题发表自己的主张。1960年1月被迫辞去北京大学校长职务，1963年又被免去第二届全国人大常务委员会委员职务。1979年9月，在马寅初98岁高龄时，党组织为他彻底平反，恢复名誉，同时，被任命为北京大学名誉校长，1979年11月《新人口论》正式出版，1980年8月，他被选为全国人大第五届委员会委员。1981年2月，被推选为中国人口学会名誉会长。

陈翰笙先生早年留学美国、德国，1921年获芝加哥大学硕士学位，1924年获柏林大学博士学位。回国被聘为北京大学教授并参加革命。1933年发起成立中国农村经济研究会，并任理事长。1934年后，先后在日本、苏联、美国从事研究和著书工作，并在纽约任《太平洋季刊》副主编。1939年回到香港，主编《远东通讯》。1942年后，他曾在印度做研究工作，在美国任大学教授和霍普斯金大学国际问题研究所研究员，1950年回国后历任外交部顾问，外交学会副会长，国际关系研究所副所长，中国工业合作协会名誉顾问，大百科全书编委会副主编，北京大学兼职教授，中国科学院哲学社会科学部委员、世界历史研究所名誉所长等。

薛暮桥先生1927年加入中国共产党。1938年至1942年在新四军工作，任新四军教导总队训练处副处长，写了通俗著作《政治经济学》教科书，成为培训新四军干部的教材。中华人民共和国成立后，他任政务院财经委员会秘书长兼私营企业局局长，国家统计局局长，国家计委副主任，全国物价委员会主任，国务院经济研究中心总干事，1955 年当选为中国科学院哲学社会科学学部委员。

秦柳方先生 1929 年应邀参加由经济学家陈翰笙和王寅生主持的无锡农民农村经济调查团，1933 年共同发起创建中国农村经济研究会并任理事，出版《中国农村》杂志。1935 年参加革命。抗战胜利后，他在沪担任《文汇报》社论委员兼经济版主编，《经济周报》编委。1949 年出席了首届中国人民政治协商会议，参加了开国大典。1957 年他到中国科学院经济研究所任领导小组成员，《经济研究》编辑部主任，1979 年任中国社会科学院世界经济与政治研究所科研处处长，《世界经济调研》常务副主编兼《世经导报》副主编。

骆耕漠先生 1927 年加入中国共产主义青年团，投身于中国革命事业，同年年底被捕。出狱后，积极参加抗日救亡运动，并开始研究中国经济问题。1938 年，骆耕漠加入中国共产党，先后担任中共浙江省委统战工作委员会委员、中共浙江省委文化工作委员会书记以及中共东南局文化工作委员会委员。1941 年后，他参与领导苏北、华中、华东等解放地区的地方财经工作和部队供给工作。新中国成立后，他任中共中央华东局财经委员会委员，华东财委秘书长、副主任，1954 年起任国家计委成本物价局局长、副主任，全国人大办公厅副主任，1981 年任中国科学院哲学社会科学部学部委员，中国社会科学院经济研究所研究员、顾问。

杜润生先生 1932 年 10 月参加共产党的外围群众组织抗日反帝同盟会和社会科学家联盟。1936 年夏加入中国共产党。新中国成立后，他历任中共中央中南局秘书长、中南局军政委员会土改委员会副主任、中共中央农村工作部秘书长、国务院农村办公室副主任、中国科学院秘书长、国家农业委员会副主任，1983

年任中共中央书记处农村政策研究室主任，兼国务院农村发展研究中心主任。

杨敬年先生是湖南省湘阴县（今汨罗市）人，1932 年考入国民党中央政治大学行政系。毕业后选读南开大学经济研究所的研究生，深造经济学理论。抗日战争爆发后，他随南开经济研究所的老师们辗转到贵阳中国农村建设协进会、重庆国民政府行政院、资源委员会、财政部等处工作。1945 年考取留英公费生，进入牛津大学圣体学院政治经济专业攻读 3 年获得博士学位。1948 年 8 月回国从事教育事业。新中国成立后，他任南开大学校务委员会委员，一手创办了财政系，兼任系主任，1957 年“反右派”时被打成“右派”分子，1979 年恢复了教授职称和工资待遇，虽然已经年逾古稀，其仍怀着“欲为国家兴教育，肯将衰朽惜残年”的心愿，重登讲坛，教书育人。

袁宝华先生 1934 年考入北京大学，1935 年参加了著名的“一二·九”运动，1936 年加入中国共产党，1937 年“七七事变”爆发后，回到家乡组织群众开展抗日救国运动，1940 年到延安中央党校学习，1941 年到中央组织部工作，1945 年赴东北。新中国成立后，他先后担任东北工业部秘书长兼计划处长，国家重工业部、冶金工业部、物资管理部、国家经济委员会、国家计划委员会等重要经济管理部门的局长、部长助理、副部长、部长、副主任、主任等领导职务。

这几位百岁老人都经历了抗日战争、解放战争、“大跃进”“文化大革命”、改革开放的历史，有被捕的不幸，有被打倒的失落，有从高位坠入被批判的低谷，可谓人生跌宕曲折，命运艰难多舛。他们都是经济学界的巨擘：陈翰笙被誉为“当代经济学家之父”；马寅初是我国老一代经济学家的一座丰碑，一部《新人口论》将他推到学术人生的顶峰；杜润生作为农村改革重大决策参与者和亲历者，被誉为“中国农村改革之父”；薛暮桥是市场取向改革的坚定倡导者和积极推动者；周有光是汉语拼音创始人之一……可谓造诣精湛，名满天下。

探究他们的人生境界，则需要了解他们的生活与工作。

1953年春，经周恩来总理提名，骆耕漠调往新成立的国家计划委员会（主任为高岗），任成本物价局局长，后任国家计委副主任。然而，好景不长，一场突发的“肃反”运动，改变了他的人生轨迹。身负“特务嫌疑”的骆耕漠在国家计委坐了几年冷板凳后，于1958年被安置到中科院的经济研究所，做专职研究员。

从中央机关的显赫高位坠落，骆耕漠来到远离权力中心的经济所，但他并未因此消沉。他说：“我不仅留有党籍，手里还握着一支笔呢。我可以通过经济研究，继续为人民工作。”在“文化大革命”中，骆耕漠以挚友之情照顾着顾准：他有时让妻子唐翠英给丧偶并患病的顾准做菜，有时约请顾准外出散心，勉励他坚持研究与翻译。倘若不是双目弱视的骆耕漠拄着拐杖奔走，身为“黑五类”的顾准，即使大口吐血、生命垂危，也无法住进病房。多年后骆老说：“顾准早已倡导多元论。他在许多方面先知先觉。”

宋晓梧回忆多年前见到骆老的情形时说：“没想到，享有盛誉的骆老给人的印象极为亲切和善。”中国社会科学院农村研究所的陈瑞铭说骆老“个人私利放后面的人，毕生堂堂正正”“从容淡定，举重若轻，只讲道理，从不动容”。这就是骆老三个女儿心目中的父亲——悠然自适的骆耕漠。

马寅初因“新人口论”面对批判和讨伐，他公开表态：“这个挑战是很合理的，我当敬谨拜受。我虽年近八十，明知寡不敌众，自当单身匹马，出来应战，直至战死为止，绝不向专以力压服、不以理说服的那种批判者们投降。”“因为我对我的理论有相当的把握，不能不坚持，学术的尊严不能不维护，只能拒绝检讨。”“泼冷水是不好的，但对我倒很有好处。我最不怕的是冷水，因为我洗惯了冷水澡，已经洗了五十年了，天天洗，夜夜洗，一天洗两次，冬夏不断。因此，对我泼冷水，是我最欢迎的！这虽然是锻炼身体的一个好方法，但直接间接影响我的头脑，使我获得了一个冷静的头脑，很适宜于做科学研究工作。”

当他的儿子将他被革职一事告诉他时，他只是漫不经心地“噢”了一声，没有任何其他反应。数十年后拨乱反正，仍是儿子告诉他平反的消息，马老仍是轻轻地“噢”了一声，仍是没有任何其他反应。一声“噢”，处变不惊，心平气定，凝聚了他的人生智慧，体现他的气度，真有“清风明月无人管，并作南楼一味凉”的意境。以“求利当求国民利，求名当求身后名”的非凡抱负，马寅初宠辱不惊，泰然处之。国学泰斗季羡林曾盛赞马寅初“大丈夫，刚正不阿，敢作敢当。”宋庆龄则赞扬他“不愧为我们中华民族难得的瑰宝”。

1968 年 3 月，从国民党“牢监大学”走出的薛暮桥被关进“牛棚”，在人生最困苦的时期，他没有随波逐流，灰心消沉，而是以一个学者特有的的毅力，利用一切可以利用的时间，系统读书，潜心思考，深入研究。他在“牛棚”里，自己复写，自己装订，一块黑底红花的头巾包裹着那一摞摞的手稿。他从中国的实际国情出发，坚持实事求是，理论联系实际，大胆创新的科学态度，写出《中国社会主义经济问题研究》，为改革开放，发展中国特色的社会主义经济做出了非凡的贡献。

薛老长寿的秘诀概括为：生活中的“不明白”和学术上的“明白”。新中国成立初期，正值定级别和军衔之时，他却向国家正式报告，要求辞去当时担任的中央财经委员会秘书长等重要职务，专门从事经济发展理论研究。在许多社交场合，薛老往往记不起人家的名字。但他对于新中国成立以前部分解放区和新中国成立以后国家各个时期的经济统计数据，却可以随口道出，如数家珍。薛老的夫人罗琼，长期担任全国妇联第一书记和副主席等职，两位老人时常一同出差，住宿饮食安排得稍讲究一点他们就会觉得不安，一再要求节俭。

据无锡博物院的杜松回忆，1997 年 1 月，他专程到北京探望薛老，无锡客人一到，老人立即热情迎接。尽管他体质已经较弱，多数时间斜倾在沙发上，但依然全神贯注地听完所有人的讲话，从不插话。临走前，他还额外赠书，直到门口目送，久久没有离开……

薛小和在《经济学家茶座》2003 年第 4 辑撰文谈她的父亲薛暮桥时说："新中国成立后，父亲的职位已比陈老（即陈翰笙）高许多，但凡是与陈老一起开会时，父亲绝不坐在中央，总是让陈老坐中央，而且张嘴讲话，第一句肯定是'陈老是我的老师。'"薛暮桥性格沉稳、内敛，晚年的他总笑眯眯的，像个活神仙。这就是淡泊名利的薛暮桥。

陈翰笙经历了从晚清、北洋军阀统治、国民党统治和新中国成立以后的多个时期。这位襟怀坦白、不计名利的"当代经济学家之父"，一生横跨 3 个世纪，把自己的一切献给了中华民族的解放和中国的社会主义革命和建设事业。著名经济学家于光远先生在《炎黄春秋》2003 年第 12 期发表了《陈翰笙风云三世纪》一文。于光远这样评价陈翰笙是"现在活着的年龄最高的知名人士，现在活着的资格最老的无产阶级革命家，现在活着的最老的学者……陈翰笙生活与工作的时间特别长，经历的事、接触的人物特别多，而且有许多非常重要的人物，他都记了下来。他的记忆力真好，说明他在做这些事的时候是很用心的，否则做不到这样。"

1951 年，周总理希望陈翰笙先生能助一臂之力，担任外交部副部长。陈翰笙自谦地对总理说："总理啊，您今天请客是用中餐还是西餐？吃中餐要用筷子，吃西餐要用刀叉，我是个筷子料，请不要把我当刀叉使，还是让我去做点研究工作吧。"当时在座的中宣部部长陆定一，一听陈翰笙想做研究工作，便想到学术气氛和环境最好的北京大学。大概陆定一考虑，像陈翰笙这样游学、活动于许多国家，为革命事业做过重要贡献的著名学者和社会活动家，再怎么也得担任个领导职务，于是就说："要么你到北大做副校长，帮马寅初的忙。"但陈翰笙也当场推辞掉了。之后，陈翰笙去上海专门拜访了马寅初，说明自己并非不愿帮他的忙，只因自己是个“不善于办事”的人。后来周总理便聘他为外交部顾问兼中国人民外交学会副会长。

陈翰笙性格朴实开朗，耿直坦诚，富有正义感和同情心。他说：“我不会吹牛，也不会拍马，有人不喜欢我，我也不喜欢吹牛拍马的人。”“我还可以教英文，可以讲世界历史，谁来跟我学都行，可以随时来找我，白天来，晚上来，星期天来都行，我尽义务教，不收学费，不要报酬。”

陈老晚年时，还迷上了听轻音乐。他说：“听轻音乐不仅可以使人忘却心中的烦恼，把人带入无限美好的境界，而且还可以陶冶情操，享受无穷的乐趣。现代医学认为，节奏明快的轻音乐可激发起人们对美好生活的向往和追求。”好心态也是陈老长寿的秘诀，他非常幽默，每有客人来，临走时他都要把客人送到院子外面。冬天寒风凛冽，家人劝他戴个帽子，他笑着说：“我从来不喜欢戴帽子，‘四人帮’要给我戴那么多顶帽子都没有戴上，现在我更不用戴帽子了。”这就是蔼然可亲、淡然处之的陈翰笙。

1979 年 3 月 28 日，杨敬年平反，又能拿每月 207 元的工资了，还搬进了学校的高知楼。有人羡慕地说：“看你有多大变化！”杨敬年却觉得“我还是我，只不过我现在是一个堂堂正正的大学教授，能名正言顺地教书了。”

原本是早该退休的年纪，71 岁的杨敬年却刚刚开始工作。过了 100 岁，杨敬年又忙了起来，总有学生、记者、朋友来访。视力几乎消失的杨敬年思维仍然清晰，能滔滔不绝地讲两个小时，各种数字、年份记得尤其清楚。他每天凌晨 3 点起床，3 至 4 点读书，4 至 5 点锻炼。吃完晚饭，他要听一个小时的音乐，从东方的古琴听到西方的交响乐，晚间 7 点，准时收看《新闻联播》。这就是怡然自乐的杨敬年。

杜润生是太谷人引以自豪的人物。他是山西太谷阳邑村人，我的老家距阳邑村十公里。2005年1月，在北京开达经济学家咨询中心主办首都经济学家新春联谊会上，我问杜老，您怎么还是一口的家乡话？杜老风趣地说："乡音未改，也改不了啦！"

2008年11月，中国经济理论创新奖授给农村家庭联产承包责任制理论。杜老说："联产承包责任制是中国农民的经济学创造，我只是起到了理论调查和整理的作用，这个奖项应该颁给广大的中国农民。"他一直认为"中国最大的问题是农民问题，农民最大的问题是土地问题""农民受苦，中国就受苦""中国的农民对我们真是太好了，从民主革命开始，他们就万众一心地支持共产党。老解放区农民推着小板车支援前线，一直推到胜利"。杜老对于农民的善待，没有一党、一己、一团体之困，是至高的人生境界。

著名经济学家吴象在《炎黄春秋》2012年第7期发表的题为《杜润生：农村改革的"总参谋长"》文章中这样评价杜老："杜老之所以能够成为真正的农民利益的代言人，在中国农村改革中起很重要的作用，是因为，他是真正的马克思主义者，真正的共产党人，而不是教条式的、更不是官僚式的，不妨说是开创了一种越老越年轻的模式，越到晚年越成熟，学问越大。"这就是农民利益的代言人——超然自得的杜润生。

112岁的"汉语拼音之父"周有光，他的人生其实是一个"错位"的人生。大学毕业，本可以去当外交官，他却选择了学经济；本想到日本京都大学去和日本马克思主义研究的先驱、著名经济学家河上肇（1879年—1946年）学经济，不料河上肇却被捕了，他只好专攻日语；本来研究经济已经有了不小的成就，他却被指定去研究语言。周有光曾谈他的长寿之道时说："想不通的时候，拐个弯就通了啊！"

1969年，周有光被下放到宁夏石嘴山，在国务院直属口“五七干校”改造锻炼。在许多人看来，那是一段噩梦。而周有光却不这样看，他从苦难中看到的是别有一番洞天，他说：“假如不是‘文化大革命’，宁夏这个地方我可能不会来，而且体力劳动把我的失眠治好了。所以，看似不好的事也有好的一面。”“‘塞翁失马，焉知非福？’遇到不顺利的事情，不要失望。有两句话我在‘文化大革命’的时候经常讲：‘卒然临之而不惊，无故加之而不怒’。这是古人的至理名言，很有道理。”

袁宝华同志作为我国宏观经济管理部门的卓越领导人，杰出的经济学家、宏观经济管理专家和教育家，经历了共和国质量管理事业从无到有、从萌芽状态到成熟的各个历史时期，是中国质量事业发展的重要见证者和主要推动者之一。他胸怀坦荡，做事认真，心态平静，境界与众不同。朱镕基同志曾回忆说，袁宝华为人正直，待人的真诚发自内心，对人谦和，从不疾言厉色，“总是使你感到他对你的信任、肯定和支持，让你敢于大胆地去工作”。

张薰华是中国土地批租制度的理论奠基人。“做学问时，要联系实际，探索规律，不惑于表象，不随波逐流。”这是张薰华的学术品格。他关于“土地批租”的论文，催生了中国改革开放后的“土地批租”政策，为中国土地批租制度的建立提供了理论依据。作为复旦大学的著名教授，张薰华有一句名言：“我宁可学生在校园里因为我的严格而骂我，也不愿意他们在社会上因为没有真才实学、无所作为而骂我。”进入古稀之年后，他骑着一辆老旧自行车穿行于校园。那质朴的身影，如同一个符号，诠释着老一代学术前辈淡泊名利、清廉自守的风范。张薰华长寿的秘诀之一，就是简单生活加上坚持锻炼。

从以上生活点滴和片言只语，可以领略到这些智慧老人之一生正气、一身骨气、一团和气和一股锐气的人格魅力。著名经济学家方生说：“做人不能有傲气，但不能无傲骨，做事、做文章，任何时候或在任何情况下，都要保持做人的尊严和原则。”著名经济学家宋养琰说：“在理论研究和探索中，首要是独立思考，在任何权威和权势面前，都不能奴颜、婢膝和媚骨。”无论是马老，还是陈老，无论是杜老，还是薛老，他们长寿百岁固然有健康的生活方式，但也与宠而不喜、辱而不惊、威而不屈、慎终如始的涵养心态及勤于思考的学术修养密切相关。正是如此，他们都保持了不趋炎附势、不随波逐流、不阳奉阴违的读书人气质，都有高尚的价值观。他们以特有的大气和超脱，泰然淡定地面对人生之起落和沉浮。他们以超人的意志、非凡的毅力，从容致力于学术事业。他们得意时的淡然，失意时的坦然，生活的悠然和平静的超然，撑起他们无边无际的人生境界。这种充满正能量的人生境界既是我们经济学界的宝贵财富，更是需要我们弘扬和学习的品格力量!

十六　杜润生服务改革的语言艺术

理论创新离不开语言表达的支持。经济学家是经济学理论创新的唯一主体，更需要语言艺术的支持。同样的理论或学术思想，语言表达的不同，可能会产生截然不同的结果。

杜润生是20世纪80年代最具改革影响力的著名经济学家，是我国杰出的改革家，有“中国农村改革之父”之称。他的言论深深影响了农村改革。全国人大常委会原委员长万里说过，“为什么同样的道理，从我们口里说出，和从杜润生同志嘴里说出就不一样，话让他一讲，不同意见的双方都能接受”。他“是‘能够讲出所以然’的学者型官员，能够有力地说服想不通包产到户的干部。”（见余展、高文斌主编：《我认识的杜润生》，山西经济出版社2012年版，第209页、第167页）农业部原部长何康说：“杜老就可以用几条简要总结，高度概括，很好地把大家讲的精粹都集中起来，条理化、理论化，使与会者听了心悦诚服。”（同上，第13页）中央农村工作领导小组办公室原主任段应碧说，杜老“总是能讲出一番道理来，让反对的人‘放心’，至少是‘无话可说’”。（同上，第67页）农业部产业政策与法规司原司长郭书田说，杜老的讲话和文章“具有明显的言之有物、言之有据、言之有理的特点，高屋建瓴、开门见山、单刀直入、言简意赅、切中要害、立意新颖，绝不说空话、套话、大话、车轱辘话，因而受到广大干部和群众的欢迎”。（同上，第79页）《经济日报》记者高以诺说：“杜老那不俗的谈吐和睿智的思维马上让人感到精神为之一振，有一种如沐春风、如饮甘露的感觉。”（同上，第 223 页）中国人民大学的温铁军教授说：“杜老对任何另类观点都认真倾听，其过人之处在于，在官方文件或会议的表达上善于综合不同意见于一炉，化解利益矛盾、减少改革阻力。”（见《光明日报》2015 年 10 月 15 日 10 版）

类似这样的评价很多。从中央高层到基层，从学术界到新闻界，从高校到研究机构，大家对杜老的观点及其表述语言比较认同，这在经济学界是绝无仅有的。说明杜老的语言艺术非同寻常，确有“随风潜入夜，润物细无声”的真功夫。我们认为，作为农村改革的“总参谋长”，能够斡旋于上下，杜润生集超常的谈辞和深厚的嘴清舌白之功夫于一身，其非凡的语言艺术是构成推动改革成功的重要因素之一。

本文选择《杜润生文集（1980—2008）》（山西经济出版社 2008 年出版，以下简称《文集》）探讨作者的语言艺术。之所以选择这部著作，是由于《文集》收录了作者从 1980 年到 2008 年的 256 篇文章（讲话）约 101 万字，集中反映了杜老农村经济改革的思想精华及经济理论创新历程。

需要说明的是，探讨杜老的语言艺术，必须站在 20 世纪 80 年代的改革背景以及 21 世纪后的历史条件下。因为杜老不是文学家，不是诗人，其语言艺术风格自然不同于作家。因而本文不是单纯探讨语言艺术的，而是从推进改革开放的视角出发，探讨杜老是如何运用独特的学术语言和政策语言来推动农村改革、影响改革、服务改革的。

（一）接地气：群众语言生动活泼

杜老善于吸取群众中最生动的语言，用浅显比喻说明重大的理论问题。我们读杜老的著作，特别是 20 世纪 80 年代的著作，有时代烙印，给人的感觉是群众语言特别丰富，没有“官腔”，有人情味，既亲切又有感染力。比如：

◆“人有多大胆，地有多大产。”（《文集》第 11 页）

◆“农民喜气洋洋说：‘过去愁着没饭吃，现在愁着粮食没处放，再不用出门要饭了’‘联产联住心，一年大翻身。红薯换蒸馍，光棍娶老婆’……‘既有自由，又能使上劲’‘戏没少看，集没少赶，活没少干，粮没少收。’”（《文集》第 21 页）

◆“大脚穿小鞋，受不了；小脚穿大鞋，也走不了路。”（《文集》第 51 页）

◆“堵不住资本主义的路，就迈不开社会主义的步。”（《文集》第 195 页）

这些很朴实的亲民语言，没有“套近乎”，都是百姓的直观感受。杜老在文章中运用得不少，道出了广大老百姓的心声，营造出轻松愉快的氛围。通过群众语言向领导高层传递了农民的希望，沟通了信息。比如，“大脚穿小鞋，受不了；小脚穿大鞋，也走不了路”出自《农业生产责任制与农村经济体制改革》一文，文章是 1981 年 6 月 29 日在中央党校所做的报告，后在《红旗》杂志上发表，并作为代表作于 2009 年被收录于广东经济出版社出版的《影响新中国 60 年经济建设的百名经济学家》一书。这句话说得很精彩——形象地说明生产关系与生产力二者间的关系：鞋就是“生产关系”，脚就是“生产力”，鞋得适应脚，否则，不是“受不了”，就是“走不了路”。这样通俗一讲，百姓自然明白生产关系与生产力是怎么一回事。还有许多代表基层干部的特色语言，杜老的运用更加灵活自如。比如：

◆“多少年来总以为是资本主义作怪，不断派工作队下去‘整社’，整社就是整干部，整了一批又一批，整到最后大家怕当干部，干脆轮流坐庄。”（《文集》第 16 页）

◆“1955 年底，加快合作化步伐，一些地区一步登天，从单干跳到高级社。”（《文集》第 3 页）

◆“有的是‘三头制’，牛头、人头、犁头；还有的是刀耕火种，手里一把种子，点一把火，再拿一把刀（或一根木头棍子）。生产力水平如此不平衡，搞一刀切，非失败不可。”（《文集》第 16 页）

◆“农民小生产者的平均主义思想，把别人的平均过来容易接受，自己的平均给别人则会感到被侵犯，实行抵制和退出。”（《文集》第 13 页）

◆“过去是队长派工，派他干什么就干什么，他好像不是在为自己劳动；实行包产后他真感到是为自己劳动了，所以安心生产了，用心生产了，放心生产了。”（《文集》第 74 页）

以上语言真实反映了农村生产的实际情况，没有渲染夸张。杜老善于用群众的日常语言表达群众诉求，没有距离感，群众看了自然亲切，容易接受，感觉就像是自己身边的事情，越看越想看，越听越想听。“安心”“用心”“放心”，杜老用“民味”十足的语言把读者引向广阔的农村，是百姓生活和基层干部的思想真实呈现，给人以深深的思索。

另外，杜老还结合生活不断总结，在其著作中力求反映农村实践和发展形势的变化。比如：

◆“河南省的兰考县和山东省的东明县，属于长期落后、贫困的地区，是生产靠贷款、吃粮靠返销、生活靠救济的‘三靠’穷县。”（《文集》第 20 页）

◆“和群众‘顶牛’，或者放任自流，都是错误的。”（《文集》第 55 页）

◆“包地出产量，包山披绿装，包水鱼满塘，包厂厂变样。”（《文集》第 112 页）

◆“要打破某些老框框，不要自己竖起菩萨给它磕头烧香。”（《文集》第 121 页）

◆“实践肯定的东西，我们否定不了它；实践否定了的东西，我们也肯定

不了它。这是历史的实践，群众的实践。”（《文集》第 300 页）

◆“凡文化都是经过‘杂交’的、多元化的。多元化的好处在于能够产生‘杂交优势’。”（《文集》第 524 页）

这些语言都是杜老在工作实践中总结出来的，体现了杜老不仅“能说”，而且“会说”。语言贴近百姓生活，连续三个“靠”字生动说明过去管得过死；“包地出产量，包山披绿装，包水鱼满塘，包厂厂变样”，语言“大众化”“口语化”，笔墨不多，化繁为简，诙谐有趣，朗朗上口，几句话就说出“包”给农村带来的巨大变化。这也是杜老自己的语言与群众语言“杂交”后产生的“杂交优势”，话有点土气却有生命力，通俗而富含智慧。博采百姓语言，从百姓语言中吸取营养，使他的作品读来总是那么鲜活生动。

杜老的著作一方面讲究语言通俗易懂，一方面还注意农村生产技术上的可操作性。他认为，“农民最欢迎的是看得见、摸得着的适用新技术。”（《文集》第 1032 页）比如：

◆“办法是在饲料上做文章，办好饲料工业，降低饲料价格，同时开辟新的饲料来源，生产全价蛋白饲料，养一头猪能节约 50 公斤—100 公斤粮食，猪还能吃到足量的蛋白，瘦肉型猪 6 个月长到 85 公斤。他们利用秸秆、秕壳和树叶做原料，按一定比例配成培养料，利用微生物工程生产侧耳菇并可将培养料转化为一定的菌糠饲料（据有关材料反映每百公斤培养料可生产 50 公斤—80 公斤侧耳菇，并能得到 60 公斤—70 公斤菌糠饲料）。事实证明，利用微生物工程，同时养蚯蚓、搞沼气池，形成可以循环利用的食物链，这是一种可能实现的设想。”（《文集》第 230 页）

这段话实际是农村养殖方面的科普知识，但杜老在文章中大胆使用，从技术层面说明种植业与养殖业的科学循环及经济效益情况，有刀过竹解的作用。杜老对农村经济（包括农村技术经济）的观察细致入微，由此可见一斑。如果不深入农村，不了解农村，不接地气，杜老不会写出如此语言鲜活、好语如珠的文章，他做到了理论语言与通俗语言的统一。在我国经济理论工作者中，像杜老如此大量娴熟使用群众生活语言，几乎没有。杜老堪称经济学界首创运用群众语言的第一人。

（二）摆账本：数据语言求真求实

杜老的著作中有大量经济数据，特别是农村经济方面的数据，他心中装有农村改革的“账本”。数据有全国的，也有各省市的，更多的是一些县和村镇的数据。他反对用空洞的理论说服人，坚持倡导利用事实说服人。数据是反映事实的重要支撑，也是调查研究求真求实的内容之一。通过“算账”比较问题、说明问题，对经济问题的表述直观，“片言只语”的数据在其文章中显示出“此处无言胜有言”的力量。比如：

◆“全国农村共有核算单位 506.6 万个。据 504 万个单位计算，社员平均分配收入在 40 元以下的占 16%，50 元以下的占 27%，60 元以下的占 38%。50 元除去粮、柴草外，无剩余。人均口粮，旱粮地区在 150 公斤以下的占 19%，水稻地区在 200 公斤以下的占 18%。每个队 159 人计，共 1.5148 亿人。人均 40 元以下的最穷队，60% 左右是分布于云、贵、鲁、豫、甘、宁、内蒙古、闽、皖等九省（区），约占农村人口的 20%。”（《文集》第 4 页）

◆“东明县 1958—1978 年 20 年间，人均净吃国家返销粮 2.251 公斤，花国家救济款和累欠国家贷款达 7800 万元。现在也有缺粮县变为余粮县。到目前为止，国家已收购粮食 3000 万公斤，花生 370 万公斤，芝麻 235 万公斤。社员人均集体分配收入 1979 年为 31 元，1980 年连超产部分的收入计算在内，超过百元。全县农村的人均储蓄存款，1979 年为 3 元，1980 年达 17 元。”（《文集》第 21 页）

◆“以江苏为例，每 1 元人民币的收益率（每投资 1 元钱收回来的钱）：1957 年是 3.37 元，1965 年是 3.08 元，1971 年是 2.72 元，1980 年是 2.32 元。”（《文集》第 45 页）

这些数据看上去普普通通，也无特别之处。但杜老在文章中大量使用这些数据，目的就是要说明农村的真实贫困状况，达到以小见大的效果。现在，我们经济学界比较重视微观实证研究，对各种数据的应用非常广泛，大数据平台也比较多。但在 20 世纪 80 年代初，杜老能够广泛应用农村基层的经济数据做学术研究，实属不容易。

杜老尤其关注生产数据，主要是当时我国物资短缺，农业生产落后，农民吃不饱。在此背景下，“在研究各类生产数字时，一定要想到背后的经济利益问题，想到农民经济收入的变化。”（《文集》第 226 页）杜老的数据语言表面看虽波澜不惊，却内涵丰富，是实证研究和支持农村改革不可缺少的重要依据。

（三）讲技巧：政策语言和风细雨

杜老长期在农口工作，经历过几起几落。正是有着丰富的工作经验和人生起伏，使他对农业政策研究达到炉火纯青的境界，尤其是政策语言不仅有极强的大局观，而且拿捏得恰到好处。“可以……可以……也可以”作为全国各界公认的“杜氏公式”，婉转而不生硬，宽容又包容，易于让意见不同的各方都能接受，成为“道并行而不相悖”的表达方式——从情感上产生理解互信，唤起思想价值上的共鸣，形成改革发展的共识，使分歧得以弥合，有“小雨润如酥”之功效，成为其制定政策和解读政策的经典“语言”模式。杜老的政策语言艺术精湛而圆润，其政策语言运用得十分成功。比如：

◆“开展两条道路的大辩论，把他们‘辩’回去了。”（《文集》第 11 页）

◆“一方面把生产关系越拔越高，一方面把阶级斗争的弦越绷越紧，从而

走上错误的道路。”（《文集》第 15 页）

◆“现在对于包产到户、包干到户，有的说好，有的说糟，有的说危险，有的说不可怕，究竟怎么样？这关系到如何估计农民在社会主义建设时期的动向问题，实有弄明白的必要。”（《文集》第 52 页）

政策方向需要辩论。但当时的情况，没有辩论的氛围。杜老是“宁愿搁下争论，做点向前看的事情”（《文集》第 1124 页）的人，故而用“把他们‘辩’回去了”，彻底摆脱了“阶级斗争”的语言色彩，“争论”而不“争斗”。“越拔越高”“越绷越紧”，也没有“意识形态”的“框框”。他一贯提倡对农民只许说服教育，不准强迫，故而对“包产到户”“有的说好，有的说糟，有的说危险，有的说不可怕”，一连四个“有的”，调侃口气浓厚，说明了当时人们对“包产到户”的思想还有分歧。怎么办？杜老认为“不同地区、不同系统、不同的变化有不同的扶持政策。”（《文集》第 303 页）为了摆脱“包产到户等于资本主义”等“左”的干扰，杜老指出“包产到户是社会主义经济的一种责任制”，在政策语言上尽量选择类似“责任制”的中性词，集中使用并力求简洁，有时一语中的，有时一语双关。比如：

◆“对 30 年的实践，要区别什么东西应该保护、发扬，什么应该批判、改革，什么先改，什么后革。而且要仔细地区分，越细越好。涉及人的问题，团结的人越多，基础越雄厚。……这些事情一开始搞得太细不可能，越往后越要细，越到具体单位越要细。这就叫把工作做细。”（《文集》第 59 页）

◆“关键在于我们对这个问题清醒不清醒？是不是注意研究，总结经验，接受教训？是不是敢于提出问题，敢于考虑问题，敢于进行新的实践？”（《文集》第 8 页）

◆“这个文件肯定了集体经济的方向，肯定了多样化，肯定了‘三靠’地区可以搞包产到户，肯定其他地方搞了不要纠、不要扭，要加强领导，这都是对的，这里面留了很大的回旋余地。”（《文集》第 62 页）

◆“我们这次会议上讨论的文件中，再次宣布集体化的方向是不变的，生产资料公有制，主要是土地公有制是不变的，搞生产责任制也是不变的，多样化的方针，也是长期不变的，有这么几个不变。”（《文集》第 62—63 页）

可以看出，“越细越好”到“越要细”，“仔细”到“做细”，七个“越”字，六个“细”字，尽管重复使用，但感觉却十分人性化，委婉而不啰唆，以理服人而无空话。两个“是不是”后紧跟三个“敢于”，排比连串，节奏感强，使得语言设计有了一定的政策“冲击力”。而“文件肯定了集体经济的方向”，又连续三个“肯定”，把政策由“点”推向“面”。有了“肯定”，自然有了“不变”，为了从政策上说明不变，作者又进一步解释了五个“不变”，突出求稳，有效地增强语言的美感和表现力，读者读了“解渴”，听众听了“叫好”。

关于“开发性产业方针”，杜老说“不是简单禁止的方针，而是允许存在、因势利导的方针，允许活动的方针，加强管理的方针。”（《文集》第 88 页）杜老否定“简单禁止”后，怎么办？从管理者来讲，就是允许存在、允许活动的前提下，要因势利导，加强管理。用词生动而不生硬，四个“方针”一气呵成，在语言上增强了政策的指导性。杜老在语言上做到了“疏而不堵”，与他反对政策上的“一刀切”是一脉相承的。

杜老的语言联想丰富。联想中有思考，思考中有联想。有工作上的联想，有改革发展上的联想。比如：

◆“我们的调查研究要拉长线，不要只拉短线。有些材料是马上就要用的，有些材料是为以后使用准备的。我们要注意知识积累，建立‘知识库’，多储藏点东西，而不要办成简单的‘货栈’，今天进货，明天批发。它是一个‘仓库’，

保存各种材料，随时备用。因此，调查研究要长期化、系统化。”（《文集》第129页）

◆“我们一定要把眼睛放在100亿亩可利用的国土上，搞立体开发，全面开发，念‘山海经’、‘山水经’，念‘草木经’。”（《文集》第142页）

又比如，杜老对“大锅饭”和“铁饭碗”有一段精彩论述。

◆“‘铁饭碗’的存在，也是有它的客观依据。改变它，要有一个分寸。‘铁饭碗’要反对，但没有一个饭碗，没有劳动权、就业权也不行，去掉‘铁饭碗’只能指改变干不干一个样的状况，至于饭碗总要有一个。‘大锅饭’也要分析，不能说一反‘大锅饭’，连统一经营、经济联合一概不要了，那也不对。当然，也不能因为讲统一经营、经济联合，又恢复‘大锅饭’。反‘大锅饭’、‘铁饭碗’反什么，都要有分析，都要研究它产生的根据，才能反得恰到好处。”（《文集》第130页）

这段话如绵言细语，有发蒙解惑之效，从正反两方面将“大锅饭”和“铁饭碗”讲得非常透彻。语言简单，大道理中高度融合民生，又能充分说明问题。这里有语言技巧，也有分析技巧。杜老引申触类，把“大锅饭”延伸到“喝大锅水”。杜老的原话是：

◆“不能否定水利，但水的浪费和水的不经济使用，不讲经济效益的办法要否定，特别是要否定‘喝大锅水’。”“节约用水，重要的一条是要用水要有偿。这个‘偿’不是平均主义的。收水费的目的，是为了促进节约用水和合理用水，并不是单纯为了弥补工程费用的不足。用水有偿，才能杜绝用水上的‘大锅饭’。”（《文集》第297页）

“大锅饭”的弊端与“喝大锅水”的弊端是一样的。“大锅饭”行不通，那么，“喝大锅水”也不行。杜老批郤导窾，用改革“大锅饭”推动了“喝大锅水”的改革，自然流畅，具有较强的感染力。“要把技术效益、经济效益、规模效益、劳动效益几种效益综合起来观察、分析。”（《文集》第 301 页）从某种意义上说，五个“一号”文件的成功，就是政策语言的成功，是杜老表述技巧的成功——事半功倍的“语言效益”。

（四）巧融合：军事语言曲尽其妙

杜老是参加过抗日游击战争的老革命，1947 年随刘邓大军南下，参加“挺进大别山”和淮海战役。这样丰富的工作战斗经历，无论从事什么工作，都会有军人的风格或痕迹。杜老下去搞调研必备一本中国地图，这是从战争年代过来习惯，行进途中随时看地图。杜老的讲话和文章，“兵”影随形。比如：

◆“‘吃大锅饭’，取消了等价交换和按劳分配，搞‘军事共产主义’。”（《文集》第 13 页）

◆“如果全国三亿多劳动力都聚集在十几亿亩土地上，那就会摆不开，像打仗一样，把兵力全部摆在一个阵地上怎么行，只能相对集中。”（《文集》第 75 页）

◆“而从这几年经历的事实来看，包产到户正是打破农业上‘左’的坚冰最有力的一击。”（《文集》第 80 页）

◆“这是一次短期演习，它使我们大家懂得社会主义按劳分配这个阶段是不能跳跃的，离开生产力发展状况去任意改变生产关系会带来损失。”（《文集》第 94 页）

◆“农村改革如同军事作战一样，要在巩固既得阵地的同时，乘机扩大战果，争取主动，创造优势。”（《文集》第 313 页）

◆“农村经济研究中心要联合作战，打歼灭战，因为伤其十指不如断其一指。研究人员少，更要注意协同作战，力争有所创新。”（《文集》第 1128 页）

杜老在他的著作中使用了不少军事语言，就会产生“冲锋陷阵”的影响意义，具有较强的表现力。“军事共产主义”也称“战时共产主义”，是俄国十月革命后，苏联在1918—1920年国内战争时期采取的经济政策。该政策的目的是在市场之外建立起城乡之间直接的商品交换，使苏联迅速形成了严格控制整个国民经济的、高度集权的经济体制，为赢得战争的胜利提供了物质保障。战争结束后，该政策与和平时期社会主义经济发展规律的不适应性日益明显地暴露出来，并引起了社会动荡，1921年被“新经济政策”所取代。杜老把“吃大锅饭”等同于“军事共产主义”，既有苏联历史的失败教训，也有我国“吃大锅饭”的真实弊端。“军事共产主义”一词用得自然又贴合实际，融入得精妙。一句“像打仗一样，把兵力全部摆在一个阵地上怎么行”，引出了“战斗力”与“生产力”的异曲同工之妙。“把兵力全部摆在一个阵地上”，看似兵力多，实际没有战斗力。“全国三亿多劳动力都聚集在十几亿亩土地上”，劳动生产率低，自然就难以提高生产力。“农村改革如同军事作战一样，要在巩固既得阵地的同时，乘机扩大战果，争取主动，创造优势。”就是农村改革已经取得初步成效，必须扩大战果，争取主动，否则就可能出现反复。这种军事语言与经济理论文章的结合，为我们展现出农村改革需要“军事谋略”的科学运筹，体现了杜老作为“总参谋长”之多谋善断的非凡智慧。

从语言结构看，不啰嗦，多短句，少长句；多单句，少复句。难能可贵的是，杜老把军事语言巧妙地融合在经济理论文章中，读起来非常顺口，更易于理解其中的含义。这样的灵活运用，在我国经济学家中还是不多见的。这也是杜老的语言特色之一。

我们还注意到，杜老还在著作中的标题使用过军事语言。他在《心中有条大黄河》一文的小标题分别是：① 接受挑战；② 初战成功；③扩大战果，争取全胜。

山西是杜老的故乡。山西缺水，除了向黄河调水，别无选择。杜老为故乡着急，在90多岁时还处心积虑为山西引黄济晋工程呐喊，反映出的是老“兵”精神——“人在旗在，人在阵地在”。无论年龄多大，“军魂”永驻杜老心中——生命不息，战斗不止。

（五）求创新：学术语言言简义赅

杜老对农村改革的贡献主要是“家庭联产承包制”理论，这个理论获得首届“经济理论创新奖”。杜老的学术前瞻性超强，学术创新与学术语言相得益彰，特色主要体现在用词讲究，语句短小，层次分明而严谨。比如：

◆“生产责任制，不同于过去的小私有经济，它是集体经济的内部结构，是统分结合的经营方式。其具体体现形式可叫联产承包责任制。‘包’字在中国有悠久的历史传统，今天用于社会主义制度，更有新的意义和作用。包有包工，有包产，有专业承包、非专业承包。包干是包产的变形，是把分配也包进去了。联产承包制，在不同地区有不同的形式。在经济发达地区，经营项目较多，实行了专业承包，联产计酬责任制。从经营的方式上看，基本保持统一经营，又有局部的调整，给承包者一定的经营权和管理权。”（《文集》第63页）

这里，作者对“包”解析的全面、到位、准确，做到了肌劈理解。“包”反复出现，三复斯言，把“包”的含义解释得清清楚楚。“统分结合的经营方式”即“双层经营”，这是杜老的学术语言创新——如果不用“统分结合”来推广“包产到户”，农村改革的效果或结果可能会多付出代价。因此，这些语言都是根据当时的情况，为消除或减少阻力做出的语言“妥协”。

杜老没有故弄玄虚、高深莫测的学术语言。他说过一句话：“把发展起来的产品变为商品，不使它成为废品。”（《文集》第71页）“产品”——“商品”——

“废品”，用词简约而不简单，语言简练却又如万语千言，寓意深刻。

杜老对经典著作的学习和应用从不教条，而是积极灵活，有自己的创新，在语言的表达上就有精彩的地方。比如下面两段话：

◆“土改以后，农民有两种积极性，一种组织起来的积极性，一种个体经济的积极性，决不能挫伤个体积极性去发展合作积极性。……合作制的本意是什么？就是允许农民带着自己的财产，加入劳动联合。最近我翻了翻恩格斯的《法德农民问题》，里面谈到关于合作制，举例谈到瑞典式的合作制，就是允许土地入股、资金入股，土地、资金、劳力按比例分红的制度。”（《文集》第86页）

◆“恩格斯在《法德农民问题》中，列宁在《论合作制》中都采用了‘变小私有为合作社占有’的概念，用意所在，就是防止对农民的剥夺；就是要肯定农民独立的财产权利和个别经济利益，而不直接实现完全社会化占有；就是要在这个前提下，引导农民联合起来，靠共同的劳动逐步积累公共财产，发展新的社会生产力，创造社会主义物质基础，而不是靠剥夺他们现有的财产拼凑、拔高公有制。”（《文集》第315页）

第一段写于1982年，第二段写于1986年。四年间两次提及恩格斯的《法德农民问题》，说明杜老一直重视对经典著作的研究学习。但是，杜老引经据典没有“一字不动”地照抄照搬引用在文章中，而是换成自己的语言——“我翻了翻”——“里面谈到”——“举例谈到”，就有了学习创新的“味道”。第二段的话有他自己的发挥，有其认识体会，学术创新的“味道”就浓了——三个“就是”，排比形式整齐，语言凝练，把“变小私有为合作社占有”说得清晰明了。

关于市场经济，杜老在1982年的中国农业经济学会第二次代表大会上讲话使用了“市场经济”概念，1986年在雇工经营问题座谈会也使用了“市场经济”概念，1988年在南通市干部大会上明确说“由计划经济改为市场经济体制”（《文集》第 438 页）。他说：“世界上没有完全的市场经济，总要有政府干预。”（《文集》第 87 页）“根本的问题是发展市场经济”（《文集》第 89 页）。“在中国目前的市场经济条件下，可能出现各种市场交换，包括生产要素市场和产权交换。”（《文集》第 281 页）“市场经济本身就是差别经济，有竞争就有差别。”（《文集》第 442 页）在那个年代，“市场经济”是比较忌讳的一个敏感词汇，杜老没有回避，在学术会议这样一个小范围使用，既能直面市场经济的客观实际，又不会引起不必要“麻烦”。可见，杜老的超前思维和语言场合选择，是十分精妙的。他对市场经济还有独特的语言表达：“市场是按照社会的实际供求状况，才能形成一个合理的价格。企图依靠中央一个机关，一个物价局就能把这个问题解决，是脱离实际的。由此产生的后果是，货币的职能，尤其是作为价值尺度的职能不能正确地发挥作用，货币不能真正充当一般等价物，不能成为一个市场信息的正确符号，不能按照物资稀缺程度指导生产。”（《文集》第 248 页）这里，杜老说“中央一个机关”“一个物价局”是“脱离实际”，就是让市场发挥资源配置的基础作用，因为“商品生产产生市场刺激，这种刺激成为发展生产的活力，形成能够自己发展、自己调整、自己平衡、自己矫正的经济机制。”（《文集》第 225 页）三个“不能”，层层推进，肯定市场机制作用。

我们知道，混合所有制已经从理论推向实践纵深。关于混合所有制概念，著名经济学家晓亮先生最早于 1989 年进行过深入阐述研究。杜老没有专门论述过这个问题，但却是最早（1985 年）提出“混合型经济”概念的经济学家。“混合型经济”与我国目前提倡发展的“混合经济”是一致的。

◆“要研究所有制问题。林业的生产过程周期长，有长期效益，需要有正确的处理利益关系的政策。要研究它应该在什么条件下个体所有，什么条件下国家所有，什么条件下集体所有，对具体条件具体研究。还要研究所有制关系将来会有什么变化。比如，发展联营的关系。一块荒山，国家投资把道路修好，土地平整好，然后承包给农民种树，大家共同管理，这种形式，不是国有，也不是私有，而是一种混合型经济。”（《文集》第 268 页）

“不是国有，也不是私有，而是一种混合型经济”，就其内涵看，就是混合所有制。可以说，“混合经济”是杜老的学术语言原创。他还于 1994 年说过：“现实存在的纯粹集体公有制，改为不那么纯粹的混合型所有制，一个重要的变化是允许个人保持股份，即一份个人资产。”（《文集》第 663 页）

（六）慎始终：“语言”也需摸着石头过河

农村改革是循着农民的实践一步一步向前推进的。杜老为了推广农民的实践经验，创造性提出了“家庭联产承包责任制”“集体与农户双层经营”等概念。由于杜老的职务影响，及他对农村问题的“情不自禁”和“念念不忘”，他的语言就不可避免地带有“政策”色彩。而“政策语言”又不同于学术文章，更要谨慎。杜老因“小脚女人”而跌宕起伏，深知“祸从口出”的后果，凡是涉及政治敏感问题的关键词，他都要认真考量，谨终慎始。从这个角度看，杜老的许多农村改革问题言论，就有了逐步演变的过程。下面就以农民和农业为主题，分析杜老的认识演变过程及语言魅力。

关于农业基础地位认识，杜老有几段话：

◆（1984 年 11 月 12 日）“我们这样一个大国，吃饭问题是第一需要，只有解决了吃饭问题，人民才能发展，国家才能发展。”“没有饭吃的时候农业是国民经济的基础，有了饭吃的时候还是基础。”（《文集》第 233、234 页）

◆（1986 年 11 月 6 日）“说农业是国民经济的基础，主要因为它是供吃饭的产业。吃饭是人类生存的第一需要。人们的需要是多方面的、发展变化的，唯独这个需要，必须首先满足，因而也要首先安排农业生产，在资源分配上应首先

给以保证。”（《文集》第 425 页）

◆（1995 年 3 月）“对于 12 亿人口的大国来说，加强农业的地位，怎么强调也不过分。”（《文集》第 706 页）

◆（1999 年 8 月 1 日）“我始终认为，农村、农业、农民问题绝不是一个单纯、孤立的问题，它与整个国家发展战略选择以及当时所处的国际、国内的历史条件都是紧密相关的。”（《文集》第 931 页）

杜老从“吃饭”的高度认识农业。民以食为天，“吃饭问题是第一需要”“是人类生存的第一需要”。因此，加强农业的地位，“怎么强调也不过分”。在新中国成立 50 周年之际，“吃饭”问题已经完全解决，杜老对农业的认识他有了新提高——“农村、农业、农民问题绝不是一个单纯、孤立的问题，它与整个国家发展战略选择以及当时所处的国际、国内的历史条件都是紧密相关的。”这就将农业提到国家发展战略的高度，从国内外的历史环境看待农业问题，是国家长期发展的战略问题，任何时候都不能放松农业发展。同时，要把“农村、农业、农民”综合起来考虑，不能单纯或孤立地看待。

关于农民问题，杜老始终站在时代最前沿。从 1980 年到 2008 年，他年年都会讲到农民问题，代表性的言论有：

◆（1980 年 9 月 14 日）“要从实际出发，联系农民，照顾农民要求，以便于更好地引导农民前进。”（《文集》第 1 页）

◆（1981 年 2 月 11 日）“农民不富，中国不会富；农民受苦，中国就受苦。农业还是落后的自然经济，中国就不会现代化。农民定，天下定。”（《文集》第 32 页）

◆（1984 年 1 月 6 日）“八亿农民的命运，也就是国家的命运；八亿农民的前途，也就是国家的前途。”（《文集》第 164 页）

◆（1994年12月6日）“农民的命运如何，关系到国家的强弱盛衰。”（《文集》第694页）

◆（1995年3月）“必须尊重农民的选择，保护农民的财产权益。”（《文集》第714页）

◆（1998年12月15日）“让农民具有独立性，变成‘自由人’，最后形成‘自由人’的联合。”（《文集》第903页）

◆（2002年6月11日）“给农民以国民待遇。从制度上、体制上、法律上废除歧视农民的分割城乡的户籍制，让农民享有自由迁徙权和《宪法》给予的其他公民权利。”（《文集》第1284页）

改革开放初始，要“照顾农民要求”，顺应“大包干”的形势；“农民不富，中国不会富；农民受苦，中国就受苦。”把“农民”与“中国”的命运联系在一起，农民的命运就是国家的命运，“关系到国家的强弱盛衰”，农民的地位必须提高；1995年后，提出“必须尊重农民选择，保护农民的财产权益”，进而让农民变成“自由人”，最后给农民以“国民待遇”。杜老对农民问题的认识，经历了“照顾农民”——“农民定天下定”——农民“国民待遇”的过程。杜老对农民问题看得清、看得准。但从语言角度看，究竟如何表述就不能没有“顾忌”，需要慎之又慎。如果开始就“一口吸尽西江水”——提出“给农民以国民待遇”，给农民自由，农村改革恐怕“夭折”。所以，杜老在语言方面从不“硬碰硬”，能够在不同的场合、时间、背景，准确把握语言尺度。

著名学者季羡林先生说过：“假话全不讲，真话不全讲。”杜老的原则也是“假话全不讲”，但“真话”要全讲，不过说话方式上更善于慎讲、巧讲。他在回顾1980年中央75号文件时说，“当时在关于农业问题的决议中还写明‘不要包产到户’。原草稿是‘不许’，定稿时改为‘不要’，只争得一字之差的松动。”

（《文集》第 830 页）“不许”改为“不要”，这是对“包产到户”进行“投石问路”“今天看来算不上最好的选择，但在当时却是不可避免的。”（《文集》第 831 页）这可以看作是杜老为推动改革而不得已在语言上“摸着石头过河”的最好选择。由于杜老深知“农民是中国命运和前途的决定因素”，他总是站在农民的角度“照顾农民”，以对农民的深厚感情尊重农民选择、保护农民权益，倾情为农民代言。这就是杜老言行如一的境界！

从“投石问路”到“摸着石头过河”，杜老利用语言艺术寻求改革的突破口。通过语言的某一点突破，再做下一步的改革安排。可以说，在杜老的著作中，款语温言，内柔外刚，充满了自由、宽松、团结的力量。语言上的“过河”是全面“过河”的基础，杜老用语言魅力巧妙地汇聚各种意见——理智地求同存异，凝聚共识力量——明智地化阻力为助力，提升引导改革的“话语权”，逐步敲开了波澜壮阔的改革大门，书写了促进改革落地的“语言”传奇。杜老是经济学界的语言艺术大师。

十七 中国经济学界的“山头”

中国经济学界随着时代发展和学术争鸣，确实存在不同的派系。程恩富先生的“海派经济学”就比较突出。这种派系是由于所持的学术观点不同而形成的。习近平总书记曾经强调，要提倡理论创新和知识创新，鼓励大胆探索，开展平等、健康、活泼和充分说理的学术争鸣，活跃学术空气。要坚持和发扬学术民主，尊重差异，包容多样，提倡不同学术观点、不同风格学派相互切磋、平等讨论。因此，观点不同的学人展开争鸣，有利于集思广益，博采众长。

从所持的学术观点看，中国经济学界确实“山头林立”。这是很正常的。如果要准确描述各“山头”的情况，由于涉及的学术体系、代表人物和时代背景比较复杂，难度很大。学者之间一般关注“在哪里工作”“是哪个高校毕业的”“老家是哪里的”。这实际上暗含着“山头”问题。因此，我想从经济学家的培养（学历教育）、高校研究机构的人才数量和区域分布的角度，对中国经济学界的“山头”做粗线条的描述。这里，主要考虑各“山头”培养的数量，也考虑各“山头”吸引人才和向外输送人才的数量，还考虑区域分布数量。本书所搜集的资料基于400多位经济学家的情况，有的经济学家其硕士、博士学位在不同的高校获得，我把他们视作共同培养，由于资料繁杂，整理难度大肯定存在不准确的地方。

（一）“超级山头”——中国人民大学

中国人民大学从陕北公学到华北联合大学，再到华北大学，一路走来，培养出的经济学家众多，这里公收录了 86 位：

童大林（1918—2010）、李成瑞（1921—2017）、徐禾（1925—2002）、黄达（1925—）、马家驹（1927—）、苏星（1926—2008）、王亘坚（1923—）、卫兴华（1925—）、宋养琰（1925—）、项启源（1925—）、何建章（1926—2004）、何伟（1926—2012）、石柱成（1927—2006）、周诚（1927—2014）、胡钧（1928—）、周升业（1929—2015）、熊映梧（1929—2003）、王贵宸（1929—）、严瑞珍（1929—）、闻潜（1930—2008）、张维达（1930—2008）、孙尚清（1930—1996）、汪海波（1930—）、刘光杰（1930—）、林森木（1930—）、汤在新（1931—2007）、高涤陈（1931—2014）、罗精奋（1931—）、刘方棫（1931—）、吴易风（1932—）、施正一（1932—2015）、吴树青（1932—2020）、吴家骏（1932—）、冯玉忠（1933—）、萧灼基（1933—）、于祖尧（1933—）、陈耀庭（1933—）、周新城（1934—）、李成勋（1934—）、胡乃武（1934—）、江春泽（1935—）、桂世镛（1935—2003）、陆百甫（1936—）、罗肇鸿（1936—）、邓荣霖（1937—）、杜厚文（1938—）、白钦先（1940—）、刘福垣（1944—）、陈佳贵（1944—2013）、刘树成（1945—）、杜晓山（1947—）、张晓山（1947—）、李连仲（1949—）、陈锡文（1950—）、洪银兴（1950—）、金碚（1950—）、周其仁（1950—）、黄卫平（1951—）、温铁军（1951—）、李扬（1951—）、陈淮（1952—）、刘鹤（1952—）、杜鹰（1952—）、魏杰（1952—）、许小年（1953—）、林岗（1953—）、曹远征（1954—）、盛洪（1954—）、谢平（1955—）、马晓河（1955—）、王国刚（1955—）、宁吉喆（1956—）、蔡昉（1956—）、范恒山（1957—）、范剑平（1957—）、杨瑞龙（1957—）、黄泰岩（1957—）、吴晓求（1959—）、王东京（1959—）、高培勇（1959—）、赵锡军（1963—）、刘尚希（1964—）、

张宇（1964—）、陈雨露（1966—）、张晓晶（1969—）、杜志雄（1963—）。

在这 86 位经济学家中，有 27 人留在本校（包括部分人属于工作后期调出本校的），59 位经济学家输出到原国家体改委、国家统计局、中国社科院、中央党校、四川大学、黑龙江大学、中央财经大学、国家发改委、武汉大学、北京大学、中央民族大学、辽宁大学、国务院发展研究中心、中共中央政策研究室、南京大学、山东大学、财政部、国家信息中心等单位，输出比例 69%。

从吸引人才的角度看，有 14 位经济学家加盟该校：

吴大琨（1916—2007）、张朝尊（1924—2003）、方生（1925—2002）、林文益（1930—1997）、钟契夫（1925—2008）、顾海良（1951—）、顾海兵（1959—）、刘再兴（1926—1999）、李宗正（1923—2000）、孙敬之（1909—1983）、李义平（1951—）、戴世光（1908—1999）【美国密歇根大学毕业】、高鸿业（1921—2007）【美国科罗拉多大学毕业】、王传纶（1922—2012）【英国格拉斯哥大学毕业】。

说中国人民大学是经济学界的“超级山头”，主要体现在培养出的经济学家多，输出的经济学家多，学术影响广泛，这在国内任何一所高校都不能与之相提并论。这个“山头”的奠基人是宋涛（1914—2011），他虽然不是科班出身，却缔造了中国经济学界的最大科班。

（二）“一级山头”——北京大学

北京大学的经济学历史就是中国经济学历史的缩影。经济学在北大是 1912 年严复先生任国立北京大学校长之后创建的经济学门（系），北大经济学院是中国高等院校中建立最早的经济系科。从历史看，北京大学是中国经济学界最早的“山头”。这个“山头”培养出了很多经济学家，这里收录了 41 位：

王耕今（1911—2007）、韩德章（1905—1988）、千家驹（1909—2002）、

袁宝华（1916—2019）、魏埙（1919—2004）、张友仁（1923—2015）、宓汝成（1924—2015）、钟契夫（1925—2008）、黄万纶（1926—）、厉以宁（1930—）、黄范章（1931—）、经君健（1932—）、唐宗焜（1933—）、赵人伟（1933—）、巫宁耕（1935—）、谷源洋（1935—）、王梦奎（1938—）、王洛林（1938—）、田雪原（1938—）、晏智杰（1939—）、王则柯（1942—）、梁小民（1943—）、苏东斌（1944—2012）、董志凯（1944—）、李善同（1944—）、李国璋（1944—）、曹凤岐（1945—）、雎国余（1946—）、海闻（1952—）、朱善利（1954—2015）、平新乔（1954—）、宋国青（1954—）何小锋（1955—）、李实（1956—）、孙祁祥（1956—）、刘伟（1957—）、易纲（1958—）、张宇燕（1960—）、杨开忠（1962—）、余斌（1964—）、赵晓（1967—）。

在这41位经济学家中，有14人留在本校（包括部分属于工作后期调出本校的），27位经济学家输出到中国社科院、南开大学、中国人民大学、中央民族大学、国家发改委、厦门大学、中山大学、深圳大学、国务院发展研究中心、兰州大学、北京师范大学、中国人民银行、北京科技大学等单位，输出比例66%。

从吸引人才的角度看，有22位经济学家加盟该校：

闵庆全（1918—2011）、胡代光（1919—2012）、刘方棫（1931—）、萧灼基（1933—）、周其仁（1950—）、杨开忠（1962—）、王逸舟（1957—）、赵靖（1922—2007）、曹和平（1957—）【美国俄亥俄州立大学】、汪丁丁（1953—）【夏威夷大学】、张维迎（1959—）【牛津大学】、陈岱孙（1900—1997）【哈佛大学】、罗志如（1901—1991）【哈佛大学】、陈振汉（1912—2008）【哈佛大学】、马寅初（1882—1982）【哥伦比亚大学】、赵乃抟（1897—1986）【哥伦比亚大学】、平新乔（1954—）【美国康奈尔大学】、林毅夫（1952—）【美国芝加哥大学】、宋国青（1954—）【美国芝加哥大学】、海闻（1952—）【美国加州戴维斯大学】、樊弘（1900—1988）【英国剑桥大学】、徐毓枏（1913—1958）【英国剑桥大学】。

这个“山头”底蕴深厚，顶尖人才多，海归比例大。马寅初、赵乃抟、陈岱孙、樊弘作为中国最早的一批经济学家，奠定了北京大学在中国经济学界的历史地位。

（三）“新一级山头”——中国社会科学院

中国社会科学院研究生院承担了培养人才的任务。中国社会科学院研究生院成立于1978年，历史不长，却培养出了不少经济学家，这里收录了35位：

郭克莎（1955—）、刘福垣（1944—）、陈佳贵（1944—2013）、盛洪（1954—）、蔡昉（1956—）、张晓晶（1969—）、杜志雄（1963—）、张宇燕（1960—）、杨开忠（1962—）、马建堂（1958—）、华生（1953—）、易宪容（1958—）、肖金成（1955—）、郑新立（1945—）、陈乃醒（1945—）、吕政（1945—）、张承耀（1947—）、汪同三（1948—）、李晓西（1949—）、李剑阁（1949—）、杨帆（1951—）、顾海良（1951—）、杨小凯（1948 – 2004）、左大培（1952—）、樊纲（1953—）、袁钢明（1953—）、裴长洪（1954—）、陈东琪（1955—）、刘世锦（1955—）、郭树清（1956—）、王逸舟（1957—）、江小娟（1957—）、贺力平（1958—）、顾海兵（1959—）、李海舰（1963—）。

在这35位经济学家中，有几乎一半的人留在中国社科院（包括部分属于工作后期调出的），其他一半的经济学家输出到国家发改委、北京大学、国务院发展研究中心、中央政研室、国务院研究室、中国人民大学、武汉大学、北京师范大学等单位，输出比例50%。

中国社会科学院吸引68位经济学家加盟（包括后期调出的）：

秦柳方（1906—2007）、严中平（1909—1991）、狄超白（1910—1978）、王耕今（1911—2007）、顾准（1915—1974）、于光远（1915—2013）、刘明夫（1915—1996）、汪敬虞（1917—2012）、蒋一苇（1920—1993）、冯兰瑞

（1920—）、宓汝成（1924—2015）、陈宝森（1924—）、宋养琰（1925—）、项启源（1925—）、戴园晨（1926—）、何建章（1926—2004）、马家驹（1927—）、董辅礽（1927—2004）、晓亮（1928—2012）、李琮（1928—）、茅于轼（1929—）、王贵宸（1929—）、周叔莲（1929—）、吴敬琏（1930—）、汪海波（1930—）、何迺维（1930—）、李京文（1933—）、高涤陈（1931—2014）、何振一（1931—）、吴家骏（1932—）、经君健（1932—）、乌家培（1932—）、张卓元（1933—）、唐宗焜（1933—）、赵人伟（1933—）、于祖尧（1933—）、李成勋（1934—）、陈吉元（1934—）、谷源洋（1935—）、陈栋生（1935—2016）、罗肇鸿（1936—）、王洛林（1938—）、田雪原（1938—）、杨圣明（1939—）、张曙光（1939—）、刘溶沧（1942—2002）、谈世中（1942—）、冒天启（1942—）、董志凯（1944—）、刘树成（1945—）、杜晓山（1947—）、张晓山（1947—）、邹东涛（1949—）、金碚（1950—）、程恩富（1950—）、刘迎秋（1950—）、朱玲（1951—）、王国刚（1955—）、李实（1956—）、高培勇（1959—）、张宇燕（1960—）、韩俊（1963—）、巫宝三（1905—1999）【哈佛大学】、孙冶方（1908—1983）【莫斯科中山大学】、刘国光（1923—）【莫斯科经济学院】、余永定（1948—）【牛津大学】、张守一（1931—）【莫斯科国立经济学院】。

这个“山头”吸引了如此众多经济学家加盟，固然有行政的力量，但不可否认的是人才积蓄得快而多，加上改革以来自己培养的经济学家，中国社会科学院的经济学家达 80 位——占 400 多位经济学家总数的近五分之一。

（四）“二级山头”——南开大学、武汉大学

南开大学、武汉大学都是比较悠久的重点学府。南开大学是 1931 年成立经济学院的，武汉大学是 1928 年设立经济学系的。

南开大学培养出来的经济学家有24位：

宋承先（1921—1999）、赵靖（1922—2007）、王叔云（1923—2002）、谷书堂（1925—2016）、熊性美（1926—2015）、林继肯（1930—）、任玉岭（1938—）、杨圣明（1939—）、常修泽（1945—）、逄锦聚（1947—）、刘迎秋（1950—）、周立群（1952—）、臧旭恒（1953—）、马君潞（1954—2014）、陈宗胜（1954—）、柳欣（1956—2013）、韩秀云（1956—）、蔡继明（1956—）、何自力（1957—）、金雪军（1958—）、马建堂（1958—）、王一鸣（1959—）、祝宝良（1963—）、赵晓（1967—）。

在这24位经济学家中，有8人留在本校（包括部分属于工作后期调出本校的），16位经济学家输出到复旦大学、北京大学、西南财经大学、东北财经大学、中国社科院、国家发改委、山东大学、清华大学、浙江大学、国务院发展研究中心等单位，输出比例67%。

从吸引人才的角度看，有10位经济学家加盟该校：

滕维藻（1917—2008）、魏埙（1919—2004）、王赣愚（1906—1997）【哈佛大学、何廉（1895—1975）【耶鲁大学】、方显廷（1903—1958）【耶鲁大学】、易梦虹（1916—1991）【威士康辛大学】、鲍觉民（1909—1994）【英国伦敦大学】、杨敬年（1908—2016）【牛津大学】、钱荣堃（1917—2003）【伦敦经济学院】、季陶达（1904—1989）【莫斯科东方大学】。

南开大学早期吸引了不少优秀人才，大部分是海归。特别是他们得到了民国时期的两大经济学家——何廉和方显廷的加盟，南开这个“山头”就此独树一帜。改革开放以来，南开没有引来重量级经济学家加盟，主要是因为距离北京太近，学术环境无法与北京竞争。值得称道的是，南开承担了向全国输送经济学人才的重任。

武汉大学培养出来的经济学家有 19 位：

汪敬虞（1917—2012）、曾启贤（1921—1989）、万典武（1921—2018）、刘诗白（1925—）、刘再兴（1926—1999）、董辅礽（1927—2004）、何炼成（1928—）、李京文（1933—）、朱玲（1951—）、华生（1953—）、汤敏（1953—）、田源（1954—）、辜胜阻（1956—）、国世平（1957—）、左小蕾（1957—）、邹恒甫（1962—）、曹远征（1954—）、范恒山（1957—）、赵锡军（1963—）。

在这 19 位经济学家中，只有曾启贤留在本校，其他 18 位经济学家输出到中国社科院、原国家商业部、西南财经大学、中国人民大学、西北大学、国家发改委等单位，输出比例 95%。

从吸引人才的角度看，有 10 位经济学家加盟该校：

刘光杰（1930—）、汤在新（1931—2007）、顾海良（1951—）、刘涤源（1912—1997）【哈佛大学】、吴纪先（1914—1997）【哈佛大学】、谭崇台（1920—）【哈佛大学】、李崇淮（1916—2008）【耶鲁大学】、朱景尧（1916—2013）【美国威斯康星大学】、杨端六（1885—1966）【英国伦敦大学政治经济学院】、刘秉麟（1891—1956）【英国伦敦大学经济学院】。

在吸引人才方面，武汉大学与南开大学有相同的特点，大部分是海归，包括 20 世纪最早的经济学家——杨端六、刘秉麟。这两个“山头”无疑地位显赫。

（五）“三级山头”——复旦大学、厦门大学、清华大学

复旦大学则是 1922 年设立经济系的。厦门大学的经济学历史比南开大学、武汉大学还要早，其渊源可追溯于 1921 年建校初期的商学部。厦门大学的近百年经济学历史，自然成为我国最重要的现代经济学教学科研重镇之一。清华大学的经济学历史源头是 1926 年创建的清华大学经济系，系主任是中国经济学界泰

斗——陈岱孙先生，但中间数十年是断层的。

复旦大学培养出来的经济学家有 15 人：

江春泽（1935—）、刘明夫（1915—1996）、张薰华（1921—2021）、洪文达（1923—2014）、钱伯海（1928—2004）、伍柏麟（1928—）、叶世昌（1929—）、周叔莲（1929—）、吴敬琏（1930—）、郑绍濂（1931—2009）、洪远朋（1935—）、舒元（1949—）、程恩富（1950—）、史晋川（1957—）、张军（1963—）。

在这 15 位经济学家中，有 7 位留在本校，其他 8 位经济学家输出到原国家体改委、中国社科院、厦门大学、国务院发展研究中心、中山大学、浙江大学、上海财经大学等。

在吸引人才方面，有陈观烈（1920—2000）【哈佛大学】、蒋学模（1918—2008）、宋承先（1921—1999）、苏东水（1928—）加盟该校。

厦门大学培养出来的经济学家有 12 人：

许涤新（1906—1988）、葛家澍（1921—2013）、李宗正（1923—2000）、邓子基（1923—2020）、苏东水（1928—）、吴宣恭（1930—）、胡培兆（1937—2019）、李江帆（1951—）、曾五一（1953—）、黄少安（1962—）、余斌（1964—）、臧旭恒（1953—）。

在这 12 位经济学家中，有 5 位留在本校，其他 7 位经济学家输出到国务院研究中心、山东大学、中国人民大学、复旦大学、中山大学，输出比例 58%。

在吸引人才方面，有林伯强（1957—）【美国加利福尼亚大学】、王洛林（1938—）、钱伯海（1928—2004）、王亚南（1901—1969）加盟该校。特别是王亚南及其子王洛林（经济学界少有的父子经济学家）影响很大。

清华大学培养出来的经济学家有 8 位：

严中平（1909—1991）、于光远（1915—2013）、李琮（1928—）、陈清泰

（1939—）、丁宁宁（1947—）、周小川（1948—）、钱颖一（1956—）、李稻葵（1963—）。

在这8位经济学家中，除李稻葵和钱颖一留在本校，其他6位经济学家输出到中国人民银行、中国社会科学院、国务院发展研究中心等部门，输出比例75%。

在吸引人才方面，有陈岱孙（1900—1997）【哈佛大学】、韩秀云（1956—）【德国慕尼黑国防大学】、胡鞍钢（1953—）、魏杰（1952—）、袁钢明（1953—）、蔡继明（1956—）6位经济学家加盟。

（六）几个小“山头”

有几个小“山头”不能不提。“山头”不大，影响力却不小，他们培养出来的经济学家都有贡献突出的人物，加盟的经济学家都是某一方面的领军人物。特别是华中科技大学，在张培刚和林少宫的带领下，异军突起，培养出一批“60”后的经济学家。

中央党校培养7人：马洪（1920—2007）、熊映梧（1929—2003）、丁宁宁（1947—）、冯兰瑞（1920—2019）、王珏（1926—）、迟福林（1951—）、卢中原（1952—）。加盟4人：苏星（1926—2008）、王东京（1959—）、王瑞璞（1937—）、周天勇（1958—）。

北京师范大学培养6人：杜润生（1913—2015）、魏礼群（1944—）、曹和平（1957—）、孙敬之（1909—1983）、林凌（1926—）、汪丁丁（1953—）。加盟3人：胡必亮（1961—）【德国维藤大学】、李实（1956—）、贺力平（1958—）。

吉林大学培养7人：袁钢明（1953—）、何振一（1931—）、陈吉元（1934—）、王瑞璞（1937—）、纪玉山（1948—）、韩志国（1954—）、宋洪远（1959—）。

加盟2人：关梦觉（1912—1990）、张维达（1930—2008）。

西北大学培养6人：魏杰（1952—）、刘世锦（1955—）、张曙光（1939—）、邹东涛（1949—）、张维迎（1959—）、张军扩（1961—）。加盟2人：白永秀（1955—）、何炼成（1928—）。

东北财经大学培养5人：乌家培（1932—）、陈栋生（1935—2016）、肖金成（1955—）、王玉霞（1956—）、周天勇（1958—）。加盟2人：汪祥春（1918—2011）【美国威斯康星大学】、林继肯（1930—）。

西南财经大学培养4人：贺力平（1958—）、曾康霖（1938—）、李义平（1951—）、张其佐（1962—）。加盟3人：陈豹隐（1886—1960）【东京帝国大学】、王叔云（1923—2002）、刘诗白（1925—）。

华中科技大学4人：张军扩（1961—）、田国强（1956—）、胡星斗（1962—）、巴曙松（1969—）。加盟2人：张培刚（1913—2011）【哈佛大学】、林少宫（1922—2009）【美国伊利诺伊大学】。

上海财经大学培养3人：杨纪琬（1917—1999）、谈敏（1949—）、刘小川（1956—）。加盟3人：胡寄窗（1903—1993）【英国伦敦大学】、程恩富（1950—）、田国强（1956—）【美国明尼苏达大学】。

中南财经政法大学培养6人：张卓元（1933—）、贺强（1952—）、钟朋荣（1954—）、赵凌云（1962—）、贺铿（1942—）、胡必亮（1961—）。

（七）区域“山头”

从中国经济学家人物的籍贯看，苏浙沪地区的经济学家最多，占近30%，力拔头筹；北方占35%，南方占65%；东部占53%，中部占28%，东北占6%，西部占13%。湖南、河北、湖北、山东、安徽、四川、广东、山西、北京、福建、辽宁、河南、陕西、江西和重庆都在10人以上。其他省区则寥寥无几。海南、西藏和新疆挂零。因此，区域分布的“山头”也比较突出。

从江苏籍的经济学家看，有刘大钧（1891—1962）、王学文（1895—1985）、陈翰笙（1897—2004）、张锡昌（1902—1980）、薛暮桥（1904—2005）、姜君辰（1904—1985）、巫宝三（1905—1999）、秦柳方（1906—2007）、孙冶方（1908—1983）、钱俊瑞（1908—1985）、严中平（1909—1991）、狄超白（1910—1978）、徐毓枬（1913—2015）、朱绍文（1915—2011）、吴大琨（1916—2007）、李崇淮（1916—2008）、薛葆鼎（1916—1998）、钱荣堃（1917—2003）、滕维藻（1917—2008）、许毅（1917—2010）、闵庆全（1918—2011）、高鸿业（1921—2007）、王琢（1921—2010）、葛家澍（1921—2013）、季崇威（1922—2011）、王传纶（1922—2012）、浦山（1923—2003）、钱伯海（1928—2004）、周有光（1906—2018）、刘国光（1923—）、宋养琰（1925—）、陈征（1928—）、周叔莲（1929—2018）、茅于轼（1929—）、吴敬琏（1930—）、厉以宁（1930—）、经君健（1932—）、吴树青（1932—2020）、吴易风（1932—）、周新城（1934—）、巫宁耕（1935—）、洪远朋（1935—）、晏智杰（1939—）、冒天启（1942—）、魏礼群（1944—）、雎国余（1946—）、杜晓山（1947—）、周小川（1948—）、朱庆林（1948—）、李剑阁（1949—）、陈锡文（1950—）、洪银兴（1950—）、金碚（1950—）、华生（1953—）、顾建一（1953—）、王国刚（1955—）、樊恭嵩（1955—）、姜鲁鸣（1955—）、李实（1956—）、范剑平（1957—）、杨瑞龙（1957—）、顾海兵（1959—）、赵锡军（1963—），共63位。江苏可谓中国经济学家的摇篮，自然也是最大的“山头”。这个“山头”在“当代经济学家之父”陈翰笙的影响下，钱俊瑞、薛暮桥、孙冶方等脱颖而出，特别是以孙冶方命名的经济科学奖，深刻影响着经济学界。苏籍经济学家的最大特点是，学术

大家多、学术常青树多，学术成就最突出，对我国经济改革发展影响最大。

浙江是经济学界的另一大“山头”，有马寅初（1882—1982）、赵乃抟（1897—1986）、沈志远（1902—1965）、方显廷（1903—1985）、季陶达（1904—1989）、吴斐丹（1907—1981）、骆耕漠（1908—2008）、千家驹（1909—2002）、徐雪寒（1911—2005）、陈振汉（1912—2008）、蒋学模（1918—2008）、汪祥春（1918—2011）、戎文佐（1925—2003）、张元元（1926—2001）、董辅礽（1927—2004）、郑绍濂（1931—2009）、桂世镛（1935—2003）、詹武（1921—2015）、张友仁（1923—2015）、宓汝成（1924—）、项启源（1925—）、戴园晨（1926—）、伍柏麟（1928—）、叶世昌（1929—）、林森木（1930—）、林继肯（1930—）、罗精奋（1931—）、乌家培（1932—）、赵人伟（1933—）、陆百甫（1936—）、胡培兆（1937—2019）、王则柯（1942—）、厉无畏（1942—）、海闻（1952—）、汪丁丁（1953—）、林岗（1953—）、平新乔（1954—）、谢平（1955—）、钱颖一（1956—）、金雪军（1958—），共40人。这个“山头”的马寅初、董辅礽都是有正气、骨气的经济学家，对中国经济发展与改革产生了重要影响。

如果说江苏、浙江是最大的“山头”，湖北、湖南就是一级“山头”。湖北有黄松龄（1898—1972）、王亚南（1901—1969）、戴世光（1908—1999）、张培刚（1913—2011）、汪敬虞（1917—2012）、蒋硕杰（1918—1993）、刘再兴（1926—1999）、熊映梧（1929—2003）、万典武（1921—）、刘光杰（1930—）、陈栋生（1935—）、王洛林（1938—）、李善同（1944—）、库桂生（1946—）、张晓山（1947—）、汪同三（1948—）、贾康（1954—）、钟朋荣（1954—）、田国强（1956—）、辜胜阻（1956—）、范恒山（1957—）、左小蕾（1957—）、胡必亮（1961—）、吴少华（1963—）、余斌（1964—）、方正起（1966—）、

巴曙松（1969—），共 27 人。湖南有杨端六（1885—1966）、刘秉麟（1891—1956）、何廉（1895—1975）、卓炯（1908—1987）、汤象龙（1909—1998）、刘涤源（1912—1997）、刘明夫（1915—1996）、曾启贤（1921—1989）、尹世杰（1922—2013）、杨小凯（1948—2004）、杨敬年（1908—2016）、黄万纶（1926—）、何炼成（1928—）、张守一（1931—）、成思危（1935—2015）、秦池江（1936—）、贺铿（1942—）、陈东琪（1955—）、国世平（1957—）、王东京（1959—）、陈志武（1962—）、邹恒甫（1962—）、杨开忠（1962—）、黄少安（1962—）、刘尚希（1964—），共 25 人。湖南、湖北这两个“山头”的突出特点是创新者多，拓荒者多。王亚南最大的学术贡献是翻译《资本论》，张培刚是发展经济学的鼻祖，刘再兴是我国区域经济学的创始人之一，尹世杰是消费经济学的创始人，库桂生是国防经济学的拓荒者。

苏、浙、鄂、湘四省托起了长江流域的最大“山头”，而黄河流域的“山头”则是山西和陕西。山西有南汉宸（1895—1967）、乔启明（1897—1970）、冀朝鼎（1903—1963）、段云（1912—1997）、马洪（1920—2007）、晓亮（1928—2012）、辛文（1931—2011）、贾履让（1933—1998）、杜润生（1913—2015）、卫兴华（1925—2019）、林凌（1926—2018）、胡乃武（1934—）、白钦先（1939—）、梁小民（1943—）、梁中堂（1948—）、宁吉喆（1956—）、孙祁祥（1956—）、史晋川（1957—）、刘晋豫（1957—）、郝万禄（1962—）、谢茜（1963—），共 21 人。陕西有张曙光（1939—）、邹东涛（1949—）、李义平（1951—）、魏杰（1952—）、袁钢明（1953—）、宋国青（1954—）、刘世锦（1955—）、马晓河（1955—）、白永秀（1955—）、江小娟（1957—）、曹和平（1957—）、张维迎（1959—）、张军扩（1961—）、张宇（1964—），共 14 人。这两个“山头”对新中国金融发展和中国改革的影响非常大。

当然，安徽、四川、山东、河北、上海、广东、福建等省市的经济学家都在20人左右，也是有影响的“山头”，但总体上还不能与以上几个“山头”相媲美。

（八）几点思考

从中国人民大学、北京大学、中国社科院、南开大学、武汉大学这五大“山头”看，他们培养经济学人才的实力非常强。其中，中国人民大学、中国社科院因老一代经济学家比较多，他们在改革开放后培养出来的经济学家相对比较多，输出去的经济学家基本覆盖各重要高校、国家级智库和国家发改委等宏观决策部门，而且都活跃于经济建设及学术研究的前沿，这是其他“山头”所不能比拟的。

从经济学人才输出比例看，中国人民大学为68%、北京大学为66%、中国社科院为50%、南开大学为67%、武汉大学为95%，武汉大学最高，中国社科院最低。输出比例高，意味着学术影响大，人才素质高。在这方面，武汉大学做得非常突出。中国社科院输出比例低，背后的因素比较复杂，本身又不是以学历教育为核心，是一个国家级的高端智库，需要的高级人才比较多，他们凭借经济学家云集的优势，以研究生院为平台，在30多年来，迅速培养出一批经济学家。这些经济学家有一半都充实到社科院经济学部的各个研究所。

从吸引人才的情况看，中国人民大学吸引14人（含海归3人），北京大学吸引22人（含海归14人），中国社科院吸引66人（含海归5人），南开大学吸引10人（含海归8人），武汉大学吸引10人（含海归7人）。中国社科院吸引66人，但80%以上是新中国成立前出生，新中国成立后出生仅仅9人。实际上，中国社科院受行政影响大，老经济学家们当年被动调来坐冷板凳的多，经济学人才实际在社科院存在断层现象，这或许是社科院人才输出比例低的一个因素。从吸引海归人才看，作为马克思主义经济学的传统阵地——中国人民大学和社科院非常少。而北大、武大、南开吸引海归的层次相当高，为这三个“山头”注入了“哈佛”和“耶鲁”的力量。特别是北大，吸引了张维迎、平新乔、林毅夫、宋国青、汪丁丁等新生代的经济学代表人物，北大“山头”的包容性更强、国际视野更宽，也更有“杂交”优势，更有利于学术创新。

从所培养出的经济学家留校情况看，复旦大学培养出的经济学家中 47% 留在本校，这个比例显然是最高的，很容易形成“近亲繁殖”，使得学术研究变得封闭僵化、没有活力。像哈佛大学，博士毕业一律被逐出校门，留校几乎不可能。

客观地看，北京大学、南开大学、武汉大学的经济学文化内涵最为深厚。复旦大学虽然培养出的经济学家不少，包括周叔莲、吴敬琏等顶尖人物，但影响广度不及南开大学和武汉大学：一是“南开指数”的历史影响；二是南开输送出的经济学家有 16 人，武汉大学输出 18 人，分布的学术机构和国家经济部门都比较广；三是武汉大学培养的董辅礽、刘诗白、何炼成，董辅礽的门生比较多，刘诗白在西南财经大学的影响力很大，何炼成在西北大学又培养出张维迎、刘世锦等一批杰出学者。这在一定程度上传承了武汉大学的精髓。

“山头”的存在并不妨碍学术交流。站在山头，登高望远，对于我们发现问题、筛选问题、研究问题、解决问题，消除“失语”“失踪”“失声”现象，对形成有中国特色的经济学理论体系都是有益的。

十八　从《中国经济学发展报告》（2017—2019）看经济学人物

《中国经济学发展报告》是著名经济学家黄泰岩等著的年度性中国经济学学科体系发展成果的全景式展示，是中国经济学发展成果的精华荟萃。该书每年由经济科学出版社出版一辑，基本涵盖了理论经济学和应用经济学的二级学科。

优秀成果要梳理展示，方便学术交流，可以及时掌握一年来的学术动态。但背后有哪些学术人物，他们的活跃度如何，持久性怎样，每个学科的年度代表人物是谁，该书在这方面一直是空白。笔者认为，梳理学术成果重要，梳理学术人物也一样重要。因为理论成果凝聚着许多学术人物的智慧和砥砺探索，他们是“先进思想的倡导者、学术研究的开拓者、社会风尚的引领者、党执政的坚定支持者。”把他们关心好、培养好、使用好，客观上也要对他们的学术风采和思想力量开展总结宣传，更好地发挥他们的探索精神和社会价值。

抱着这样的态度，笔者仅以《中国经济学发展报告》2017 年、2018 年、2019 年这三年的版本为依据，尝试对经济学人物（仅限中国学者）进行探索性地梳理，不对其学术观点进行评价，所涉及的人物其名字后面的阿拉伯数字为出现的次数。

当然，全国的经济学人物数万人，目前所梳理的仅是书中的五六千人，但从一个侧面可以看到中国经济学人物的全貌。

需要特别说明，由于该报告涉及数千人，本书在统计分析时自然存在不准确的情况。以课题组名义或在外文期刊发表的，均不在本文统计分析的范畴。

（一）2017 年的人物情况

1. 中国经济学学科体系研究新进展涉及的人物（31 人）

丁霞 2、卫兴华、王泽润 3、白永秀 3、任易、任保平、刘伟 3、刘晓路、安体富、孙圣民、孙睿、杨春学、吴丰华 3、吴宣恭、张宇 4、张卓元 3、林木西、林岗、易淼、周文、周立群 2、胡培兆、逄锦聚 7、洪银兴 4、顾海良 4、郭庆旺、郭克莎、黄泰岩 7、靳卫萍、蔡继明、裴长洪。

2. 政治经济学研究新进展涉及的人物（70 人）

卫兴华 3、王文 2、王宝珠、文建东、方福前、尹汉宁、田超伟、曲青山、刘长庚、刘月、刘伟 5、刘国光、江时学、孙华臣、李成勋、李建平、李春玲、李锦、杨春学、杨莘、杨瑞龙、吴宣恭、邱海平 3、余江、宋屹、宋斌、迟福林 2、张宇 5、张卓元、张彬斌 2、张敏、张雷声、张磊、陆万军 2、陈华、陈宗胜、林毅夫 2、易钢 2、金碚、周建明、周新城 2、郑功成、郑秉文、郑新立、赵江林、赵振华、胡鞍钢 2、查显友、冒佩华、侯为民、逄锦聚 3、洪银兴 5、祝艳、秦宣、袁恩桢、贾康 2、顾海良 3、党建伟、郭建宁、海闻、黄泰岩 2、黄铁苗、盛洪、盘和林、程美东、程恩富 4、简新华、蔡志洲、蔡昉、蔡洪滨。

3. 国际经济学研究新进展涉及的人物（68 人）

于津平、王书颖、王有鑫、王伟、王洛林、王家强 2、王裕雄、王燕、毛其淋、毛海欧、卢阳、冯仲平、邢斐、朱杰进、任琳、刘前进、刘海云、许安拓、许家云、孙瑾、李大伟、李向阳、李宏瑾、李若愚、杨巨、杨英俊、杨娇辉、肖立晟 2、吴先明、吴崇宇、何欢浪、余永定、宋学印 2、张桦成、陆磊、陈卫东 3、陈文玲、陈伟光、林岗、易纲、易宪容、金芳、金瑞庭、周伊敏、周宇、郑联盛、胡鞍钢、钟红、贾根良、夏先良、顾威、顾雪松、倪昊寅、高波、郭言、涂永红 2、涂凌秋、诸竹君 2、黄卫平、黄先海 2、黄春桃、盛斌 2、韩立岩、韩冰、甄炳喜、谭小芬、谭娜、黎峰。

4. 经济史学研究新进展涉及的人物（83 人）

马国英、马学军、王春芳、王津津、王勇、方书生、邓宏图、卢征良、代谦、冯帆、宁镇疆、邢铁、吉喆、吕变庭、朱圣明、朱荫贵、任军锋、任保平、刘少明、刘礼堂、刘金源、刘俊涛、刘程、刘愿、关博、孙圣民、孙兵、孙睿、牟振宇、严鹏、苏泽龙、苏聪、杜恂诚、李华瑞、李军、李楠、李滨、杨德才、轩艳青、吴巧霞、何光宇、何秉孟、余金富、邹雄飞、闵凡祥、沈刚、宋时磊、张天政、张永帅、张坤、张忠民、张晋华、张锦鹏、陈涛、林文勋、郑京辉、赵子豪、赵文静、赵娜、赵留彦、赵越云、赵媛、胡鹏、南洋、俞炜华、高爽、高雅婷、郭岩伟、黄花、黄纯艳、黄英伟、黄宗智、龚关、隋福民、董新兴、温锐、雷鸣、蔡天新、廖伊婕、熊元彬、樊卫国、樊志民、潘国旗。

5. 人口、资源与环境经济学研究新进展涉及的人物（205 人）

丁冠群、马丽梅、马树才、马勉、马素琳、马莉、马慧敏、王亚楠、王有强、王有鑫、王金营、王珂英、王浩 2、王铮、王琰、王超 2、王锋、王鹏、王毅 2、尤济红、方国斌、计志英、尹显萍、卢洪友、叶苗、叶强强、叶楠、史本叶、仝怡婷、冯阳、成金华、吕志强、吕明元、朱启贵、朱莹莹 4、朱燕、仲伟、任健、刘卫东、刘生龙、刘伟、刘宇 2、刘昌新、刘固望、刘修岩、刘娟、刘铠豪、刘琪琦、刘毅 2、齐美东、闫世刚、闫强、祁毓、许秀梅、许罗丹、孙玉环、孙晓艳、孙涛、严良、严筱、苏素 2、杜宇玮、李云燕 3、李风琦、李欣、李怡达、李炳林 2、李素峰、李桂芝、李根 4、李紧想、李倩、李竞博、李晶、李福祥、杨正勇、杨华磊、杨肃昌、杨莉莉、杨继生、杨腾 2、肖德、吴从新、吴文建 2、吴玉鸣、吴杭剑 3、吴晓怡、邱海斌、何红渠、何枚蔚、何凌云、余静雯、汪小英、沈镭、宋丽颖、宋国君、宋琪、宋锋华、张万力、张平、张宁川、张光进、张光明 4、张同斌、张伟、张秀兰、张陈俊、张坤、张波、张晓、张峰 2、张鸿武、张媛、张鹏鹏、张霄怡、张翼、陈进国、陈莲芳、陈维宣、陈婷、邵帅、邵军、范庆泉 2、范宝学、林朋、林语秾、卓成刚、昌凡、罗飞娜、金里程、周天勇 2、周长富、周石清、周县华 2、周宏春、周梅芳 2、郑义、郑淼淼、赵娅莉、赵涛、赵萌、赵硕嫱、赵雅婧、胡剑波 3、胡潇 3、柳剑平、钟章奇、段红梅、段星宇 4、侯燕飞、泰来、秦炳涛、秦蒙、贾利军、顾阿伦、徐如浓、徐娟、高明、高明美、高萍股、高辉、高颖、郭文、郭凯明、郭晓立 2、诸葛承祥 2、黄凤羽、黄清煌、黄晶、黄蕊、黄燕芬、曹建华 2、龚六堂、龚兆鋆、龚洋冉、盛亦男、崔一澜 2、康建平、章恒全、提・木明、彭安平、彭红斌 2、董会忠 2、蒋瑛 2、韩君、程时雄、程怡、鲁晓东、童健、曾炜、谢毅、赖小锋、路正南、路畅 2、蔡国庆、蔡晶晶、谭德明、熊永莲 2、熊莹、樊胜岳、薛惠锋 2、薛景、戴红军、戴梦宇、戴嵘。

6. 国民经济学研究新进展涉及的人物（173 人）

卜林、干春晖、马万里、王必锋、王刚、王志刚、王丽萍、王茜、王美今、王爱萍、王海、王展祥、王新、王蕴、邓仲良、石建勋、龙小宁 2、叶剑、叶祥松、田龙鹏、田雨生、宁辰、吕炜、吕朝凤、朱丹丹、朱玉、朱英明、刘卫柏、刘长庚、刘尧成、刘伟 2、刘哲希、刘铁、刘倩、刘爱梅、刘淑琳、刘霞辉 2、刘鑫颖、齐昕、江永红、汤吉军、安苑、孙早、孙亮、孙敬水、杜斌、李小梅、李义平、李中、李旭彪、李杏、李兵、李金华、李政、李炳、李菁、李雪灵、李景海、李强、李媛媛、杨云、杨进、杨青龙、肖文梅、吴杉、吴超鹏、利龑、何玉长、余东华、余明桂、汪浩、沈潇、宋明月、迟诚、张玉鹏、张可云、张平 2、张训常、张永恒、张兆强、张杰、张明志、张欣钰、张治河、张建波、张桐彬、张彬、张维迎、张蕴萍、张鑫、陈小亮、陈乐一、陈彦斌 2、陈彬、陈惠雄、陈婷、陈璋、邵传林、范蕊、林木西 3、林仲豪、林建浩、林晓炜、林毅夫、易娅莉、季书涵、岳云松、金岳、金浩、周波、周宙、周潮、郑义、郑亚平、郑金铃、屈文波、赵根宏、赵鹏、郝寿义、郝楠、郝毅、胡迺武、胡海峰、钟慧洁、施祖麟、姜琪、姚余栋、贺坤、贺京同、秦炳涛、袁富华 2、夏杰长、倪红福、徐延明、徐志伟、徐晓萍、高帅雄、高青山、高明、高波、郭春丽、郭树强、唐兆涵、唐晓华、唐药、桑瑞聪、黄小勇、黄寿峰、黄泰岩 2、黄清煌、黄雄亮、黄翔、龚刚、康丽丽、梁俊、彭飞、韩超、程承坪、傅元海、曾铮、楠玉、赖平耀、雷平、雷德雨、蔡之兵、蔡志洲、蔡昉、蔺捷、臧旭恒、谭海鸣、薛继亮、魏杰 2、魏巍。

7. 产业经济学研究新进展涉及的人物（243 人）

于兴旺、于津平、于斌斌、马庆、马荟莹、马强、马源、王凤生、王凤荣、王玉辉、王立国、王永进 2、王宇、王军、王丽、王兵、王贤彬 2、王季、王朋朋、王庚、王春元、王茜、王俊杰、王晓东、王海 2、王娟、王继东、王铮、王喜梅、王朝明、王鹏、尤济红、毛海鸥、方晶、尹俊雅、孔凡超、邓向荣、石峰、占佳 2、卢洪友、卢爱珍、田虹、代明、白让让、白雪洁 2、乐军、包群、冯白、冯永晟、冯照桢、皮亚彬、皮建才、曲创 2、吕玉霞、吕铁、吕笑月、吕越、吕喜环、朱睿博、乔岳、伍先福、任优生、任华亮、任保全、刘大勇 2、刘丰波 3、刘开军、刘伟 2、刘会芳、刘庆岩、刘志彪、刘灿雷、刘畅、刘岳平、刘政、刘重阳、刘海云、刘淑琳、刘斯琴、刘斌、刘新争、刘慧、刘德伟、刘鑫颖、闫文娟、闫奕荣、江永红、汤二子、汤吉军、安秀玹、安苑、祁毓、许为宾、许楠、阮爱军、孙叶飞、孙召金、孙红印、孙志贤、孙晓琳、孙海波 2、纪玉俊、严成樑、苏杭、杜重华、杜斌、李化营、李文贵、李先江、李后建、李连芬、李坤望、李卓、李绍东、李洁、李娜娜、李振洋、李翃楠、李晓华、李萍、李雪、李雪慧、李维安、李敬、李强、杨大威、杨仁发、杨玉坤、杨龙见、杨永德、杨先明、杨宇菲、杨孟禹、杨振兵、杨彩霞、杨蕙馨、杨德才、肖兴志2、肖挺、肖斌卿、吴小康、吴应军、吴明琴2、吴俊、吴绪亮3、吴晶晶、吴慧、邱璞、何飞、余文涛、余东华2、余明桂、余泳泽、邹国庆、汪海凤、沈琪、宋丽萍、宋凌云、张天顶、张月友、张可云、张平、张宁川、张辽、张兴文、张阳、张志强、张兵、张林、张昊、张国胜、张国峰、张昕竹2、张岩、张治河、张俊、张莉、张晓青、张家峰、张家滋、张理娟、张彬、张盛勇、张联、张雷、张鹏鹏、陈子虹、陈仕华、陈兆友、陈明、陈建勋、陈俊、陈航行、陈家昌、陈菁泉、陈麟、邵毅平、范洪敏、范蕊、林秀梅2、林春艳、罗付岩、岳希明、金芸、金珺、周材荣、周明泽、周诗敏、周建、周敏2、郑金铃、郑曼妮、赵纯凯、赵玮、赵炳新、赵婉妤、郝国彩、郝楠、胡亚男、胡军燕、胡敏、相雪梅、钟世川、钟慧洁、段文斌、侯建强、侯麟科、姜学民、姜涵、姜寒、洪银兴、宣烨、祝坤福、费清、姚东旻、姚嘉、贺建风、骆品亮、聂欣、聂海峰、夏红玉、夏青、原毅军2、顾高翔、徐从才、徐志伟、徐婷艳、徐攀、殷军、殷瑞瑞、凌永辉、郭树龙、郭露、唐诗、陶桂芬、陶颜、黄少安、黄东海、黄金、黄亮雄2、黄楚蘅、黄璟、曹红、章潇萌、商晨、渠慎宁、屠羽、颉茂华、彭本红、彭星、葛扬、董志强、董振林、蒋灵多、蒋金法、蒋银娟、韩永辉、韩超2、喻开志、喻炜、程忠、程俊杰、程艳、傅联英、焦翠红、鲁彦、童健、湛泳、温军、谢荣辉、谢莉娟、谢珺、楚明钦、鲍怡发、綦建红、谭杨靖、黎文靖、潘楚林、潘煜双、薛景、穆怀中、戴志敏、魏作磊、魏玮、魏建、魏倩、瞿慧。

8.财政学研究新进展涉及的人物（202人）

万广华、马文涛、马光荣2、王文娟、王永钦、王伟龙、王延中、王红建、王旸、王明喜、王珏、王茜萌、王涛生、王海、王跃堂、王庶、王媛2、王澍、牛霖琳、毛其淋、毛捷、毛德凤、卞志村、文雯、尹振东、孔墨奇、邓英雯、邓明、邓晓飞、龙玉其、叶一帆、申广军、田彬彬、田森、史宇鹏 2、史清华、付文林、冯根福、冯强 2、宁光杰、吕冰洋 4、朱建军、任重、刘伟、刘华、刘冲 2、刘劲劲、刘畅、刘明兴、刘佳颖、刘胜、刘晓路、刘浩、刘鑫颖、齐伟、齐守印、江翠萍、汤玉刚 2、安体富、安虎森、许伟、许家云、杜巨澜、李永友、李成、李明 2、李香菊、李俊生、李维安、李晶、李楠、李新荣、杨广亮、杨子晖、杨天宇、杨龙见、杨汝岱 2、杨灿明、杨其静 2、杨晓雯、杨继东、杨源源、步丹璐、吴成颂、吴利华、吴浩波、吴海军、吴强、何宗辉、何德旭、应世为、辛宇、汪琳、宋马林、宋琪、张川川 2、张平、张冬、张光南、张克中、张雨潇、张勋、张晋武、张琦、张辉、张蕊、陆正飞、陈冬、陈共、陈运森、陈志刚 2、陈钊、陈秀英、陈国进、陈宗胜、陈建伟、陈映辉、陈晓光、陈斌开 2、陈强、陈德球、邵桂根、苗文龙、范子英 5、郁智、欧阳艳艳、罗荣华、罗党论、罗能生、罗富政、岳希明 3、金戈 2、金宇超、金培振、周钦、周游、庞保庆、郑延冰、郑春荣、赵永亮、赵永辉、赵旭杰、胡志成、胡李鹏、胡育蓉、钟灵娜、钟覃琳、侯一麟、姜子叶、洪智武、宣扬、祝猛昌、袁淳、耿曙、聂海峰 2、聂辉华、贾珅、贾俊雪、顾乃华、倪红福、倪婷婷、徐业坤、徐建国、徐强、徐鹏庆、徐磊、高培勇、郭长林、郭庆旺 3、席鹏辉、唐飞鹏、陶东杰、黄寿峰 2、黄思明、黄送钦、曹向阳、曹志楠、曹越、龚六堂、盖庆恩、梁若冰、彭飞 4、董志勇、蒋为、韩超、程名望、温新新、谢贞发、谢露、靳庆鲁、詹新宇、满利苹、雒蕾、廖俊平、谭光荣、樊丽明、樊纲、滕飞、潘杰、魏后凯、魏福成。

9. 金融学研究新进展涉及的人物（329 人）

丁志杰、丁春霞、于建忠、于换军、于瑾、万相昱、马小芳、马立新、马传慧、马建堂、马勇、马骏、马理、马超、王一鸣、王木之、王升泉、王丹、王石磊、王立升、王立章、王永钦、王有鑫、王兆星、王红林、王志成 2、王芳、王国红、王咏梅、王亮亮、王晓、王跃堂、王博、王舒军、王蕴、王擎、王曦、毛新述、卞志村、方军雄、方意、方蕾、尹力博、尹志超、尹雷、巴曙松、邓月、邓伟、邓明明、邓贵川、邓剑兰、邓博文、甘静芸、石午光、叶青、叶晨、田园、田渊博、史永东、付宇翔、白晓燕、白雪莲、包群、兰伟、司登奎、朱小能、朱叶、朱迎、朱凯 2、朱钧钧、伍燕然、任秋潇、全恰、刘子平、刘艺、刘少波、刘圣尧、刘阳、刘志阔、刘丽娜、刘忠璐、刘凯璇、刘金全、刘京军、刘春志、刘峰、刘海飞、刘海明、刘淳、刘翔、刘强、刘潇潇、闫先东、关天宇、江春、江婕、江曙霞、许尤洋、阮永平、阮卓阳、孙天琦、孙祁祥、孙彩虹、纪洋、严成樑、严佳佳、苏乃芳、苏凇、苏楚林 2、杜巨澜、杜勇、杜雪、巫和懋、李力、李小林、李广子、李丹 2、李文红、李心愉、李志辉、李丽芳、李丽玲、李辰阳、李宏瑾、李青原、李怡宗、李春涛 2、李政、李威、李艳丽、李涛、李琛、李源、李稻葵、杨云红、杨晓兰、杨海生、杨骏、杨耀武、肖立晟、时红秀、吴圣金、吴沁、吴金鑫、何帆、何青 2、何国华、何梦泽、何嘉鑫、余永定、邹传伟、汪天都、汪明文、沈仁康、沈翰彬、宋素荣、张一林、张三峰、张文琼、张号栋、张乐、张成思、张伟、张伟华、张步昙、张君子、张杰、张炎涛、张学勇、张俊瑞、张勇、张谊浩、张雪兰、张雪莹、张跃文、张博、张敬思、张璇、张翼、陆正飞 2、陆蓉、陆磊、陈卫东、陈平、陈四清、陈亚男、陈达飞、陈创练、陈丽、陈雨露、陈昊、陈学文、陈学彬、陈映辉、陈信元、陈浪南、陈雄兵、陈锐、幸进成、荀文均、范辰辰、林长泉、林卉、林乐芬、林旭、林旭洋、尚玉皇、罗勇根、罗煜、周开国、周先平、周莉萍、周鹏、周慕冰、庞素琳、庞家任、郑国忠、郑凯、郑挺国 2、郑振龙、郑联盛、郑登津、孟祥展、赵一、赵文发、赵岳、赵梅、郝大鹏、郝志运、胡利琴、胡金焱、胡诗阳、胡荣才、胡海鸥、胡聪慧、柳依依、战明华、星焱、钟宁桦 2、钟凯、钟辉勇、段志明、侯青川、饶品贵、施康、洪占卿、洪奕昕、洪浩、宫红琳、祝宇、祝继高、姚云、姚树洁、姚颐、贺学会、班若愚、袁鹰、耿志祥、贾雅琴、贾璐熙、顾乃康、顾琪、钱张明、钱宗鑫、徐文舸、徐龙炳、徐权、徐寿福、徐杰、徐杰灵、徐欣、徐思远、高苗苗、高明、郭子睿、郭永济、郭晔、郭桂霞、唐亮、陶玲、黄文婷、黄宗晔、黄宪、黄艳芳、黄振、黄健铭、黄益平、黄静、曹廷求、曹廷贵、曹国华、盛松成、崔宸瑜、梁上坤、梁权熙、彭建刚、彭艳、葛奇、董小君、蒋海、蒋智渊、韩立岩、粟芳、程小可、焦健、曾俭华、曾海舰、游宇、谢平、谢玮、谢洁玉、谢德仁、靳庆鲁、甄峰、解瑶妹、窦欢、褚剑、蔡卫星、管涛、漆鑫、谭政勋、谭语嫣、熊爱宗、樊纲治、颜雅琴、薛畅、魏巍。

10. 区域经济学研究新进展涉及的人物（233 人）

丁如曦、万文海、万道侠、习强敏、马丽娟、马祖琦、马海霞、王弓、王丹阳、王伟、王如玉、王雨飞 2、王国俊、王明安、王树乔、王思璐、王保双、王彦斐、王浩、王琳、王惠、王雅莉、王媛媛、王韶华、王德起、毛伟、卞艺杰、方福前、方磊、邓仲良、邓宏图、龙小宁、叶卫平、叶茜茜、叶蜀君、田毕飞、田志龙、史清华、邢炜、回莹、朱平芳、朱英明、朱勤丰、乔坤元、仲伟周、庄维民、刘乃全、刘月、刘吕红、刘应杰、刘君德、刘玮、刘春梅、刘修岩 2、刘晓玲、刘恩初、刘浩、刘晨诗、刘敦虎、刘新争、刘馨月、江曼琦、汤维祺 2、安江林、孙久文 2、孙天阳、孙兵、孙浦阳、孙超、孙锐、孙慧、苏丹妮、李飞、李飞龙、李云娥、李少星、李文秀、李红昌、李迎旭、李青、李松林、李国平、李欣、李建军、李政通、李香菊、李彦、李洁、李烨、李鸿阶、李程骅、李静、李蕊、杨力、杨开忠、杨冬梅、杨果、杨娇辉、来逢波、肖翔、吴力波 2、吴伟平、吴明娥、吴晓怡、吴福象、吴瀚然、邱斌、何晰、何新易、冷志明、沈其新、沈映春、沈蕾、初旭新、张乃丽、张川川、张广海、张玉杰、张可云、张占仓、张伟、张红宇、张红霞、张克中、张明斗、张波、张勋、张峰、张晶、张新芝、陈旭、陈军、陈怀锦、陈建军、陈莞、陈晓光、陈航宇、陈浩、陈继勇、陈萍、陈博、陈雅琳、陈紫若、陈斌开、陈强远、陈曦、邵帅、邵军、邵朝对、范芹、林心淦、林在明、林江、林树、林善浪、罗能生、罗翔、罗富政、金泽虎、周力、周功满、周明生、郑适、郑淑燕、郑瑞强、单铭磊、宗刚、项歌德、赵江林、赵细康、赵树宽、赵炯、郝大江、荣朝和、胡庆江、胡顺香、胡恒松、柯丽菲、钟顺昌、保建云、洪群联、姚从容、秦明、秦蒙、耿达、夏杰长、钱浩祺 2、倪红福、倪志良、倪鹏飞、徐永利、徐海涌、高翔、郭建锋、郭晓立、唐辉亮、益炜、陶东杰、陶建平、黄先海、黄琦、梅如笛、曹宗平、曹跃群、盖庆恩、梁新潮、屠年松、彭俊杰、葛飞秀、董亚宁、董香书、董艳梅、蒋为、蒋玉石、蒋艳、韩永辉、辜胜阻、程名望、傅才武、曾国平、曾福生、赖小琼、靖学青、梁琦、蔡之兵 2、蔡赤萌、臧新、谭娜、熊娟、熊曦、黎峰、戴宏伟。

11. 劳动经济学研究新进展涉及的人物（61 人）

丁守海 2、丁俊、于泽、马申、王开泳、王天宇、王志刚、王甫园、王晓焘、王煜 2、风笑天、邓大松、卢小波、冯涛、宁磊、朱斌 2、刘一鹏、刘凤良、刘志国、刘浩、刘海斌、闫衍、纪雯雯、严成樑、李实、李路路 2、杨雪、杨澄宇、邱牧远、汪伟、沈煜 2、宋扬、张川川、张晓青、张强、陈双双、范其鹏、林平、罗小伟、周冬、周祝平、郑元、郑春荣、郑适、郑睿臻、赵燕、胡云、宫芳、费舒澜、骆品亮、秦明、郭凯明、郭家堂、郭继强、黄彩虹、章莉、赖镊胜、翟振武、樊林峰、颜色、魏洪英。

12. 国际贸易学研究新进展涉及的人物（77 人）

于津平、马述忠 2、王永进、王杰 2、王佳、王磊、毛其淋、尹伟华、尹忠明、叶修群、吕越、刘军、刘洪铎 2、刘梦恒、刘斌 2、刘婷、刘瑶、许陈生、许明、许家云、孙学敏、孙慧、孙瑾、苏庆义、李文宇、李乐融、李秀芳、李青、李坤望、李建军、李晓庆、杨连星、杨英俊、吴小康、吴国杰、余淼杰、沈瑶、张二震、张红梅 4、张国峰、张超 4、张韵风、陈丰龙、陈东、陈和、武新丽 4、林玲、罗伟、金中夏、金碚、孟祺、赵东麒、赵春明、胡锡琴、钟建军、施炳展 2、袁凯华、顾振华、顾浩、徐建伟、徐康宁、郭烨、容金霞 2、桑百川、龚静、彭水军、董也琳、韩中、韩永辉、舒杏、谢孟军、谭晶荣、潘华曦、戴俊骋、戴翔、魏龙、魏浩 2。

13. 国防经济学研究新进展涉及的人物（96 人）

丁兆忠、于克振、于洋洋、于博然、山君亮、马宇飞、王兴跃、王金营、王赵铭、王树年、王翼、元彦梅、牛文杰、方正起、孔昭君、可遥、石金武、龙红山、史本叶、毕京京、吕继超、朱文娴、朱华珍、乔静杰、任鹏燕、任鑫、刘天来、刘伟、刘宝平、刘勇、刘爽、江飞涛、许毅达、孙迁杰、孙劭方、孙裕霖、孙鑫婧、严剑峰、杜人淮 2、李东、李志新、李林、李学武、李照春、李黎明、杨宇、杨尚洪、杨睿妍、连维良、吴少华 2、吴双、但心遥、宋天韵、张纪海、张苏阳、张丽玲、张侃、张笑、张爱华、张涛、张琼、邵静安、尚静瑶、果朝阳、罗姣、周华、周华、周庚、郑绍钰、孟凡生、赵旭、赵博文、胡大淼、胡文龙、胡宇萱、侯雨 2、施小武、闻晓歌、姜明文 2、姜鲁鸣、贺琨 2、袁力、贾亚菲、徐川、郭叶波、黄丹、黄栋、龚品嘉、常海军、董博谋、蒋立 2、韩冰、韩政、舒本耀、曾立 3、解柏伟。

（二）2018 年的人物情况

1. 中国经济学学科体系研究新进展涉及的人物（86 人）

丁任重、卫兴华 2、马艳、王松 2、王国刚、王晓东、王馗、王煜宇、王曙光、方茜、尹振宇、石晶莹、平成涛、卢晓坤、白雪冰、冯金华、兰无双、师新华、吕政、朱东波、朱富强、朱燕、乔晓楠、乔榛、任力、任洲鸿、庄穆、刘凤义 2、刘伟、刘诚洁、刘俊杰、刘晓路、孙久文、孙乐强、纪宝成、苏伟、李扬、杨角 3、杨春学、杨继瑞、吴川美、吴宣恭、邱海平 2、何干强、何自力、何松龄、余斌 2、沈雯、张宇 5、张沁悦、张晓晶、张晓磊 2、张雷声 4、陈鹏、孟捷、林毅夫、岳宏志 3、周文 2、周宇晗 2、周绍东 2、郑志国、郑岩、赵光南、赵磊、荣兆梓、胡钧、逄锦聚 6、洪永淼、洪远朋、洪银兴 5、姚树洁、贾根良 2、顾海良 4、高培勇、高超群、郭庆旺、陶文昭、黄再胜、黄英伟、黄泰岩 5、黄晓勇、蒋永穆 2、韩俊、谢莉娟、简新华 2、蔡昉。

2. 政治经济学研究新进展涉及的人物（55 人）

卫兴华 4、王丹、方凤玲、方福前、叶琪、田超伟 2、白暴力、冯俏彬、师新华、刘伟 3、刘志明、刘洋、杜玉华、李君如、杨继瑞、吴宣恭、邱海平、余斌 2、冷溶、辛鸣、沈尤佳、张旭、张宇、张俊山、张雷声 2、张鹏、陈建华、陈鹏、邵彤姣、邵彦敏、林光彬、林毅夫、周新城、荣兆梓、胡钧、段学慧、逄锦聚 2、洪银兴 2、费利群、贾康、贾微晓、顾海良 3、郭飞、陶文昭、黄华、黄茂兴、黄泰岩、程承坪、程恩富、谢春玲、简新华、赫名超、蔡万焕、蔡志洲、熊晓琳。

3. 国际经济学研究新进展涉及的人物（77 人）

丁工、丁志杰、丁晓钦、万亚平、马述忠、王小霞、王芊霖、王亚军、王伟、王弟海、王笑笑、王海成、王碧珺、王曦、石锦建、史青、冯志艳、吕越、刘红忠、刘青、刘放仁、刘洪愧、刘程、许和连、李平、李亚波、李向阳、李兵、李诗、李柔、李磊、李稻葵、杨小海、杨荣海、杨盼盼、肖立晟、肖河、吴泽林、吴超鹏、佟家栋、张二震、张为付、张洪胜、陈中飞、陈伟光、陈创练、陈启斐、陈勇兵、欧璟华、岳文、郑志丹、郑挺国、宗庆庆、胡建雄、胡思佳、洪俊杰、姚树洁、徐奇渊、唐保庆、陶攀、黄世忠、黄玖立、黄建忠、黄艳希、隆国强、彭红枫、蒋冠宏、蒋冠宏、蒋殿春 2、韩剑、程大为、谢长安、谢峰、蔡昉、裴长洪、谭小玉、戴翔。

4. 经济史学研究新进展涉及的人物（66 人）

马琦、王玉茹、王权坤、王伟、王忠宝、王珏、毛立坤、毛亦可、方宝璋、方慧、冯兵、冯渝杰、吕长全、朱青、朱英、乔南、刘玉峰、刘秋根、刘莉、刘海峰、刘雯、江怡、杜恂诚、李伯重、李鸣骥、李哲、李晋、李晓丽、杨在军、杨宇光、杨建仁、杨德才、何富彩、余伟斌、汪竹、宋丙涛、张凤阳、张世慧、张学博、张庭、陆佳杭、陆敏珍、陈建立、武强、易棉阳、金文、周建波、赵延旭、赵红军、赵施迪、骆详译、贾兵强、徐畅、徐德莉、殷晴、高宇、高倚云、郭兆斌、郭丽、黄俊棚、康金莉、彭波、韩毅、廖文辉、熊金武、燕红忠。

5. 人口、资源与环境经济学研究新进展涉及的人物（288 人）

丁元卿、丁俊、丁哲、于海霞、于斌斌、万晓莉、马丁、马光荣、马剑锋、马海良、马润泓、王开泳、王丹、王文平、王文刚、王玉泽、王永培、王圣、王亚华 2、王军辉、王志章、王丽艳、王利敏、王玥、王坤宇、王若梅、王国霞、王忠、王金南、王珂英、王珍珍、王胜今、王宪恩、王昶 3、王莉雁、王莹莹 2、王敏、王锋、王智初、王然、王潇晖、王慧敏、王磊、韦勤、公丕芹、文乐、方娴、方燕、孔含笑、邓心安、左绿水 3、石庆玲、石敏俊、叶琪、田淑英、田磊、史贝贝、白俊红、冯英杰、冯相昭、冯剑锋、冯展斌、冯晨、成金华 2、朱舜、朱勤、伍骏骞、任苓、刘人春、刘习平、刘天元、刘凤朝、刘文、刘冬冬、刘传江、刘华军、刘自敏、刘学之、刘春香、刘素芳、刘铁军、刘爱华 4、刘浩、刘娟、刘超、刘智超、刘婷、刘源浩、刘耀彬、齐明珠、闫东东、汤尚颖 2、许彦娴、孙才志、孙丰凯、孙冬营、孙亚男、孙传旺、孙奇、孙艳芝、孙桂平、孙桥 2、孙娟、孙巍、严予若、李大悦 4、李小龙、李元杰、李文慧、李宁、李青、李苑溪、李昕旸、李虹、李咪、李振国、李通屏 2、李曼、李斌、杨子晖、杨丹、杨成钢、杨柳、杨胜杰、杨洲木、杨艳琳、杨菲、杨雪、肖依静、肖祎平、肖燚、吴从新、吴丹、吴巧生 2、吴远征、吴孝情、吴虎、吴佳喆、吴宛忆、吴璘、邱大庆、何欢浪、何艳虎、何晶、佟金萍、余光辉、余运江、余丽丽、余静文、汪运波、沈凤武、沈坤荣、沈镭、宋晓娜、宋慧玲、张乃明、张文忠、张立尖、张伟广、张红艳、张妍、张明、张建清、张莉、张晓玲、张峰、张健、张梦迪、张晨怡、张琪、张智光、张斌、张意翔 2、张毓峰、张德钢、陆远权、陈卫民、陈妤凡、陈明华、陈建东、陈晓宏、陈娟、陈琳、陈斌彬、陈强、武娜、林凯荣、欧阳志云、罗能生、罗能生、季瞎曦、岳鸿飞、金刚、金晓雨、周小跃、周旭捷、周建、周绍杰、周娜、周娜、郑建斌、郑新业、郑燕燕、孟高旗、赵天宇、赵玉荣、赵时亮 4、赵良仕、赵国庆、赵晓梦、胡志发、胡凯川、胡雯、胡鞍钢、相楠、钟水映、钟帅、段永蕙、段海燕、姚昕、姚海琳、秦腾、秦豫徽、袁平、耿红军、聂亮、顾和军 2、柴国俊、晏维龙、徐峰、徐雪松、徐颖、高向东、郭峰、郭源、唐啸、黄寿峰、黄茂兴、黄凌云、黄敬、黄智峰、黄鑫、曹丽斌、龚凯林、盛三化、盛亦男 3、常虹、章恒全、梁土坤、梁超、逯进、博文静、彭水军、彭代彦、彭晓雪、董会忠、董玮、蒋大奎、韩超、惠炜、覃一冬、景建邦、喻群、程树磊、舒全峰、童玉芬 2、善葆国、曾先峰、谢伦裕、谢会强、赫永达、蔡栋梁、蔡博峰、廖冰、谭佳音、谭静、熊振兴、熊磊、颜姜慧、潘安、潘是英、潘雄锋、薛惠锋、穆怀中、魏涛远、魏楚 3、魏巍贤。

6. 国民经济学研究新进展涉及的人物（151 人）

于立、于洋、万丽、马国贤、马勇、丰超、王元地、王云平、王弟海、王贤彬、王国蒙、王佳宁、王春红、王俏茹、王奕鋆、王康、王满仓、毛中根、方彤、方福前、尹力博、邓仲良、石明明、叶兴庆、田萍 2、田磊、史志乐、丛子薇、印重、包晗、邢炜、吉洁、巩彦博、权衡、吕炜、吕璐、朱子云、朱辰、华民、刘玉斌、刘东皇、刘汉、刘达禹、刘伟、刘志彪、刘明远、刘秉镰、刘金全 4、刘诚、刘贯春、刘雅晴、江飞涛、江晓娜、许伟、许鹿、孙少、孙乐强、苏冶、李大宇、李文军 2、李齐、李松玉、李建呈、李轶、李俊江、李勇、李晓琳、李辉、李霁友、杨丽姣、杨雪、何会武、余东华、邹荣、邹恒甫、汪旭晖、沈坤荣、沈悦、宋冬林、宋凌云、张二震、张少华、张可云、张平、张闪闪、张屹山、张旭、张军、张阳阳、张进军、张伯旭、张其林、张杰、张述存、张炜、张鹤、陈文翔、陈甬军、陈雨露、陈跃、范从来、范欣、林木西、林建浩、林毅夫、国世平、罗玉冰、周文、周英男、周明生、周茜、周密、周潮、周燕、郑超愚、郑新业、郑新立、孟勐、赵丝雨、赵颖智、赵新宇、胡伟、柳建文、洪银兴、袁伟、袁富华、耿明君、贾璐、夏杰长、候继磊、徐忠、徐翔、高帅雄、高德步、黄阳华、黄志刚、黄宝敏、黄南、黄泰岩 2、黄新华、龚培河、崔小勇、崔巍、章昌平、梁敬东、蒋坦、程晨、童文中、谢烛光、霍景东。

7. 产业经济学研究新进展涉及的人物（332 人）

于传荣、于欢、于津平、万君宝、万陆、马文军、王卫、王文 2、王方方、王卉彤、王永进、王若琪、王奇、王贤彬 2、王昀、王泓力、王贵东、王彦皓、王勇、王耕、王艳、王班班、王晓燕、王梅婷、王骜然、王慷楷、王磊、王磊、韦韬、牛凤巧、毛其淋 2、方军雄、方娴、尹伟华 2、孔东民、孔令池、孔高文、左鹏飞、石丽静、石晓军、卢允之、卢强、叶伟巍、叶倩雯、叶德珠、申宇、史丹、史青、付一夫、白雪洁、冯海波、冯展斌、司海平、吉振霖、成丽红、曲创、吕大国、吕云龙 2、吕越 2、朱光顺、朱晓艳、乔小勇、刘小玲、刘小鸽、刘小鲁、刘贝贝、刘长庚、刘传明、刘李华、刘杨、刘启亮、刘青、刘明、刘波、刘贯春、刘政、刘胜、刘奕、刘洪伟、刘洪波、刘勇风、刘海飞、刘海云、刘海洋、刘婷婷、刘鹏、刘霞辉、齐绍洲、齐骥、闫志俊、江小涓、江小敏、许若琪、许和连、许家云、许薛璐、孙大明、孙天阳、孙早4、孙自愿、孙宝文、孙晓、孙晓华、孙梦男、孙焱林、孙婷、孙慧文、牟逸飞、纪凡、严伟涛、苏杭、杜丹清、杜曙光、李小萌、李丫丫、李玉梅、李平、李宁、李永友、李伟军、李旭超、李志生、李兵、李言、李启航、李坤望、李尚骜、李建民、李春涛、李垚、李胜旗、李柔、李夏洋、李骏、李培馨、李跃、李维安、李雅楠、李强、李静、杨飞、杨帅、杨先明2、杨畅、杨金强、杨玲、杨玲丽、杨柏、杨海生、杨康、杨道广、杨慧、肖利平、吴卫星、吴风云、邱德荣、何婧、何毅、余东华、余泳泽2、余珮、余航、余淼杰、汪婷、沈坤荣、沈国兵、沈春苗、沈鸿2、宋华、宋晓玲、张少辉、张成、张屹山、张伟广、张军、张志强、张杰2、张国峰、张艳芳、张莉2、张夏、张倩、张娟、张睿、张慧、张璇、张磊、张耀宇、张耀军、张曦、陆蓉、陈汉文、陈庆江、陈红蕾、陈丽娴3、陈利根、陈启斐、陈建勋、陈艳莹、陈晔婷、陈银忠、陈维涛、陈超、邵帅、范玉波、范洪敏、范爱军、范超、林薛栋、杭静、罗云辉、罗妍、罗德明、岳文、金刚、金祥荣、金通、周小亮、周开国、周京奎、周煜皓、周霄雪、庞瑞芝、郑小碧、郑文平、郑凌浩、郑晨曦、郑磊、孟辉、赵兴荣、赵利娟、赵国庆、赵玲、赵亮亮、赵彦云、赵爱栋、赵霞、荆文君、茶洪旺、胡宗彪、胡惠林、钟昌标、钟姿华、侯金辰、俞峰、洪俊杰、洪银兴、宣烨、姚海鑫、贺晓宇、袁凯华、袁鹏、夏杰长、原毅军、柴多多、钱学锋、徐业坤、徐伟呈、徐佳君、徐佳宾、徐茗丽、徐昭、徐盈之、徐媛、高波、高媛、高德步、郭凯明、陶攀、黄金升、黄亮雄、黄晨、梅冬州、龚六堂、龚刚、龚联梅、龚新蜀、盛丹、常崃、崔小勇、崔晓蕾、符通、彭水军、彭璧玉、蒋西艳、蒋冠宏、蒋勇、蒋雪梅、蒋樟生、韩永辉、韩峰、韩超、韩雷、惠炜、景守武、程鹏、储德银、曾繁清、温湖炜、谢荣辉、谢锐、楠玉、赖伟娟、简泽、詹宇波、解明明、新夫、綦良群、蔡之兵、蔡乌赶、蔡宏波 2、蔡昕妤、蔡海亚、廖庆梅、谭利萍、翟钰、熊瑞祥、樊茂清、滕泽伟、颜色、潘安、潘明明、潘珊、薛安伟、穆怀中、魏龙、魏晓敏、魏浩、魏鹏举、魏熙晔。

8. 财政学研究新进展涉及的人物（176 人）

马光荣 2、王小龙、王小华、王天宇、王忏、王守坤、王红建、王丽艳、王贤彬 2、王彦皓、王庶 2、王婷、王瑞民、毛捷 2、毛新述、石庆玲、卢洪友、卢盛峰 3、申广军、申曙光、田志伟、付敏杰、冯志艳、宁静、吕冰洋、朱光顺、朱军、朱炯、朱梦冰、朱晨、伍骏骞、伦晓波、刘小鲁、刘玉飞、刘穷志、刘怡 2、刘姿彤、刘勇政 2、刘晓鸥、刘海洋、刘晨辉、刘静、刘颜、汤泰劼、许文立、许敬轩、阮建青、孙梦男、芮萌、苏国灿、李文贵、李永友 3、李江一、李丽霞、李林木、李昂、李岩、李金波、李郇、李实、李夏洋、李培鑫、李涵、李维安、李雅娴、杨子晖、杨子涵、杨龙、杨帅、杨国超、杨德明、连大祥、吴士炜、岑树田、余明桂、余泳泽、邹静娴、汪三贵、汪小勤、汪伟、汪冲、汪昊、汪昊、汪琳、沈坤荣、沈瑶、宋冬林、宋献中、张川川、张子楠、张平、张克中、张雨潇、张学良、张建华、张俊、张莉、张晓颖、张领祎、张婷婷、张楠、张豪、张熠、陈长石、陈思霞 4、陈斌开、陈飘飘、邵桂根、范子英 2、范欣、林令涛、岳希明 3、周思艺、周慧、郑春荣、赵永亮、赵仲匡、赵扶扬、赵利娟、赵金冉、赵新宇、赵璨、胡志安、胡怡建、胡联、侯思捷、娄峰 2、宫映华、姚海鑫、秦聪、袁东、袁富华、耿纯 2、聂辉华、贾俊雪 4、顾振华、钱先航、徐广彤、徐业坤、徐现祥、高跃光、高楠、郭峰、郭婧、席晓宇、席鹏辉 4、唐飞鹏、陶东杰、陶然、黄少安、黄寿峰、黄玖立、黄思明、黄顺武、黄亮雄、黄薇、曹伟、曹延求、曹春方、龚六堂、常风林、梁平汉、梁若冰 2、彭飞、彭红星、彭晓博、葛扬、傅虹桥、温铁军、温涛、谢贞发 3、雷晓燕、廉鹏、缪小林、樊勇、戴静。

9. 金融学研究新进展涉及的人物（273 人）

于传荣、于津平、于瑾、马亚明、马伟力、丰超、王去非、王有鑫、王志鹏、王雨、王国刚、王凯立、王泓力、王胜、王冠楠、王振霞、王浩然、王朝阳、王雄元、王雅琦、王道平、王鹜然、王鹏飞、王曦 2、贝多广、牛慕鸿、文景、方先明、方军雄、计兴辰、尹力博 2、尹依依、尹洪英、邓玉婷、邓超、邓路、甘易、古芳、石晓军、龙海明、卢新生、卢璐、申广军、田光宁、史恩义、白德龙、冯金余、兰弘、边卫红、权小锋、权威、朱元倩、朱立挺、朱辰、朱孟楠、朱松、朱越腾、伦晓波、向元高、刘贝贝、刘东坡、刘达禹、刘竹青、刘金全、刘放仁、刘波、刘贯春、刘晓辉、刘瑞琪、刘慧龙、闫帅、闫先东、闫海洲、江萍、池祥萱、汤莹玮、许月丽、许年行、许志伟、许言、孙东升、孙国峰 2、孙欣欣、孙凌芸、孙浦阳、纪志宏、纪洋、杜立、李力行、李文、李文红、李文贵、李心丹、李书舒、李四海、李有星、李江娜、李好、李志生 2、李芳、李建伟、李建军、李春涛、李政、李洁、李海涛、李锋森、李强、李黎力、杨金强、杨晓兰、杨博、杨源源、肖明、肖奎喜、肖崎、肖潇、吴成颂、吴优、吴俊霖、吴晓求、何启志 2、何国华、何晓贝、佟孟华、余明桂、余琰、余静文、邹静娴、汪昌云、汪玲、宋晓飞、宋献中、张天顶、张成思 4、张宇、张军、张国建、张明、张金林、张炜、张柳青、张晓林、张倩倩、张锐、张翔、张靖佳、张黎娜、张璟、张璐、陆婷、陈卫东、陈百助、陈创练、陈关亭、陈丽、陈金至、陈宜群、陈钦源、陈雄兵 2、陈雷、陈嘉欣、范小云、范从来、范兆斌、范林青、茅宁、林秉旋、林树、林煜恩、欧阳伊玲、欧璟华、尚铎、易志高、罗进辉、罗炜、金思静、金彧昉、金雪军、金雯雯 2、周亚虹、周再清、周炜、周治富、周艳利、周晓松、周峰、周爱民、周铭山、周鹏、郑挺国、郑晓佳、单文、项卫星、赵允宁、赵静、郝毅、胡月、胡珺、胡婷、柯达、柯愈华、钟正生、钟廷勇、钟腾、钟慧洁、侯伟相、施海娜、姜付秀、姚宏伟、姚树洁、姚前、姚舜达、贾俊生、顾乃康、党超、钱学锋、钱雪松、钱智通、钱程、徐宁、徐丽芳、徐忠、徐浩勤、徐洋、徐浩萍、高开娟、高文博、高志鹏、郭志刚、郭晔、唐文秀、唐莹、黄小琳、黄志凌、黄彤彤、黄建忠、黄宪 2、黄益平、黄敏、梅光松、曹媛媛、盛丹、崔巍、梁巨方、梁琪、彭玉磊、彭红枫、董志勇、蒋则沈、蒋海、韩珣、韩菲、韩乾、惠凯、惠雅莉、粟勤、程伟波、程华、童中文、谢晓芬、甄峰、雷倩华、褚剑、蔡文婧、谭小芬、谭语嫣、黎艳、潘子成、潘彬 2、戴方贤、戴金平。

10. 区域经济学研究新进展涉及的人物（188 人）

马述忠、马继民、马斌锋、王文静、王贤彬、王洪涛、王恒齐、王娜、王理、王雪辉、方创琳、方娴、方慧、石敏俊、卢福营、叶宁华、叶金珍、叶炜 2、田健、丛海彬、朱英明、伍骏骞、任远、刘乃全、刘土林、刘改芳、刘修岩、刘禹君、刘笑、刘曼、刘潇、刘震、安虎森、许家伟、阮建青、孙久文、孙元元、孙浩进、孙敏、孙翔宇、孙楚仁、孙慧、苏屹、苏国灿、李小建、李心杨、李平、李兰冰、李伟、李华、李军、李阳、李松林、李建军、李昭华、李晓壮、李梦琴、李雪松、李涵、李超、李瑞、李静、杨刚强、杨丽、杨威、杨振生、杨晴晴、杨晶、杨慧敏、杨德进、杨霞、杨曦、肖金成、吴友、吴振顺、吴梦、吴福象、何春丽、佟家栋、余运江、余泳、谷国锋、沈坤荣、宋冬林、宋宜农、宋保胜、张少辉、张文松、张为付、张伯伟、张迎红、张述存、张泽义、张建中、张建清、张俊、张洪胜、张原、张菀航、张辉国、陈利君、陈启斐、陈建奇、陈晓红、陈智国、陈强、陈锡文、陈瑾、陈耀、范欣、林周周、林美顺、林善浪 2、罗光强、罗树杰、季书涵、金刚、周宏燕、周国庆、郑丹、赵放、赵宸宇、赵甜、赵新宇、郝寿义 2、胡永保、段巍、侯继磊、逄瑞、宫倩、费广胜、姚旭兵、姚玲玲、姚勤华、贺雪峰、秦蒙、袁方成、聂军、聂菁、夏柱智、钱进、倪红福、倪进峰、徐广彤、徐世腾、徐国亮、徐虹、徐璐、凌晨、高向东、高妍蕊、郭树华、席鹏辉、唐保庆、涂明谦、黄宇虹、黄亮雄、黄勤、黄精、曹宗平、阎世平、梁若冰、随洪光、彭水军、蒋冠宏、韩永辉、韩纪琴、韩峰、覃成林 2、程必定、程斌琪、程遥、程德智、童中贤、曾坚、曾祎平、曾群华、谢贞发、谢锐、靳永广、甄小鹏、甄晓英、蔡之兵 2、廖元和、樊纲治、德福、颜婷、霍强。

11. 劳动经济学研究新进展涉及的人物（136 人）

丁从明、于桂兰、马俊龙、马骏、王庆芳、王宋涛、王勇 2、王海成、王展祥、王雄元、石娟、卢华、申曙光、生光旭、冯谚晨、宁光杰、朱宇、朱腾腾、庄德林、刘玉飞、刘李华 2、刘和旺、刘柏惠、齐昊、许明 2、许准、孙早 2、孙冰、孙婧芳、孙瑜、严波、苏梽芳、李子联、李中建、李平、李军、李宏彬 2、李青、李昂、李治国、李建民、李逸飞 2、李雅楠 2、李辉文、李静 2、杨永华、杨羊、杨丽君、杨慧、肖明智、吴红、吴斌珍 2、吴靖、何东、邹铁钉、辛明辉、汪伟、汪建华、张川川、张世伟、张延吉、张军、张丽琼、张步云、张奕、张宪民、张晓蓉、张娟、张博、张磊、张熠、张樨樨、张翼、陈瑞琳、陈璐、陈瀛、邵文波、范红丽、范洪敏、林李月、述磊、周龙飞、周立群、周晓波、周润希、郑世林、赵文哲、赵达、赵黎、胡浩、胡鞍钢、柏培文、钟瑾、彦宏、施新政 2、秦楠 2、袁璐璐、晋盛武、贾妮莎、顾和军、倪旭君、徐剑刚、翁杰、高曼、郭金兴、郭娟娟、唐伶、黄玉菁、龚广祥、龚敏、龚紫钰、盛丹、常凯、常晓素、渠慎宁、梁潇杰、寇恩惠、彭青青 2、彭舒奕、董志强、董丽霞、韩舒婉、程功、谢风璘、谢勇、谢富胜、蓝嘉俊、赖德胜、雷宏振、雷雨、熊瑞祥、燕波、薛雅男、穆怀中、魏下海。

12. 国际贸易学研究新进展涉及的人物（147 人）

万广华、马风涛、马述忠、王小霞、王冬、王孝松、王备、王耕、王笑笑、王恕立、毛其淋 4、文淑惠、田毕飞、田巍、史青、仪珊珊、包群、冯宗宪、成丽红、吕小峰、吕云龙 2、吕延方、吕越 4、朱军、乔小勇、任永磊、任志成、刘竹青 2、刘宏青、刘京军、刘洪愧、刘梦、刘雅莹、刘晴、刘婷 2、刘源、刘慧、汤二子、宇超逸、许和连、许家云 3、孙天阳、孙文娜、孙楚仁、苏丹妮、苏振东、李平、李兵、李泽怡、李荣林、李俊、李胜旗、李柔、李雪松 2、李敬、李锐、李磊、杨芳、杨曦、吴永亮、佟家栋、余淼杰 2、谷克鉴、沈国兵、宋超、张文城、张会清、张伯伟、张杰、张昕、张明志、张洪胜、张洋、张夏、张楠、张韵风、张睿、张慧玲、陈启斐、陈勇兵 2、陈旎、陈紫若、陈慧、邵朝对、邵智、林值、林祺、尚瑜、易靖韬、罗来军、岳文、金祥荣、郑文平、郑乐凯、宗庆庆、赵春明、赵宸宇 2、胡赛、胡鞍钢、施炳展、洪丽明、洪俊杰、宣烨、耿伟、耿伟、聂菁、夏杰长、钱学锋 2、铁瑛、倪红福 2、高越、高翔、黄文锋、黄建忠、黄艳希、黄铄珺、黄新飞、戚建梅、龚联梅、盛丹 2、盛斌 2、章素珍、彭支伟、彭水军、董家佳、蒋伟杰、蒋灵多、蒋冠宏、蒋殿春 2、韩剑、程大中、程玲、傅帅雄、傅佳莎、鲁晓东、谢一青、谢建国、蒙双 2、蒙英华、綦建红、裴长洪、廖显春 2、樊秀峰、戴翔、魏如青、魏昀妍。

13. 国防经济学研究新进展涉及的人物（84 人）

于夕红、王文华、王立群、王兴跃、王武新、王建军、王彦革、王婷、支希哲、文浩、方正起、叶楠、田波、白二雷、曲克波、曲忠、朱文波、朱华珍、朱殿骅、向先登、刘永魁、刘丽梅、刘泽坤、刘婧媛、刘鹏、许金余、许嵩、孙劭方 2、孙雯郁、苏创、李力群、李卫、李俊、李凌、李聪 2、杨光亮、杨艳军、邹昌帆、宋纯利、宋纯武、宋贵宝、张子清、张天赫、张元松、张永东、张旭光、张军果、张远军、张欣悦、张建华、张晓甫、张涛、张强、张翠芳、陈夕坤、陈刚、陈吴洁、罗亚民、罗向阳、季自力、周华、周济雄、周捷、郑广辉、郝万禄、胡冬梅、茹玮东、袁玎、夏少华、栾蓉2、郭继方、浦元元、黄薇、崔德平、韩丽娜、韩阿伟、韩朋林、景军峰、程庆、舒正平、槐芙利、翟珂光、潘平。

（三）2019年的人物情况

1. 中国经济学学科体系研究新进展涉及的人物（89人）

卫兴华、马艳3、王艺明、王泽润、王茜2、王祖强2、王峰明、王琳3、王琨、方正起、田磊、白卫星、白永秀、包炜杰3、宁殿霞2、权衡、朱方明、朱东波、任保平、刘一鸣、刘长庚、刘伟、刘明远、刘建武、刘荣材2、刘洪愧2、刘斌、刘瑞、闫伟、严剑峰、杜利娜、杜鹃、李民圣、李佐军、李建平、李俊生、杨圣明4、杨春学、杨继国2、杨晗3、杨瑞龙、吴三来4、邱海平3、佟家栋、余斌2、汪立鑫、汪连杰、张开、张占斌5、张申、张雷声、张磊、陆立军2、陈伟雄、陈旭东、陈旸、陈享光、林毅夫、周文7、周绍东2、庞庆明2、孟捷、赵学清、赵锦辉4、郝芮琳、荣兆梓、胡磊、逄锦聚2、洪银兴、姚东旻、袁仁书、聂辉华、顾梦佳、钱路波5、高世楫、陶为群、黄桂田、崔晓雪、葛浩阳4、蒋红群、韩保江3、程霖、谢伏瞻、简新华、蔡万焕、裴长洪2、颜鹏飞2、魏峰、濮灵。

2. 政治经济学研究新进展涉及的人物（50人）

卫兴华3、王一鸣、王生升、王立胜、王灿、方敏、平言、白暴力、刘元春、刘伟3、刘灿、刘国光、刘俏、李拯、李慎明、李稻葵、邱海平2、汪亭友、张占斌、张宇、张卓元、张辉、陈享光、陈曙光、林毅夫2、周新城、赵晓军、郝全洪、胡乐明、胡钧、秋石2、逄锦聚2、施九青、洪银兴3、顾海良、柴巧燕、钱路波、高德、黄泽清、黄泰岩2、黄桂田、董宇坤、韩庆祥、韩保江2、程恩富、谢伏瞻、谢富胜、赖德胜、蔡志洲、蔡昉。

3. 国际经济学研究新进展涉及的人物（80 人）

丁德臣、门洪华、马艳、王占海、王汀汀、王永春、王秀东、王希、王茜、王胜、王樟楠、王璐、孔庆江、邓宏图、白明、包群、成丽红、吕秋红、刘卫平、刘程、江若尘、江涌、安惠侯、许和连、孙天阳、严海波、苏丹妮、李向阳、李拯、李俊、李洁、李瑞琴、李磊、杨圣明、杨志、吴杨伟、何国华、何诚颖、佟家栋、余骁、余振、邹洋、张二震、张巩、张旭东、陆晓岚、陈宏军、陈国进、邵朝对、尚会永、明秀南、易先忠、周冰惠、周强、冼国明 2、赵波、胡翠、姜少敏、洪俊杰、秦臻、徐宝亮、栾文莲、高冠中、高凌云、诸竹君、黄卫平、黄先海、盛玉雷、盛斌、商辉、屠光绍、彭波、韩洁、程恩富、鲁品越、谢地、谢旭斌、简新华、管涛、戴翔。

4. 经济史学研究新进展涉及的人物（78 人）

丁冠淇、马建华、马瑞映、王文成、王方舟、王连忠、王敬尧、王蓉、毛捷、方书生、邓宏图、龙登高、卢华语、兰俏枝、吕长全、朱荫贵 2、朱德贵、刘伟才、刘素敏、齐丹丹、齐秀琳、许存键、阮建青、孙宁遥、孙圣民、孙连娣、杜恂诚 2、李文涛、李庆、李明华、李垚、李梦飞、李楠、杨乙丹、杨双利、杨扬、杨松、杨建庭、杨德才、吴景平、何石军、汪险生、宋士云、张华、张忠民、张博、陈文源、陈思伟、陈斌开、陈碧舟、林晨、欧阳晓莉、罗畅、周建波 2、周建涛、赵志军、段雪珊、洪钢、莽景石、夏如兵、徐泓、徐继承、高珂、高德步、郭忠兴、席全伟、黄国信、黄燕、龚浩、常明明、隋福民、董志凯、童肖、温方方、雷鸣、路乾、管汉晖、熊芳芳。

5. 人口、资源与环境经济学研究新进展涉及的人物（219 人）

丁绪辉 2、丁镭、刁贝娣、万海远、马中 2、马国霞、马剑锋 2、王丹舟、王心然、王玉海、王安建、王许亮、王柳元 2、王树、王济干 3、王勇、王夏欢、王晓红、王倩2、王浩名2、王海林、王祥兵、王恕立、王曼3、王敏杰、王慧敏2、支彦玲、支援、尤喆、毛广雄、毛中根、孔伟、艾小青、石人炳、石磊2、石薇2、占华、卢兰兰、叶小青、叶文平、申俊、田志磊、田建国、史巧玲、史桂芬、史倩、付文、付正辉、白俊红、冯严超、冯烽、邢贞成3、邢衍、成金华2、吕昭河、朱永光、任浩锋、刘叶、刘宇、刘利民、刘钢、刘晖、刘钻扩2、刘海云、刘璐、齐红倩、闫海春、闫慧敏4、汤韵、孙博文、孙静、孙攀、严翔、苏攀达、杜文鹏4、李小胜、李月、李双杰、李迎峰、李国正、李金昌2、李建强、李春琦、李虹、李俞广、李竞博、李浩民、李海英、李超2、李新春、李翠、李燕、杨东亮、杨艳昭4、吴玉鸣、吴姗姗、吴琼、吴蓉、吴微、何利2、何建坤、何晶晶、佟金萍2、余运江、余丽丽、谷雨、邹一南、邹庆、辛丽2、汪伟、汪劲松2、汪明月、沈可、沈镭2、宋德勇、张同斌、张利国、张陈俊、张宗斌、张剑宇、张洪波、张洪振3、张晓东、张海玲、张淑翠、张婕3、张琴、张琳杰2、张慧、陆文涛、陈习定、陈宁、陈仲常、陈志刚、陈丽强、陈连磊、陈强远、陈路、陈瑶2、陈璐恰、武继磊、武萍、茆长宝、林伯强、罗润东、罔付美、金巍、周丰年、周天勇、周文、周迪、周源、郑明贵、郑淇予、孟令蝶、封志明2、赵云、赵春燕、赵菲菲、赵颢瑾、胡江峰、胡安军、胡振、钟方雷、钟帅2、钟超、侯新烁、侯燕飞、俞海、姜振茂、宫杰婧、贺菊花2、秦腾、袁劲、袁雪梅、聂亮、原新、徐乐、徐盈之、徐娟、徐蔼婷2、徐璋勇、徐德义、高书平、高向东、高阳、高明、高瑗、高翠云2、郭志仪、郭怀成、郭施宏、郭夏月、郭爱君、陶长琪、陶建格2、黄庆华、黄秀路、黄效白、黄晶、龚梦琪、龚新蜀3、常金华、崔海洋2、章恒全2、梁若冰、逯进、葛鹏飞、韩楠、童玉芬2、靳卫东、鲍曙明、蔡海亚、蔡嘉雯、黎涵、潘韬、薛智超、薛澜、穆光宗。

6. 国民经济学研究新进展涉及的人物（132 人）

丁守海、丁洋、于长革、于潇、山冰、马佳伟、马晓河、王乐、王军、王劲松、王佳宁、王柄权、王满仓、王慧玲、邓忠奇、卢现祥、田国强、付文飙、白俊红、包群、冯晓莉、吕昱江、朱迪、伍茜溪、任保平 3、庄子罐、刘伟、刘宇英、刘国光、刘鼎铭、刘瑞、闫坤、江飞涛 2、江南、孙玉阳、孙涛、杜秦川、李云庆、李刚、李阳、李志俊、李佐军、李国平、李虹、李禹墨 2、李晓萍 2、李晖 2、李健、李瑞昌、李颖、李磊、杨益均、肖兴志、吴迪、何大安、何兴邦、余东华、余璐、邹卫星、邹庆、宋文月、宋立刚、宋有涛、张车伟、张龙、张平、张兰、张志明、张杰、张怡梦、张继焦、张紧跟、张维国、陈昌兵、武建新、范若滢 2、林木西 2、林善浪、林毅夫、罗英、金春雨、金碚、周勇振、冼国明、庞瑞芝、宗良 2、房林、赵文、胡建辉、胡鞍钢、钞小静、钟光耀、洪银兴 5、袁富华、袁鹏、耿思莹、聂国卿、贾红静、贾康、贾鹏飞、原鹏飞、徐枫、徐忠、殷杰兰、殷剑峰、高世楫、高培勇、郭晓东、唐志鹏 2、酒二科、涂远博、黄泰岩 3、戚聿东、梁琳、彭聪、韩超、韩晶、程文银、程如烟、程瑜、谢地、谢振、鄢一龙、楠玉、詹韵秋、鲍曙光、蔡定创、翟云、薛志欣、戴祥玉、魏杰 2。

7. 产业经济学研究新进展涉及的人物（318 人）

于孟雨、于津平、万道侠、马盈盈、马海燕、王可、王立勇、王汀汀、王永进、王永钦、王兴棠、王宇、王丽霞、王昀、王思文、王亮、王勇、王素莲、王桂军 2、王雅琦、王燕、王麒植、尤文龙、毛海欧、文丰安、文泽宙、亢秀秋、尹兴强、孔伟艳、石大千、卢冰、卢荻、叶娇、付韶军、白雪洁、邝劲松、冯根福、冯笑、成喜玲、毕青苗、曲创 2、吕炜、吕洪渠、吕越 2、朱小能、朱进、朱丽、朱婕、朱鹏洲、乔璐、任荣明、任保平、任燕燕、向为、向国成、庄尚文、刘小兵、刘友金、刘玉博、刘龙花、刘戒骄、刘宏笪、刘明、刘泳文、刘诗源、刘重阳、刘洪波、刘莉亚、刘晓辉、刘凇延、刘海云、刘维刚、刘键、刘睿智、刘磊、刘馨、刘耀彬、闫文娟、闫世玲、闫润宇、江飞涛、江静、汤志伟2、汤学良、汤家红、许清清、许薛璐、孙早、孙华平、孙灵希、孙英杰、孙雨洁、孙宝文、孙晓华、孙婷、芮明杰、严伟涛、严岑、苏丹妮、苏汝劼、苏治、杜运苏、杜金岷、杜威剑、李一卿、李卫红、李书娟、李永友、李阳、李连燕、李沙沙2、李启佳、李杰、李明辉、李虹、李晓华、李晓英、李晓萍、李捷瑜、李梦洁、李紫薇、李强、李瑞琴、李蔚、李毓、杨天宇、杨以文、杨立翔、杨竹清、杨兴全、杨虎涛、杨贤宏、杨咏文、杨栋旭、杨海生、杨喆、杨源源、杨德明、豆建民、步晓宁、肖叶、肖兴志、肖利平、吴万宗2、吴先明2、吴非、吴剑峰、吴静、何兴邦、何彦林、余东华、余淼杰、邹庆、汪慧玲、沈仲凯、沈坤荣、沈颂东、沈娟、宋文飞、宋文月、宋志平、张一力、张万里、张小筠、张为付、张龙鹏2、张宁、张永恒、张亚豪、张权、张成瑞、张同斌、张雨、张昊、张欣珏、张建华、张茜、张俊森、张晓静、张梦婷、张敏、张彩云2、张猛、张琴、张敬文、张紫薇、张智勇、张鲁秀、张璟、张寰宇、张鑫宇、陈元元、陈希路、陈林、陈明、陈明玉、陈诗一、陈建、陈宪、陈勇民、陈维涛、陈登科、陈新国、邵明新、邵朝对、范庆泉、林木西、林发勤、林志帆、林春、林毅夫、昌忠泽、明秀南、易靖韬、罗军、罗新星、罗福凯、和军、金正轩、周开国、周欢、周康、周勤、周潮、冼国明、庞廷云、郑加梅、郑安、孟庆玺、孟倩、孟辉、封亦代、赵云鹏、赵文哲、赵旭杰、赵奇锋、赵春燕、赵琼薇、郝寿义、荆文君、胡浩然、胡彬、胡翠、南晓莉、战明华、钟昌标、钟洲、郜晨、俞峰、姜景军、姚西龙、贺建风、贺婷、袁华锡、袁其刚、夏大慰、原毅军、顾夏铭、顾海峰、钱雪松、倪红福、徐伟呈、徐昊、徐宏、徐现祥、徐柳、徐保昌、徐晓莉、徐琳、高帅雄、高厚宾、郭旭、郭庆旺、郭树龙、郭然、唐红祥、唐志芳、唐英伦、唐晓华、陶长琪、桑瑜、黄玖立、黄桂田、曹平2、曹夏平、曹聪丽、盛斌、崔书会、康志勇、康妮、康瑾、逯东、彭冬冬、彭永樟、蒋同明、蒋含明、韩先锋、韩春霖、韩超、惠宁、储晓茜、童锦治、曾小明、温军、蒙双、颐乃华、雷辉、蔡玉蓉、臧旭恒、谭诗羽、谭静、熊丹、潘士远、戴芸、戴翔、魏作磊、魏玮。

8. 财政学研究新进展涉及的人物（210人）

于文超、万广华、马光荣、马超、王小龙、王丹利、王立勇、王永进、王永钦、王亚男、王旭、王宇澄、王芳、王欣、王海成、王鸿、王瑾、毛军、毛捷2、邓忠奇、邓慧慧、卢洪友、卢盛峰、田彬彬、白重恩、丛树海、包群、冯笑、冯强、宁可、司海平、皮嘉勇、台航、曲光俊、曲兆鹏、吕冰洋5、年永威、朱传奇、朱军、朱梦冰、乔嗣佳、刘大勇、刘小鸽、刘友金、刘凯、刘京军、刘放仁、刘耀淞、江笑云、许召元、许志伟、许和连、孙圣民、孙芳城、纪月清、严成樑、严岑、苏丹妮、苏国灿、杜之利、李子豪、李永友、李光勤、李旭超、李昊楠、李明2、李昂、李实、李政、李俊生2、李晨烽、李紫霄、李蔚、李睿、李德刚2、杨六妹、杨志勇、杨青、杨其静、杨思莹、杨继东3、杨继生、时良彦、吴娱、吴敏、吴清、吴琦琦、邱桓沛、何炜、何萱、何鹏飞、佘国满、余龙、余泳泽、余靖雯、汪冲、汪峰、宋光祥、宋泽、迟淑娴、张开、张天华、张同斌、张克中、张杰、张凯强2、张建华、张勋、张莉3、张航、张梦婷、张敏、张清源、张楠、张源欣、陆正飞、陆施予、陆铭、陈力、陈共、陈言、陈杰2、陈佩霞、陈思霞、陈晓光、陈硕、邵军、邵朝对、范子英2、林发勤、林伯强、林菁璐、欧阳洁、罗路宝、岳希明2、岳经纶、金晓雨、金祥荣、周玉龙、周慧、周黎安、庞瑞芝、郑新业、赵刚、赵凯、赵健宇、赵家羚、胡凯、胡翠、钟昌标、钟晓敏、钟福宁、俞峰、施震凯、姚东旻、姚树洁、骆永民、秦聪、贾俊雪、晏艳阳、钱雪松、徐升艳、徐志刚、徐静、殷华、高玉胭、高伟华、高培勇3、高琳、郭玥、唐云锋、唐英伦、唐跃军、浦正宁、黄少安、黄阳华、黄建忠、梅冬州、曹夏平、龚六堂2、常风林、常晨、崔小勇、崔晓霞、康瑾、章元、梁平汉、梁若冰、彭浩然2、董志强、蒋玉杰、韩一多、韩华为、喻崇武、程郁、储德银2、鲁元平、鲁建坤2、曾小明、雷根强、解垩、褚红丽、蔡萌、蔡嘉瑶、廖茂林、樊勇、黎娇龙、冀东星、戴芸、魏建2。

9. 金融学研究新进展涉及的人物（251人）

丁慧、才国伟、马云飙、马勇尋、马理、马逸飞、马慧、王化成、王文汇、王书朦、王永妍、王忏、王红建、王玮、王凯、王姝晶、王真、王倩、王爱俭、王培辉、王喆、王朝阳2、王雅琦、毛晨旭、文程浩、方先明、尹筑嘉、邓向荣、石贝贝、石峰、卢冰2、卢逸扬、卢璐、叶光亮2、叶康涛、田园、史永东、冯科、冯超、司登奎、边卫红、边文龙、权威、同帅、吕大永、吕长江、吕朝凤、朱小能、朱太辉、朱宁、朱凯、朱孟楠、刘东坡、刘成立、刘芳、刘灿雷、刘金全、刘相波、刘威、刘彦雷、刘洪愧、刘莉亚、刘晓辉、刘峰、刘培森、刘琦、刘瑜恒、刘粮、刘静雅、关田田、江春、汤莹玮、许荣、阮刚铭、阮湛洋、孙若鹏、孙昌玲、纪洋、纪敏、苏乃芳2、苏冬蔚、杜文洁、杜立、杜雪利、李小林、李丹2、李书灏、李东承、李帆、李欢、李芳、李宏瑾2、李卓松、李春涛、李政、李威、李炳、李洁、李家骐、李常青、杨子荣、杨子晖、杨东、杨帆、杨明、杨威、杨筝、杨瑞杰、肖祖沔、吴卫星2、吴文锋、吴华强、吴红兴、吴育辉、吴剑明、吴桐、吴雪妍、邱立成、何青、何国华、余晶晶、谷旭婷、汪叔夜、沈永建、沈吉2、沈涛2、沈智扬、宋科、宋敏、张小宇、张龙、张亚楠、张任之、张军令、张明、张金慧、张夏明、张朝洋、张辉、张骞予、张嘉明、张璟、陆正飞、陈冬华、陈运佳、陈忱、陈思翀、陈信元、陈胜蓝、陈逢文、陈康、陈雷、武小凯、武立东、范龙振、易杰、金启航、金春雨、金晓艳、周小燕、周国富、周顺兴、周桦、周磊、庞家任、郑志刚、郑哲、郑联盛、屈源育2、孟庆斌、赵铮、赵晶、赵静、郝项超、胡宗斌、战明华、钟宁桦、钟凯、钟覃琳、侯德帅、侯鑫、祝小全、姚前2、姚振华、贺敬芝、贾鹏飞、顾青、顾海峰2、钱雪松、倪博、徐奇渊、徐国祥、徐忠2、徐建利、徐信忠、徐德财、徐璐2、徐巍、高然、郭田勇、郭金龙、郭泳秀、郭华、唐逸舟、涂巍、黄泽清、黄振、黄益平、黄娴静、黄梅波、黄敬昌、黄瑜琴、黄震、曹瑜强、戚聿东、龚六堂2、崔相勋、康书生、康茂楠、梁上坤、梁林、梁琪、梁斯、彭丹丹、彭红枫、彭俞超2、蒋德权、韩玉嘉、惠丽丽、程玉伟、傅强、曾志远、曾浩、曾辉、温信祥、强静、楚尔鸣、蔡文靖、蔡东玲、蔡宁伟、蔡欣妮、管涛、谭小芬、缪得志、潘怡麟、潘锡泉、薛坤坤、薛原、魏志华、魏巍贤。

10. 区域经济学研究新进展涉及的人物（314人）

丁绪辉、卜凡月、马为彪、马永红、马芮、马鹏、王文平、王文刚、王方方、王东红、王庆芳、王宇昕、王孝琦、王宏起2、王松、王昉、王金杰、王柄权、王美昌、王洋、王晓珍、王钰、王浦劬、王磊、车治辂、毛金祥、毛艳华、文丰安2、方大春、方创琳、方英、方嘉宇、邓峰、邓祥征、邓睦军、石峰、石琳、龙翔、叶玉瑶、叶兴庆、叶林、申端锋、田宇、田泽、田海燕、史静静、白晔、乐章、包群、冯雪艳、冯晶、朱晚秋、乔志程、仲伟周3、任胜钢、刘西忠、刘伟、刘华军、刘旭红、刘志彪、刘金山、刘诗琪、刘诗源、刘建国、刘彦随、刘晖、刘恩初、刘钻扩、刘硕、刘晨、刘焱序、刘蓝琦、刘德海、刘耀彬、齐绍洲、闫坤、江永红、安秀梅、安树伟、孙少勤、孙东琪、孙亚男、孙志贤、孙亮、孙涛2、孙楚仁、苏鑫、杜之利、杜传忠、杜宇、杜威剑、杜爽、李二玲、李立国、李宁、李行云、李汝资、李丽珍、李秀敏、李纲、李玥2、李林玥、李佳2、李建成、李政2、李星明、李振发、李倩倩、李梓博、李超、李博、李跟强、李锴、李磊、杨文珂、杨仪青、杨志安、杨明海、杨宜、杨树旺、杨思莹2、杨俊、杨浩、杨继东、杨焕焕、杨淳、杨朝均、杨嵋、肖广岭、肖仁桥、时朋飞、吴飞飞、吴传清3、吴非、吴迪、吴穹、吴建南、吴振顺、吴婷、吴福象2、邱国庆、邱斌、何仁伟、何翔、余子良、余江、余兴厚、余博、余璐、邹经韬、邹鸿辉、辛丽、汪波、宋旭光、张卫东、张可、张可云、张如波、张红霞、张贡生、张克中、张灵、张述存、张治栋、张虹鸥、张晓萌2、张海鹏、张彬、张跃胜、张维今、张辉、张斌、张楠、张蔷、张燕、张露、陆大道2、陈丰龙、陈文磊、陈严、陈若愚、陈林、陈昕、陈明华2、陈明星、陈建隆、陈昭、陈晓、陈晓佳、陈晨、陈幂楠、陈瑶、陈燕、武龙、林仲豪、林伯强、林涛、欧阳洁、欧阳康、卓乘风、易明、罗必良、罗伟、罗路宝、岳文、岳文泽、岳芃、金书秦、金利霞、金贵、周介铭、周迪、冼国明、线实、赵丹、赵雨涵、赵晋琳、赵晓东、赵晓斌、赵培红、赵越、赵新峰、郝国彩、郝威亚、柳卸林、钟绍军、郜亮亮、段存儒、段巍、信超辉、姜磊、贺灿飞、贺娅萍、秦亚青、袁冬梅、袁宝龙、顾春太、钱丽、徐文贤、徐春发、徐晓丹、徐梦冉、徐银良、徐康宁2、徐璋勇、高伟、高国力2、郭园庚、郭柏枢、郭莎莎、郭晨、郭锐、唐保庆2、涂红、涂丽、谈镇、黄木易、黄伟豪、黄杰、黄征学、黄祖辉、黄耿志、黄涛、黄磊、曹冬梅、龚勤林、崔之珍、崔华泰、崔学刚、阎波、淳阳、梁涵、梁琦、梁博、揭筱纹、彭甲超、彭建、彭莹、葛顺奇、董旭、韩东伶、韩剑、韩峰、辜胜阻、覃成林、程齐佳徵、鲁元平、童玉芬、曾贤刚、曾晨、温雪梅、温燕华、谢锐、强卫、路京京、鲜龙、翟博文、熊元斌、熊兴、熊湘辉、樊杰、黎峰、潘丹丹、潘文卿、潘洪义、潘峰华、潘海峰、霍伟东、戴天仕、戴祥玉、魏宏杰、魏玲、魏琦、魏翔宇。

11. 劳动经济学研究新进展涉及的人物（113人）

丁守海3、丁洋3、万宗、马草原、马颖、王一鸽、王东阳、王永进、王丽莉、王勇、王慕文、毛中根4、毛其淋、邓佳盟、卢二坡、史桂芬、匡晓璐2、成友、朱兰、朱超、乔雪、任志江、刘玉博、刘亚琳、刘守英、刘明巍、刘贯春、刘媛媛、齐红倩、闫珂、闫海春、汤希、许多、许家云、孙中伟、孙涛、纪雯雯、严成樑、杜凤莲、李力行、李小琴、李谷成、李雨浓、李金华、李建伟、李胜旗、李勇辉、李唐、李烨阳、李静、杨天宇 2、杨本建、杨竺松、吴士炜、吴迪 3、吴要武、吴辉航、何清、余颖丰、邹红、沈仲凯、宋映泉、初帅、张丹丹、张帅、张令达 2、张国峰、张胤钰、张晓静、张鹏飞、张巍、陆毅、陈文津、陈华帅、陈秋霖、茅锐、易祯、周茂、周羿、周晓时、郑功成、孟凡强、赵西亮、赵善梅、郝宇彪、侯海波、侯海萌、俞宁、宫杰婧 4、姚洋、贺建风、贾晓佳、贾海龙、贾康、徐琳、栾炳江、郭念枝、郭剑雄、郭熙保、郭磊磊、黄海珊、彭争呈、葛玉好、董晓媛、程名望、程茂勇、程虹、焦勇、童晨、谢富胜 2、靳卫东 4、赖德胜、黎涵。

12. 国际贸易学研究新进展涉及的人物（226 人）

于津平 2、马娟霞、王小洁、王汀汀、王亚军、王兴棠、王松、王波浪、王亭亭、王海成 2、王梦娇、王雅琦 3、王德祥、毛其淋、文淑惠、方菲菲、计飞、邓峰、龙小宁、龙世国、卢冰 2、卢晨、叶譞、田毕飞、史新和、白重恩、包群、冯帆 2、成丽红、毕颖、吕越、朱晶、刘尧、刘军、刘志彪、刘灿雷、刘凯丰、刘宝存、刘厚俊、刘俸奇、刘悦、刘乾、刘梦、刘硕、刘鹏程、刘馨、齐俊妍、闫志俊、汤学良、许和连 3、许家云 2、孙天阳 2、孙浦阳 4、孙湘湘、孙楚仁、苏丹妮 2、杜雍、巫俊、李仁宇、李丹、李双建、李丽丽、李兵 2、李宏亮、李妍、李坤望、李杰、李波、李春顶、李俊青 2、李捷瑜、李惠娟、李瑞琴、李跟强、李磊 3、李蕾蕾、杨光、杨先明、杨勇、肖文、肖军、吴小康、吴飞飞 2、吴云霞、吴先明、吴福象、邱立成、何传添、余骁、余淼杰 2、邹宗森、宋之杰、宋利芳、张一力、张凤、张文魁、张为付、张宁、张永亮、张同斌、张先锋、张丽娜、张时坤、张国峰、张明志、张金慧、张俊森、张胜利、张奕芳、张倩慧、张健、张鹏杨 2、张慧慧、张磊、张馨月、张龑、陆毅、陈帅、陈永安、陈林、陈勇兵、陈晓华、陈颂、陈陶然、陈继勇、陈瑾、邵军、邵朝对 2、武力超、武皖、苗二森、林发勤、林玲、林僖、卓乘风、尚涛、明秀南、易先忠、易靖韬、罗连发、季志鹏、季克佳、岳云嵩、岳文、周小亮、周康、周默涵、冼国明 2、郑妍妍、赵永亮、赵姝、赵桐、郝碧榕、胡渊、胡翠、钟飞燕、钟腾龙、段连杰、侯欣裕 3、施震凯、洪圣杰、祝树金、袁东、耿伟、聂燕峰、顾晓燕、柴晟霖、徐小聪、殷正阳、高伊凡、高厚宾、高凌云、郭志芳、唐宜红 2、唐保庆、浦正宁、诸竹君 2、桑瑞聪、黄先海 2、黄新飞、梅小芳、梅冬州、盛丹 2、盛斌 4、崔日明、崔晓、崔晓敏、符大海 2、康志勇、康茂楠、康妮、梁辰、彭榴静、葛振宇、蒋灵多、蒋庚华、蒋殿春 2、韩剑 2、韩超、程虹、鲁晓东、童红斌、湛柏明、谢申祥、谢红军、谢建国 2、谢靖、靳婷婷、蒙双、鲍晓华、綦建红、蔡伟宏、蔡熙乾、廖涵、谭小芬、谭之博、熊永莲、熊彬、樊海潮、颜晓晨、潘文卿、潘家栋、冀东星、戴翔、戴魁早、魏浩。

13. 国防经济学研究新进展涉及的人物（73 人）

丁灿、丁冠东、马建良、马祥、王纪震、王作森、王轶、王保胜、方正起 2、石健、付明华、白卫星 2、朱广财、朱礼安、刘进伟、刘丽梅、刘明辉、刘康、刘鹤、江春云、孙桂洁、严剑峰 2、杜人淮、李力群、李卫、李远景、李坤、李国强、李晶、李静、肖欢欢、肖红滨、吴永亮 2、吴虎胜、何宁、余冬平、张方、张军果、张远军、张昕、张笑、张静、陈瑾、邵凌云、苗野、林任、林启湘、罗三笑、周炎明、郑威波、宗明、孟庆微、赵文静、战仁军、侯小平、侯建国、姜鲁鸣、贺光杰、骆建成、顾建一、徐海、郭叶波、郭统、唐林辉、梧题、彭新芒、程大夯、温刚、谢茜、槐芙利、蔡楠峰、裴沈华、薛鹏。

（四）分析总结

从“中国经济学学科体系研究新进展”涉及的人物来看，卫兴华、刘伟、周文、逄锦聚和洪银兴五位人物是最为值得我们尊敬的。他们在这三年发表了许多文章，为学科体系建设年年有贡献。从引用文献的次数看，逄锦聚 15 次，黄泰岩 12 次，洪银兴 10 次，张宇 9 次，周文 9 次，顾海良 8 次，邱海平 5 次，张雷声 5 次，卫兴华 4 次，马艳 4 次，王泽润 4 次，白永秀 4 次，余斌 4 次，周绍东 4 次。特别是卫兴华教授，90 多岁，为中国经济学建设殚精竭虑，直到生命的最后。卫兴华教授无愧于“人民教育家”的荣誉称号，是当之无愧的最美奋斗者。

从“政治经济学研究新进展”涉及的人物看，刘伟 11 次，卫兴华 10 次、洪银兴 10 次、张宇 7 次、逄锦聚 7 次，顾海良 7 次，邱海平 6 次，林毅夫 5 次，黄泰岩 5 次，程恩富 5 次，周新城 4 次，蔡志洲 3 次，而且他们每年都有贡献，可谓是“政治经济学”的常客。从这个角度看，刘伟、卫兴华、洪银兴、张宇、逄锦聚、顾海良、邱海平、林毅夫、黄泰岩和程恩富共十位经济学家非常活跃，可以成为年度学术人物。而刘国光、胡钧、吴宣恭三位九旬老人以及张卓元、周新城，在经济学研究上奉献了一生，还继续为经济学事业发光发热，我们应该向老一辈经济学家致敬。

从“国际经济学研究新进展”涉及的人物看，虽然引用的文献不少，但突出的人物感觉太少，除了李向阳和肖立晟引用 3 次外，总体表现一般。

从“经济史学研究新进展”涉及的人物看，由于经济史学出成果难，连续出高质量的学术成果更是难上加难。更何况在理论经济学中，经济史学不是热门，朱荫贵、杜恂诚、杨德才三位学者能够被引用 3 次，实属不易。他们是该学科的重要学术人物。

从“人口、资源与环境经济学研究新进展”涉及的人物看，由于该报告没有将人口经济学、资源经济学与环境经济学单列，是合在一起的，故涉及的人物相当多，3 年累计 700 多人。从活跃度看，成金华 5 次，沈镭 4 次，章恒全 4 次，而且是每年有文献被引用。虽然闫慧敏、杜文鹏和杨艳昭也有 4 次引用，但他们系合作者，属于 2019 年度的“团体冠军”。王慧敏、李大悦、李根、张光明、赵时亮、段星宇、童玉芬和盛亦男也有 4 次被引用，但合作者多，单打者少。

从“国民经济学研究新进展”涉及的人物看，这3年每年被综述进来的有刘伟、余东华、张平、林木西、林毅夫、袁富华和黄泰岩，共 7 人。从引用次数看，黄泰岩 7 次，林木西 6 次，洪银兴 6 次，袁富华 4 次，张平 4 次，刘金全 4 次，刘伟 4 次。他们对国民经济学研究的贡献相对比较大。

从“产业经济学研究新进展”涉及的人物看，人物最多，可谓“产业大军”。近千人的学术观点，但每年有贡献的仅有于津平、王永进、白雪洁、吕越、刘海云、李强、余东华、原毅军和韩超，引用次数最多的是王永进、吕越、孙早、余东华、韩超、原毅军，各 5 次，突出的人物并不多。或许，这是产业经济学万紫千红的景象。当然，由于产业经济学涉及的产业门类众多，特别是能够每年被引用一次的已是凤毛麟角。从这个角度看，上述所列的王永进等人应该是产业经济学的年度人物。

从“财政学研究新进展”涉及的人物看，吕冰洋、范子英、岳希明、贾俊雪、李永友、马光荣、毛捷、龚六堂、梁若冰、张克中这 10 人每年都有观点被引用，其中吕冰洋 10 次，范子英 9 次，岳希明 8 次，贾俊雪 6 次，李永友 5 次，马光荣 5 次，毛捷 5 次，他们是财政学研究的突出代表人物。

从“金融学研究新进展”涉及的人物看，在 700 多人中，只有刘金全、纪洋、李春涛、李政、何国华、黄益平每年有观点被引用，另张成思的观点被引用有 5 次。金融学多年来一直是经济学界的热点学科，专业从事金融研究的学者众多，学术成果也相当多。刘金全、纪洋等都是可圈可点的学术人物。

从“区域经济学研究新进展”涉及的人物看，由于每年研究的热点有所不一，在涉及的700多人中，研究的内容很难有一个主题。加上区域政策调整，该报告为了反映各种观点，很难有连续每年被引用的人物。笔者在比对名单时，发现只有吴福象的观点每年被引用。也许，这仅仅是个案。

从“劳动经济学研究新进展”涉及的人物看，丁守海有5次被引用学术观点，在劳动经济学领域属于高产学者。还有毛中根和靳卫东被引用4次，不过他们是合作者，而且是一年内被引用的。

从“国际贸易学研究新进展”涉及的人物看，年年上榜的只有毛其淋、吕越、许家云、余淼杰、易靖韬、耿伟、戴翔。其中，被引用最多的是毛其淋6次，吕越6次，许家云6次，余淼杰5次。我国是贸易大国，在国际贸易学方面需要毛其淋、吕越这样的专业学者，引领学科不断取得新进展。

从“国防经济学研究新进展”涉及的人物看，只有方正起和周华的学术观点连续3年被引用。当然，因为近几年军改，涉及“国防经济”的刊物暂停出版，在客观上难以全面反映国防经济学的学术成果，所涉及的人物及引用的次数自然也有缺陷。

从该报告年度横向看（不含“中国经济学学科体系研究新进展”），我们既可以看到刘国光、卫兴华这样的老一代经济学家的理论成果，也能看到像马建堂、王一鸣、余永定、陈雨露、林毅夫这样的中坚力量的学术观点。就2017年版来看，报告共涉及1900余人，刘伟以12次被引用成为年度冠军，洪银兴和王海分别被引用6次，成为年度引用第2的学者。2018年版涉及1900余人，其中被引用5次以上的有，吕越7次、王贤彬6次、刘金全5次、李平5次、沈坤荣5次、盛丹5次、蒋冠宏5次。2019年版也涉及近2000人，其中被引用最多的是洪银兴8次、冼国明7次、盛斌7次、李磊6次，王雅琦、毛中根、卢冰、包群、吕冰洋、刘伟、许和连、苏丹妮、吴迪、宫杰婧、黄泰岩和靳卫东各5次。

通过分析，可以看到我国经济学呈现繁荣的景象，经济学队伍整体有活力，特别是刘国光、卫兴华等老经济学家为我们树立了学习的榜样。同时，经济学二级学科有不均衡的现象，需要经济学队伍适度纠偏，不要一窝蜂地盯着产业经济学、金融学等热门学科，也要重视经济史学、国防经济学等短板学科。另一方面，独立作者少了，团队成果多了，社会科学与自然科学交叉融合的情况多了，陆大道院士就比较典型。

十九　中国经济学史上的无锡影响

在中国经济学 100 多年的历史上，有这样一个特殊群体：

——多数是我党的早期党员；

——领头的还曾经是红色特工；

——大多出身新四军；

——百岁老人多；

——对中国经济学贡献最大；

——到目前为止还影响着中国经济建设和经济改革。

这个群体就是无锡籍经济学家群体，包括陈翰笙、薛暮桥、孙冶方、钱俊瑞、秦柳方。尽管他们都已离世，但他们的理论贡献和探索精神依旧影响着新生代的理论工作者，对中国经济学产生了重要影响。

江苏是诞生中国经济学家最多的地方，而无锡群体又发挥着导向性的领军者作用。从我国最早从事经济学的人物看，江苏籍的刘大钧于 1911 年赴美攻读经济学，王学文于 1921 年受教于日本著名的马克思主义经济学家河上肇，但他们都是单打独斗，没有形成团队，影响力难以与无锡群体相提并论。

陈翰笙的“当代经济学家之父”绝非虚名。陈翰笙早年留学美国、德国，1921 年获芝加哥大学硕士学位，1924 年获柏林大学博士学位。1924 年回国，被聘为北京大学教授。1933 年发起成立中国农村经济研究会并任理事长，吸收了薛暮桥、张锡昌、孙冶方、王寅生、钱俊瑞、秦柳方等人，无锡籍经济学家形成群体。此后，“农研会”在陈翰笙的引领下，进行了大量的农村调查研究，社会影响日增。正是在这个阶段，薛暮桥、孙冶方、钱俊瑞等快速成长，“无锡”影响由此发端。可以说，陈翰笙是中国经济学界的开拓者，他点燃了无锡影响的“星星之火”。

陈翰笙的影响还远非领导“农研会”那么简单。陈翰笙是中国早期马克思主义的农村经济学家、社会学家、历史学家、社会活动家，他的活动领域相当广泛——先后在日本、苏联、美国从事研究和著书工作，并在纽约任《太平洋季刊》副主编。1939 年到香港主编《远东通讯》，并帮助宋庆龄等创办工业合作国际委员会。1942 年后在印度做研究工作，还在美国任大学教授和霍普斯金大学国际问题研究所研究员。

除此以外，陈翰笙还有传奇的特工生涯。而他从事的情报工作并非我们想象的，他不是一般的情报员，因为他是“20 世纪间谍巨星”——理查德·佐尔格的助手。第二次世界大战期间，一个叫作“拉姆扎”的谍报小组在东京秘密活动，其由日本、德国、法国、英国等 9 个国家的 30 余名情报人员组成。这不是普通的间谍小组，他们的任务是刺探德、日等法西斯轴心国的战略核心秘密，其为首的就是佐尔格。1930 年，佐尔格来到上海建立“拉姆扎小组”，同时奉共产国际之命想方设法支持红军。正是在此期间，佐尔格通过史沫特莱认识了陈翰笙。很快，陈翰笙成了“拉姆扎小组”之中国组的第二号人物。

如此丰富的经历，能够左右逢源游走于国内外的经济、历史、情报等领域，陈翰笙在经济学界是当之无愧的第一人。难怪周恩来总理在 1951 年邀请陈翰笙担任外交部副部长，如果没有过人的才华是万万不可能的。

无锡经济学家群体的影响主要体现在以下几方面：

绝无仅有的党内影响。从入党时间来说，孙冶方 1924 年入党，陈翰笙 1925

年入党，薛暮桥 1927 年入党，秦柳方 1927 年入党，钱俊瑞 1935 年入党。孙冶方是经济学家群体中入党最早的，他比多数开国元帅入党还要早。这样的老革命资历，无锡籍经济学家独领风骚。抗日战争全面爆发后，薛暮桥、孙冶方、钱俊瑞先后参加了新四军，在硝烟中思考中国经济问题。这样的老党员，又出身新四军，在中国经济学界独一无二。

举足轻重的职务影响。薛暮桥曾任政务院财经委员会秘书长兼私营企业局局长，国家统计局局长，国家计委副主任，全国物价委员会主任，国务院经济研究中心总干事，中国科学院哲学社会科学学部委员。2004 年 1 月 25 日，时任国务院总理的温家宝看望薛暮桥时说，薛暮桥长期担任经济领域的领导并从事研究工作，是经济工作的实践者，也是我国经济领域的理论家，他的经济思想对中国经济理论研究和政策制定产生过重要的影响，并受到国际经济界的重视。孙冶方曾任华东军政委员会工业部副部长，上海财政经济学院（现上海财经大学）院长，国家统计局副局长，中国科学院经济研究所所长，中国社会科学院顾问，国务院经济研究中心顾问等职。钱俊瑞曾任教育部党组书记、教育部副部长，政务院文化教育委员会秘书长，文化部党组书记、文化部副部长，中国社会科学院世界经济研究所所长。无锡籍经济学家身居高位，作为高层经济智囊参与了经济决策。这样的职务影响，在中国经济学界找不到第二个。

言重九鼎的学术影响。无锡经济学家学术时间跨度长，学术著作多，学术影响大。他们著作等身，更是著作等“心”。薛暮桥著有《中国农村经济常识》《中国社会主义经济问题研究》《我国物价和货币问题研究》《按照客观经济规律管理经济》《当前我国经济若干问题》等，他系统地提出推进经济体制改革的很多具体措施以及配套方案，受到党中央、国务院和经济界的高度重视，其中不少意见被高层采纳。孙冶方著有《关于国民经济建设和国家资本主义》《关于“资产阶级法权"》《关于改革我国经济管理体制的几点意见》《社会主义经济论》《社会主义经济的若干理论问题》等，他的公式——"最小、最大"被经济学界所公认。钱俊瑞同志著有《中国国防经济建设》《世界经济与世界经济学》《世界经济与中国经济》《当代世界经济发展规律探索》等，在世界经济学、国防经济学上都有一定的学术影响。应该指出的是，1999 年我国经济学界推选"影响新中国经济建设的 10 本经济学著作"活动时，孙冶方的《社会主义经济论》和薛暮桥的《中国社会主义经济问题研究》入选。而在评选"影响新中国 60 年经济建设的 100 位经济学家"时，孙冶方和薛暮桥也是众望所归。

对我国经济学影响最深、最广的莫过于政治经济学。而贡献最大的是"四大名旦"——孙冶方、薛暮桥、许涤新和于光远，因为他们探索社会主义政治经济学理论贯穿了从新中国成立初期到改革开放的整个过程，是这个领域起核心作用的领军人物。特别是孙冶方、薛暮桥、于光远，昔日的政治经济学"三巨头"创造了社会主义政治经济学的新高度，他们的学术主张振聋发聩。"四大名旦"无锡占二，"三巨头"无锡也占二。

备受推崇的精神影响。如果说中国经济学界有灵魂人物，我认为非孙冶方莫属。他的"一不改志，二不改行，三不改变自己的观点"影响了一代又一代的经济学人，也激发了一代代经济学人的学术热情。他作为我国经济学界对自然经济论的最早批判者，对传统经济体制实行改革的最早倡导者，创建社会主义经济学新体系的积极探索者，孙冶方在中国经济理论界的地位至为尊崇，薄一波、姚依林、薛暮桥等发起成立了当今中国经济学界的最高奖项——孙冶方经济科学奖。该奖设立 30 多年来，为推动中国经济学创新做出了卓越贡献，在中国经济学史上写下了非常重要一页。而众多的经济学人都以"孙冶方经济科学奖"作为学术追求的至高荣誉。

在已知的10位百岁经济学家中，除马寅初、骆耕漠、杜润生、杨敬年、袁宝华、张薰华外，陈翰笙、薛暮桥、秦柳方、周有光均为江苏人，其中无锡籍占三分之一。由此可以看出无锡经济学家对名利淡然的人生境界。

理论自信的孙冶方为真理“死不足惜”，他的人生品格和学术自觉，堪称我国经济学界不忘初心的杰出典范。作为精神坐标和经济学界的一面旗帜，无锡经济学家群体砥志研思的探索精神和人格魅力历久弥新，是中国经济学界的一座丰碑。作为影响时代发展和历史演进的决策群体的一员，他们在见证中国经济雄奇演进的同时，也让自己的经济思想和赤诚情怀在中华大地纵横驰骋。无锡籍经济学家群体的影响由此在中国经济学史上达到了巅峰，大放异彩。

二十　需要对经济学家人物进行综合研究

经济学家是一个有理论创新，善于独立思考的高级专业人才群体。无论是诺贝尔经济学奖的获得者，还是国内孙冶方经济科学奖的获得者，都有其原创的学术思想。从《国富论》传入中国起，100多年来的中国经济学界，诞生了以马寅初为代表的民国4大经济学家、以孙冶方为代表的新中国经济学界“四大名旦”、以樊纲为代表的改革开放以来经济学界的4位年轻的京城少壮派经济学家。这些经济学家人数虽然不多，却在中国经济发展史上留下了闪光的足迹，为中国经济从新中国成立初期的艰难起步到计划经济的探索、从农村改革到建立社会主义市场经济体制写下了浓墨重彩的时代篇章。这也决定了经济学家的历史作用——探索精神、学术思想、社会价值，都需要梳理总结，以利于为今后的学术事业进行全面的继承和借鉴。

习近平总书记说：“坚持和发展中国特色社会主义，哲学社会科学具有不可替代的重要地位，哲学社会科学工作者具有不可替代的重要作用。”“哲学社会科学领域是知识分子密集的地方，要把这支队伍关心好、培养好、使用好，让广大哲学社会科学工作者成为先进思想的倡导者、学术研究的开拓者、社会风尚的引领者、党执政的坚定支持者。”这为我们从事经济学家人物研究指明了方向，是经济学家人物研究的根本遵循。

（一）为什么要对经济学家人物进行综合研究

中国的经济学家人物是经济学界的精华。笔者曾经粗略计算，我国经济学界大体包括党、政机关的经济研究机构、高校系统的经济管理学院、社会科学院系统的经济研究部门、社会力量举办的经济智库、经济类学术期刊系统。这些人员（仅在职的）估计有五六万人，加上退休的仍然可以发挥学术作用的应该在10万人以上，而经济学家仅仅数百人，比例微小，是学术圈最核心的精华。当然，经济学家的规模可以拓展，人数也可能是数千。但随着中国经济的持续发展，中国呼唤成千上万的经济学家，经济学家人物的增加也是必然的。

无论是中国经济史，还是中国经济学史，经济学家人物都是需要关注和研究的对象。陈翰笙（1897—2004）有“当代经济学家之父”之称，正是他成就了薛暮桥（1904—2005）、钱俊瑞（1908—1985）等学术巨匠，为中国经济学史留下了令后人称道的“无锡现象”。而陈翰笙本人的学术思想和学术精神正是需要我们去研究和探讨的，包括他早年的情报生涯、对薛暮桥等人的思想影响、学术创新精神等,对于我们了解百年来的中国经济史、中国经济学史,无疑都是必要的。

于光远（1915—2013）是经济学界公认的跨学科探索的一代宗师。他抗日战争爆发时入党，是经济学家群体中较早的党员之一。于光远最早是清华大学物理系的学生，与他同班的有大名鼎鼎的科学家夫妇——钱三强和何泽慧，这样的经历足以说明于光远在自然科学方面的能力是出类拔萃的。但他没有继续像钱三强那样从事物理学研究，而是走上了经济学研究之路，成为新中国成立初期的经济学领军人物。改革开放初期，他参与了若干高层决策者的讲话起草，参与了不少重要文件的研究起草，是见证改革开放前后重要历史事件的经济学家，是经济改革探索的思想者，是改革政策的参与者。对于这样一位重要的经济学家，他的经济理论思想和治学精神，都对我们的经济学研究事业有一定的意义。特别是了解和研究经济改革开放史，于光远是不能或缺的学术人物之一。

党的十九大以来，中国高质量发展平稳推进，国内生产总值突破100万亿元人民币、人均 GDP（国内生产总值）将迈上 1 万美元的台阶。三大攻坚战取得关键进展。京津冀协同发展、长江经济带发展、粤港澳大湾区建设、长三角一体化发展按下快进键，黄河流域生态保护和高质量发展成为国家战略。全国所有贫困县摘帽、1000 多万人实现脱贫。这些成就凝结着新时代奋斗者的心血和汗水，也凝聚着许多经济学家的学术智慧和砥砺探索，彰显着不同凡响的中国经济学人的学术风采和思想力量。这些都是研究经济学家人物的重要因素，也是研究经济学家人物在经济与社会发展进程中所起作用的历史意义所在。

（二）经济学家人物研究的主要内容

研究经济学家人物，就是研究经济学家人物的学术思想、人物生平和学术贡献，包括学术思想的探索与形成过程，对经济与社会发展的主要理论贡献。由于每位经济学家涉及的研究领域不同，研究经济学家人物自然就要关注各个学科，涉及的领域必须覆盖面更宽。

张培刚（1913—2011）是发展经济学的创始人，他早年留学哈佛，写下了蜚声世界的《农业与工业化》巨著，是首次针对落后的农业国工业化问题进行系统深入研究的第一人。张培刚对农业国家如何进行工业化提出了许多重要论断，建立了自成体系的、适合于发展中国家经济发展的模式，准确地说，这对发展中国家的工业化有着重要指导意义。自然，这也成为张培刚的学术贡献——农业与工业在工业化进程中的相互依存关系，农业与工业之间的动态演进关系，工业化不能以牺牲农业为代价。进入 20 世纪 90 年代后，发展经济学遇到了困境，张培刚主张建立新型发展经济学，并为此进行了艰巨的探索。对于张培刚先生的学术思想，我认为需要作系统的研究梳理，包括他在 20 世纪 30 年代立足国情的农村经济调查和留学美国的经历，以及他被耽误的学术黄金年龄，共同构成了张培刚的学术生涯。研究张培刚，还要研究发展经济学的国际影响和学术创新精神。

杜润生（1913—2015）对改革的影响是经济学界首屈一指的首要人物。作为党内最资深的农村经济专家，他经历了土改、合作化、包产到户，对推动农村改革起了“总参谋长”的作用。那么，研究杜润生，就得从他的学术思想的形成入手，着重研究他的思想生平，他对“五个一号文件”的起草过程及鲜为人知的“可以——可以——也可以”的细节做必要的了解。笔者作为杜润生的家乡人，用几年时间对杜润生做了研究，从与杜老的接触到其故居的探访，从其著作的反复研读到其思想的分析整理，写成了《杜润生经济思想与生平研究》一书，于 2019 年在山西经济出版社出版。研究杜老这样一位有重大影响的经济学家人物，需要涉猎的内容十分广泛，包括改革前后的历史背景、农村经济状况、党内的认识和争论、太谷县志等，也包括党和国家领导人对农村改革的评价、国际人士评价等。杜润生的贡献也不仅局限于学术贡献，还包括政策贡献、智库贡献和人才贡献，以及他成功的思想方法和超强的语言表达能力。

研究经济学家人物，一定要站在人物生活的时代背景下，用历史唯物主义的观点看待其学术思想，吸收正确的学术内容，并在人物生平上给予积极评价。更重要的是研究他们的人格品行，学习他们治学方法、思维方式和精神风范，这对于构建中国风格、中国气派的经济理论体系都是有益的，对助力中国文化自信和学术自信也是一种力量支撑。

（三）如何进行经济学家人物研究

习近平总书记说：“广大哲学社会科学工作者要立志做大学问、做真学问，严肃对待学术研究的社会效果，以深厚的学识修养赢得尊重，以高尚的人格魅力引领风气，在为祖国、为人民立德立言中成就自我、实现价值。”顾准（1915—1974）做大学问，董辅礽（1927—2004）做真学问，他们是经济学界为国、为民、立德、立言中成就自我的典范代表。我国的数百位经济学家都有非同寻常的学术历程，都有为国家、为人民的家国情怀。研究经济学家人物就要以他们的学术社会效果、学识修养的美誉度为准则，以他们的学术成果为贡献参数，以客观、公正的态度进行研究。

一是要整理经济学家人物名录。经济学家不是自封的，是学术媒体和经济学界在长期的学术观察比较中对取得重大学术成就的知名学者的认定，其形成是一个学术探索的艰难历程，这是学识修养的重要口碑，是对其原创理论的认可。因此，我们可以以此为范围，将这些经济理论工作者列入“经济学家人物名录库”。当然，这样做难免挂一漏万，只能逐步修正完善。“经济学家人物名录库”也不是固定不变的，它是动态的。“名录库”以理论经济学和应用经济学两个一级学科为主，以政治经济学、产业经济学、区域经济学、金融学、财政学等二级学科为核心，梳理出产业经济学家、区域经济学家、金融学家等名单，组成“中国经济学家人物名录库”。而“名录库”要力求准确，包含简历、学术作品、学术职务等。

二是要搜集整理已故经济学家人物的资料。已故的经济学家为我国的经济建设贡献了许多智慧，他们的思想境界和学术精神是经济学界的财富。学习他们的经济思想，传承他们的治学方法，弘扬他们的创新精神，是我们经济学界的任务之一。从陈岱孙（1900—1997）到冀朝鼎（1903—1963），从方显廷（1903—1958）到卓炯（1908—1987），从宋涛（1914—2011）到蒋学模（1918—2008），这些老一代的经济学家一生守望学术，坐得冷板凳，取得了大量的学术成果。他们学富五车，著作等“心”，是未来一代代经济学人学习的榜样。搜集整理他们的资料，现在看来显得特别紧迫。有的去世很早，他们的遗物、手稿、图片等资料已经成为我国经济学历史的重要遗产。对此，经济学界应当重视起来，否则随着时间的推移，搜集整理的难度会越来越大。

三是编辑《中国经济学家人物志》《中国经济学家人物系列研究丛书》。其《中国经济学家人物志》是丰富和保存经济学家人物资料的重要载体，是重要的学术工程，这需要国家有关部门进行研究并出台措施，筹资编修人物志。《中国经济学家人物研究系列丛书》（也可包括《人物传记系列丛书》）主要应该对学术影响大、贡献大的经济学家进行学术梳理，用学术语言和文学语言讲好他们的励志故事和学术故事。

四是有必要建立"经济学家人物研究"学科。经济学家人物研究可以考虑纳入经济学史的范畴。经济学历史是经济学理论的发展史，也是经济学家的学术史。在某种意义上讲，也是新中国经济发展史的重要组成部分。历史是人创造的，"经济学家人物研究"由于对象范围明确，内容清晰，意义价值重要，成为一门专业的小学科是完全可行的。